ChengXiang Jiehexing Xianyu Jingji Fazhan Ganzhou Tansuo

城乡结合型县域经济发展——甘州探索

王海峰　童长凤　著

蘭州大學出版社

图书在版编目(CIP)数据

城乡结合型县域经济发展:甘州探索 / 王海峰,童长凤著. —兰州:兰州大学出版社,2010.3

ISBN 978-7-311-03546-4

Ⅰ.①城… Ⅱ.①王… ②童… Ⅲ.①县—城乡结合—经济发展—研究—甘州 Ⅳ.①F127.422

中国版本图书馆CIP数据核字(2010)第043965号

策划编辑 陈红升
责任编辑 刘 琦 陈红升
封面设计 刘 杰

书 名 城乡结合型县域经济发展
——甘州探索
作 者 王海峰 童长凤 著
出版发行 兰州大学出版社 (地址:兰州市天水南路222号 730000)
电 话 0931-8912613(总编办公室) 0931-8617156(营销中心)
0931-8914298(读者服务部)
网 址 http://www.onbook.com.cn
电子信箱 press@onbook.com.cn
印 刷 甘肃日报印务中心
开 本 787×1092 1/16
印 张 13
字 数 281千
版 次 2010年3月第1版
印 次 2010年3月第1次印刷
书 号 ISBN 978-7-311-03546-4
定 价 26.00元

前　言

5000年的风云变幻，5000年的日月穿梭，甘州，这座曾经有着“一湖山光，半城塔影，苇溪连片，古刹处处”美誉的古城又焕发出熠熠神采。

甘州，地处甘肃省河西走廊中部，位于东经100°6′至100°52′，北纬38°32′至39°24′之间，东连镍都金昌，西接古郡酒泉，南出扁都口与唐蕃古道相交，可达青藏高原，北出镇夷峡沿居延古道，可抵蒙古大漠，历来为兵家必争、商旅必经之地。东西长65千米，南北宽98千米，总面积4240平方千米。

正是这“兵家必争、商旅必经”之地，自汉唐以来即为西北地区的政治、经济、文化重镇。公元前111年，汉武帝取“张国臂腋，以通西域”之意，置张掖郡；北魏孝明帝正光五年，置西凉州，领张掖等7郡；西魏废帝三年，改西凉州为甘州，领张掖（辖永年县等4县）、酒泉2郡，始有甘州之称，“甘肃”首字即源于此；隋朝开皇十七年，改永年县为酒泉县，大业初年改酒泉县为张掖县，始有张掖县之称；元朝设甘肃行中书省，省会甘州；明代甘州为陕西行都司及甘肃镇治所；清代，张掖是甘州府治所。中华人民共和国成立后，置张掖分区，张掖县为治所；1985年，撤销张掖县，成立县级张掖市；2002年6月，撤销县级张掖市，设立甘州区。

因甘泉而得名的甘州，并没有被河西走廊那辽阔的戈壁所遮盖，深厚的历史文化积淀让她光芒四射。霍去病曾在此张弓怒射，张骞曾艰辛跋涉于此，隋炀帝曾在此显扬天威，马可·波罗曾兴致勃勃游历于此……这些传奇人物赋予了甘州无穷的魅力；月氏遗址、汉代墓群、黑水国遗址、明朝烽燧，隋代木塔、西夏大佛、明代钟楼……这些历史遗存折射出甘州悠久的历史和灿烂的文化；甘州人民质朴豪放的民族个性，汉、回、蒙、藏等多姿多彩的民族风情，为甘州增添了几丝异域风采。1986年，甘州被国务院公布为全国历史文化名城。

自1949年9月19日甘州解放以来，60载光阴已飞驰而过，几经沧桑的甘州也以崭新的面貌展现于世人面前。

甘州区的经济发展综合实力迈上了新台阶。近年来，甘州区大力实施“工业强区、产业富民、加快城镇化建设”三大战略，坚持以项目建设为重点，以体制机制创新为动力，调整优化经济结构，转变经济增长方式，促进了经济的快速发展。甘州区的地区生产总值超过了70亿元，人均生产总值也在甘肃省平均水平之上，城镇居民人均可支配收入和农民人均纯收入均大幅度上升，各项主要经济指标持续稳步增长，综合经济实力位居全省前列。

甘州已经成为远近闻名的“粮仓”、农业发展示范区。平坦的地势，肥沃的土地，丰富的水资源，充足的日照，温和的气候，这些得天独厚的自然条件造就了甘州之富足。如今，甘州盛产小麦、玉米、大米、红枣、苹果梨、苹果、发菜、黑瓜子、豆类及各种蔬菜，是全国重点商品粮基地县（市）和全国“西菜东运”五大基地之一。甘州农业的整体发展水平处于全国一熟制地区的先进行列。农业产业化开发成效显著，已初步建成了具有资源优势和规模效益的粮油、瓜菜、甜菜、果品、奶肉牛、瘦肉猪、蛋白肉鸡、淡水鱼等农林畜产品生产基地。农业产业化稳步推进,“公司+农户”、订单农业等经营形式不断发展,建成了甘绿、金象、有年金龙、屯河、张掖大业、中种等一批以农副产品加工为主的龙头企业,形成了具有规模效益的粮油、果蔬、草畜、制种、轻工原料等支柱产业,建成了200多家农副产品加工企业,形成了粮油、脱水蔬菜、玉米淀粉、甜菜榨糖、啤酒麦芽、番茄酱等加工系列。农业科技水平不断提高,石岗墩农业高科技示范园区在西北地区具有较高的知名度。“沙荒地改造利用”、“河西一熟制灌区吨粮田栽培技术”、“黑河地区作物需水量及节水灌溉技术研究”、“轮回选择法培育玉米新品种”、“蔬菜商品产业化技术开发”等一批在国内、省内领先的农业科技成果已大面积推广应用。

甘州区的工业主导型经济格局初步形成。通过把工业作为带动经济发展的火车头,甘州区实行挖潜改造和新上并举,加快工业园区的规划发展,着力壮大地方工业规模,初步形成了以电力能源、有色冶金、生物化工、轻工食品为主的地方工业体系。如今,甘州区工业增加值已接近20亿元,培育了包括甘肃电力公司张掖电力局、甘肃电投张掖火电厂、甘肃省黑河水电股份有限公司、北京德农种业有限公司张掖分公司、甘肃昆仑生化有限责任公司等在内的一批产值超亿元的大型企业。2004年第二产业增加值首次超过第一产业,三次产业结构实现了历史性突破。如今第二产业增加值所占比重已远远超过第一产业,工业主导型经济格局已经初步建立。

甘州区服务业发展日益繁荣。充分利用地处河西走廊中心的地缘优势、国家扶持西部发展的政策优势和甘州区具有的人文历史、自然资源优势,甘州区服务业发展活力渐显。甘州区先后建成了鸿宇商贸广场、金张掖钢材批发市场、机动车维修救援中心、万佳家具市场、泰真建材市场、华辰建材市场、马可波罗商业街、金脉商业街等一批专业批发市场和特色街区,农村集贸市场、大型批发市场、专业市场、连锁店、大型超市等各种商业业态均已出现。星级宾馆和旅行社数量逐年增加,接待游客数目不断上升,实现旅游收入逐年攀升。

……

简单的描述是无法真正展现甘州区的巨大进步的,更难以体现甘州区50多万居民日益增强的幸福感。在目睹甘州数十年翻天覆地的大变化之后,我们觉得有必要对甘州区县域经济发展进行归纳和总结,这种感慨正是本书得以成形的最初原因。进一步地,经过来自不同领域的两位作者的讨论,我们认为这种归纳和总结既应包括县域经济发展战略、农业产业化、新型工业化、服务业创新、经济结构优化等方面的理论总结,更应阐述甘州区在上述方面的实践探索。这既是作者利用最新理论成果的产物,更是作者对过去工作总结和思考的产物。这些思考可能还不够成熟,我们只希望,本书能够为中国城乡结合型县域经济的发展提供些微的理论指导和实践参考。本书是我们对甘州区探索城乡结合型县域经济发展的一个小结,我们坚信,甘州区在这一领域的探索脚步不会停止,而我们的思考也将随之不断深入和完善。

作　者

2009年10月28日

目 录

第一章　新焦点：城乡结合型县域经济发展

传统的经济发展模式已经走到了极致，当前和今后一个时期，全党、全社会需要集中突破的就是进一步解放思想，贯彻和落实科学发展观，转变发展方式。

改革开放以来，中国经济社会发生了翻天覆地的变化，取得了举世公认的伟大成就。30年的改革始终贯穿着一条红线，这就是保障人民的物质利益，维护人民的民主权利，解放和发展生产力。30年里，我们建立了社会主义市场经济体制，极大地解放和发展了社会生产力，结束了主要商品长期短缺的历史，人民生活正在进行全面建设小康社会的历史性跨越，中国创造了人类发展史上从未有过的辉煌业绩。然而，区域发展不平衡，城乡差距过大，“三农”问题突出等一系列重大问题开始制约新时期中国的发展。要在建党100周年时完成全面建设小康社会的历史使命，就要贯彻科学发展观，以人为本，实现全面协调可持续发展，继续解放思想，深化改革，调整产业结构，加快西部发展，缩小城乡差距。加快城乡结合型县域经济发展成为统筹区域发展，缩小城乡差距的必由之路，是在“工业反哺农业，城市支持农村”这一时代背景下的必然选择。

一、“三农”问题与城乡结合型县域经济发展

（一）加快城乡发展是解决“三农”问题的唯一办法

当前，我国农业和农村经济发展进入了新阶段，农产品供求关系、农村劳动力就业格局和转移动因、农民增收的主要来源、农村发展对城镇和国民经济的依赖程度、中国农业与世界农业的关联程度、农业和农村发展的内涵都发生了重大的变化。① 这种变化符合经济发展的规律，也为农村经济社会发展带来了许多新机遇和新挑战，对农村经济增长方式、运行机制和管理体制的转变提出了新要求和新任务。在新的发展阶段，改革应该更加关注农业和农村经济结构战略性调整，实现农业增长方式转变，完善与社会主义市场经济体制相适应的农村经济体制，统筹城乡经济社会发展，推进农村小康建设。

---

① 《中共中央、国务院关于促进农民增加收入若干政策的意见》（中发〔2004〕1号）。

"三农"问题最突出的表现就是农民增收困难,这直接导致城乡收入差距拉大、农业生产滑坡等一系列严重影响国民经济持续、健康、稳定发展的问题。此外,化肥和农药的不科学使用已经对农业生态环境造成了严重破坏,我国农业基础设施落后的面貌也未得到根本改观,生产发展受到制约。更重要的是,农民文化素质低,民主意识还很淡薄,科技推广还存在一定的难度,外出务工和就业存在困难,乡村治理很不民主,还存在许多不文明的现象。发生这些问题的主要原因是:

——农产品供给与劳动力供给结构性过剩。过去是农村劳动力过剩,农产品市场供给短缺,可以用充裕的劳动力生产短缺的商品,以实现和保持农村经济和农民收入稳定增长。在农产品买方市场形成以后,主要矛盾由供给制约转为市场需求制约。在农产品供给方面,土地被细碎分割,机械化不能被有效推进,生产效率难有质的提高;单户农民科技知识缺乏,使农产品科技含量低、质量差;农业运作空间封闭,社会对农业的参与度低;大量的化肥和剧毒农药的使用破坏了农业生态平衡,使土地的自然生产能力减弱;加上前几年粮食丰收和农业保护措施效果的减弱,农业开始增产不增收。从需求的角度说,随着城镇恩格尔系数的下降,对农产品数量的需求逐步变成对质量的需求,这对农业生产提出了新的挑战。发展质量型农业就需要高素质的农民,而劳动力素质普遍偏低,与市场需求形成断层,农产品和劳动力供给的结构性过剩使我国农民增收出现困难。

——农业劳动生产率和农产品加工率过低。劳动生产率是衡量一个国家经济社会创造力的总尺度。按每个劳动力生产的谷物计算,我国劳动生产率还不到世界的平均水平,与发达国家则相差更远,按肉类口径计算也是略低于世界平均水平。多年来,我国农业劳动生产率一直很低,而且农民主要靠售卖初级农产品获取收益,农产品加工、流通等环节的增值收益大部分从农民手中流失。虽然近几年农业劳动生产率有所提高,农产品加工有所发展,但还是远远滞后于市场化程度的提高。发达国家农产品加工的数量一般占总量的80%,我国只有不到20%,发达国家食品工业产值相当于农业生产产值的3倍,而我国还不到1/3。这说明,我国农产品加工业的发展远不能满足产业链延伸的需要,还有很大的发展空间。

——农产品质量和标准化程度较低。经过几年的结构性调整,农产品质量有所提高,但还不能适应日益变化的市场需求。在国际市场上,对每一种产品都有非常严格的质量标准,而我国仍在沿用不能与国际接轨的等级制,且在执行中又不能严格遵守。前些年,农业生产的投入在逐年加大而农产品市场价格却普遍下跌,农产品加工转化和农产品质量标准体系建设严重滞后,导致我国农业难以打入国际市场,国内大路产品供给又过于饱和,从而导致农业综合效益不高,严重制约了农民收入的增长。

——农村工业化和城镇化发展滞后。现阶段我国农村乡镇企业仍处于低水平重复、分散小规模的初级发展状况,对农业的反哺作用微小。大部分乡镇企业还是以轻工业产品为主,与农产品无缘,使农村的工业化进程缓慢。同时,农村基础城镇建设落后,不能成为当地的经济中心,难以带动企业的集聚和产生规模效应。因此,从短期来看,依靠乡镇企业和城镇培植农民增收的新增长点困难较大。但从长期来看,就农业来论农业是找不到农业的根本出路的，必须反弹琵琶，加快农村工业化、城镇化进程；必须反哺农业，促进农业劳动力非农化。减少农民才能富裕农民，才能使农民从人地矛盾中解脱出来，走上富裕之路。

——产业结构和要素市场缺乏效率。农民增收难，首先表现为卖难，从表面上看，这是由农业生产结构性矛盾引起的。产业结构的确需要调整，但这只能解决近期内生产什么的问题，而不能解决长期生产什么以及如何更有效地生产的问题。应该让农民能及时按市场需求安排生产，并能持续顺利地提高收入。如果只是产业结构调整了，很快又会出现新的矛盾，出现新的产品积压。因此，从经济学的观点分析，解决“三农”问题，还要从解决长期性的生产问题入手，建立和完善农业生产要素配置的市场机制。每一次大的农村变革，都进行了人、地、资金、技术、管理等生产要素的重新配置，才实现了大发展、大跨越。在目前情况下，提高农民收入需要推进农村二次市场的制度创新。

——农村中介组织服务和基层政府不到位。农民普遍对市场十分陌生，只能跟着别人干，跟着价格上，这种经营上的趋同性，必然带来价格和收入上的趋同性，必然带来价格和收入上的共振性。农民最迫切需要的是准确的市场信息服务，而目前农村中自发建立起来的经济合作组织及一些中介服务组织数量太少，远不能满足农村各项事业发展的需要。基层政府在农业发展指导上多采取行政手段，分解种植目标，实行催种催收等计划模式，在传统农业向现代农业转变的新时期，缺乏指点迷津的手段，不能使农民增收，有的还适得其反。

党的十七大报告指出，解决好农业、农村、农民问题，事关全面建设小康社会大局，必须始终作为全党工作的重中之重。报告提出要走中国特色农业现代化道路，建立以工促农、以城带乡长效机制，形成城乡经济社会发展一体化新格局。统筹城乡发展，是构建和谐社会的重要原则，“三农”问题可以说是社会和谐的最大难点。“三农”不强，建设公平正义的社会就会失去前提，建设安定有序的社会就没有基础，人与自然和谐相处就会缺乏重要条件。人们越来越多地提到“三农”问题，但并不理解这个提法与过去强调“农业问题”之间的不同。“三农”问题背后隐含着更多深层次的问题，已不仅仅是一个单纯的经济问题，当前制约中国发展的许多问题，都是社会主义初级阶段具有中国特色的“三农”问题或者是由“三农”问题导致的。加快城乡经济发展是解决这一问题的唯一办法，停顿和倒退没有出路！

（二）统筹城乡发展已成为当今中国的基本社会背景

“农民、农村、农业”一直是社会各界关注的焦点，中国共产党高度重视并认真解决“三农”问题，是我们党一以贯之的战略思想。农业滞后、农民增收困难、部分农村的生态环境恶化，已经成为困扰我国经济社会全面发展的难题。党的十六大以来，新一届中央领导集体以邓小平理论和“三个代表”重要思想为指导，以科学发展观统领经济社会发展全局，按照构建社会主义和谐社会的要求，在保持政策连续性、稳定性的基础上，与时俱进地形成了一系列指导和推动“三农”工作的新思想。党的十六大报告指出：“统筹城乡经济社会发展，建设现代农业，发展农村经济，增加农民收入，是全面建设小康社会的重大任务。”统筹城乡发展，成为新时期解决“三农”问题、加快中国现代化的重大战略。2003 年 12 月 31 日中央农村工作会议将《中共中央国务院关于促进农民增加收入若干政策的意见》作为2004年中共中央"一号文件"正式颁布，把"多予、少取、放活"确立为"三农"工作的重要指导方针。

党的十六届四中全会指出："纵观一些工业化国家发展的历程，在工业化初始阶段，农业支持工业、为工业提供积累是带有普遍性的趋向；但在工业化达到相当程度以后，工业反哺农业、城市支持农村，实现工业与农业、城市与农村协调发展，也是带有普遍性的趋向。"这就明确提出了"两个趋向"的重要论断。2004年12月召开的中央经济工作会议再次强调："我国现在总体上已到了以工促农、以城带乡的发展阶段。"2005年在十届全国人大三次会议上发布的《政府工作报告》以此为基础，提出了实行工业反哺农业、城市支持农村的方针。"两个趋向"的重要论断已经成为指导我国经济和社会协调发展的战略思想和制定农业和农村发展政策的基本依据。

在2004年3月10日的中央人口资源环境工作座谈会上，胡锦涛总书记提出要让发展成果惠及全体人民。温家宝总理在2005年3月《政府工作报告》中指出："要让全体人民共同分享改革与发展的成果。"2005年10月中国共产党的十六届五中全会通过的《中共中央关于制定国民经济和社会发展第十一个五年规划的建议》指出，要按照以人为本的要求，从解决关系人民群众切身利益的现实问题入手，"更加注重社会公平，使全体人民共享改革发展成果"。2005年12月胡锦涛在青海考察工作时强调："坚持发展为了人民、发展依靠人民、发展成果由人民共享，切实解决人民群众最关心、最直接、最现实的利益问题。千方百计为困难群众多办好事实事，进一步凝聚起广大人民群众的力量，共同为全面建设小康社会而努力奋斗。""共享"成为当前改革开放的基本理念。2005年5月，胡锦涛、温家宝分别提出了建设社会主义新农村这个战略目标和战略任务。中国共产党十六届五中全会提出的"十一五"规划建议，把建设社会主义新农村作为首要任务。会议强调，"建设社会主义新农村是我国现代化进程中的重大历史任务"，并赋予了社会主义新农村"生产发展、生活宽裕、乡风文明、村容整洁、管理民主"的新内涵和目标要求。同年底的中央农村工作会议讨论了《中共中央关于建设社会主义新农村决议》，并作为2006年的"一号文件"颁布实施。建设社会主义新农村着重于提高农业综合生产能力，加强农村基础设施建设、农村基础教育建设以及对农民培训的投入，提高农民素质，提升农村自身发展的能力，变"输血"为"造血"。这对提升农村、农业在整个国民经济中的地位，维护农民权利，体现社会公平，缩小城乡差距，真正实现农村、农业、农民的发展来讲，是一个重大突破。

建国初期提出的"社会主义新农村"，是与旧社会相对立、与社会主义新制度相适应的概念；改革开放后提出的"社会主义新农村"，一方面是党和国家工作重心转移，另一方面是为了适应建设社会主义现代化的总目标；现阶段提出的"社会主义新农村"，是呼应新时期发展战略转变的、统领全局的新提法。"建设社会主义新农村"的提出，是对我们党长期以来关于"三农"问题的战略思想的继承和发展，具有鲜明的时代特征。从"统筹城乡发展"到"重中之重"，到"两个趋向"，再到"建设社会主义新农村"，有着紧密的内在逻辑联系。这也说明，"建设社会主义新农村"与我们党改革开放以来提出的农村改革发展目标、战略思想是一脉相承的,都是为了促进农业和农村发展,改善农民生活,促进国家经济社会发展,保持社会稳定。建设社会主义新农村,是新阶段指导"三农"工作新理念、新举措、新取向的集成和发展,进一步丰富和发展了中国特色社会主义建设理论,是党中央在实践基础上集中全党智慧、深思熟虑作出的科学决策,具有鲜明的时代性。

随着农村市场经济体制的日趋完善和农村税费改革的不断深入,以农业税的取消为标志,我国农村经济社会进入了综合改革阶段。农村综合改革涉及调整农村生产关系和上层建筑不适应生产力发展的具体环节和方面,这个阶段的主要内容是推进乡镇机构、农村义务教育和县乡财政管理体制改革,统筹推进粮食流通体制、征地制度和农村金融等方面的改革,为巩固农村税费改革成果和建设社会主义新农村提供体制机制保障和动力源泉。农村综合改革是在试点的基础上全面推进的,从 2006 年开始,有些条件较好的省份在全省范围内开展了试点,暂不具备条件的省份也逐步扩大了市、县试点范围。国家计划在"十一五"或更长时间内要基本完成乡镇机构、农村义务教育和县乡财政管理体制的改革任务。乡镇机构改革要从乡村实际出发,切实转变乡镇政府职能,完善农村基层行政管理体制,创新农村工作机制。要进一步探索乡镇政府职能定位,充分发挥乡镇在新农村建设中的重要作用,为农村经济发展创造环境,为农民提供更多的公共服务,为农村构建和谐社会创造条件。要继续合理地调整乡镇机构,改革和整合乡镇事业站所,精简分流乡镇富余人员。农村义务教育改革要着力完善"政府投入办学、各级责任明确、财政分级负担、经费稳定增长、管理以县为主"的经费保障机制,不断增加农村义务教育投入,切实减轻农民的教育负担;同时加快教育部门自身改革,通过深化教育人事制度改革、合理配置城乡教育资源、合理调整农村中小学布局等政策措施,不断提高农村义务教育的办学水平和教育质量。县乡财政管理体制改革,要进一步理顺省以下财政分配关系,划分各级政府之间的事权和支出范围,建立健全财力与事权相匹配的财政管理体制,不断增加对农业和农村的投入;进一步完善财政转移支付制度,减少专项性转移支付,增加一般性转移支付,切实增强基层政府公共产品和公共服务的供给能力。

在改革发展的伟大进程中,党对农村工作的指导方针和工作思路不断发生着变化,这是由不同时期农业和农村出现的新情况、新问题决定的。农业和农村发展的体制和机制发生了根本改变,市场机制在农业和农村发展中发挥着日益重要的作用;农业和农村发展的手段和环境发生了根本改变,农业和农村需要依靠现代科技和新型农民,发展现代农业,积极参与国际竞争;农业和农村发展的阶段和目标发生了根本改变,已经进入城乡统筹发展的阶段,建设社会主义新农村和全面建设小康社会成为中国农业和农村发展的首要目标。但农业基础还很薄弱,改革的任务还很重,农村许多深层次的矛盾和问题会逐渐显现出来,稳步推进农村综合改革将是未来较长一个时期内我国农村改革的中心任务。同时还应该看到,农村迫切接受城市文明、先进文化和生产力的需求已经势不可挡,"工业反哺农业,城市支持农村"成为新时期经济社会发展的必然要求,统筹城乡经济发展才能有效解决"三农"问题,脱离城市解决农村问题已经没有出路。

(三)加速推进城镇化进程符合经济社会发展的客观规律

中国农村经济社会发展的主体是农民,农民推动改革的目的是增加经济收入,提高生活质量,获得更充分的发展机会。现有二元经济体制下农业和农村的生产潜力已日渐消失,广大农村居民追求幸福生活的强烈愿望和现实之间的巨大反差,要求未来农村改革必须遵循两个基本趋势:农业、农村实现现代化发展和更多农民进城寻求幸福生活。农村经济社会呈现出城镇化的迫切要求说明快速城镇化的条件已经成熟,主要表现在:

——随着温饱问题的基本解决和收入水平的不断提高,城乡居民用于食品支出的比重逐步下降,食品消费结构也发生了较大变化。农产品供给的增长在受到资源约束的同时,越来越受到市场需求的约束。农业的结构问题凸显,农产品价格低迷,农民增收难以增效。粮食等主要农产品由长期短缺转变为总量基本平衡、丰年有余,由“卖方市场”转变为“买方市场”。

——对经济效益、良好生态环境和较高生活质量的追求,已成为农村劳动力转移的动因。农民外出就业已不再是权宜之计,越来越多的农民由过去一人进城务工到现在举家进城,由暂时居住到稳定居住,由从事简单劳动到从事技术工种,由“离乡不离土”变为“离乡又离土”。部分进城农民正在逐步向城镇居民、企业工人和工商业经营者转变,农村劳动力的就业格局将继续呈现农业就业比重逐步下降、非农产业就业比重稳步上升、外出就业较快增加的基本态势。

——农业收入仍是农民收入的重要基础,但收入增长的来源日趋多元化、多样化。农民收入由主要来自农业转向农业和非农产业并举,农业收入由主要来自种植业转向种植业和养殖业并举,农民增收由主要靠增加产量、提高价格转向主要靠提高效益、扩大就业。目前,农民收入构成中来自非农产业的比重已经接近一半;工资性收入比重已超过1/3,对农民收入增长的贡献率达60%多。来自非农产业和进城务工的收入已成为农民收入增长的主要来源。

——在计划经济体制下,农业商品率低、自给性强,城市和乡村分治,农民和市民分隔,农业和非农产业分离,很大程度上是农业和农村承担着为工业化和城镇化提供积累的重任。随着市场经济体制的建立和完善,城乡二元经济结构开始有所改变,各种生产要素加速流动,工农之间、城乡之间相互联系、相互依赖、相互补充、相互促进。城市发展离不开农村的促进和支持,农村发展也离不开城市的辐射和带动,农业和农村经济发展与宏观经济环境的关系更加紧密。

——经济全球化和农业国际化程度不断加深,各国农业联系更为紧密,农业专业化分工日益明显,农产品国际竞争日趋激烈。加入世贸组织,既为我国农业发展带来了机遇,为引进资金、技术和扩大农产品出口创造了条件,也使我国农业发展更加直接地面临来自国际市场、国外产品和技术的严峻挑战。我国是农产品生产和消费的大国,在对国际市场有着巨大影响的同时,也被国际市场影响和冲击着。

——农业综合生产能力和农民收入水平显著提高,人们开始追求生活质量的提高、生态环境的改善和自身的全面发展,全面建设小康社会也对农业和农村提出了“生态农业”的发展要求。农业和农村发展，不仅要保持数量增长，而且要注重改善结构、提高质量、增加效益；不仅要开发利用资源，而且要重视保护资源和生态环境；不仅要繁荣经济，而且要加快社会事业发展。

纵观世界各国城市化进程，城市化发展大体都表现为“S”型。按照美国著名经济的理学家诺瑟姆的观点，城镇化发展进程“S”曲线的形成与各国经济社会发展的水平密切相关①。当一国经济处于起步阶段，由于农业生产率低下，需要大量的农业劳动力从事耕作，而工业发展缓慢，提供的就业机会有限，这使得该国的城市化处在初级阶段，城镇化率一般在10%左右，城镇化进程相当缓慢。以美国为例，从1790年到1840年的半个世纪，城市化率只提高了5%。而当一国经济进入高速发展时期，大量农业剩余涌现，对农村剩余劳动力的转移形成“推动效应”，与此同时，工业突飞猛进的发展创造了大量的就业机会，城市丰富的物质精神生活吸引大量劳动力的流入，从而形成城市化的“拉动效应”，正是这两种力量的作用将使城市化步入一个高速发展的时期。按照国际一般经验，当一国城镇化率达到30%以上时，即进入城镇化高速发展阶段。例如从1840年到1970年，美国城镇人口在130年间上升到73%。到第三阶段，即城镇化率达到70%以后，城市与农村的差别日益缩小，城镇化进程出现停滞甚至下降的趋势。美国在20世纪70年代以后，年均城市化速度不到0.5%，有的年份还出现负增长。② 研究表明，城镇化率在一般在30%到70%之间是处于加快上升时期，但是在这个时期中，城镇化最快的时段落在50%以前还是50%以后，主要取决于非农产业，特别是服务业就业比重的变化趋势。③ 从2000年到2007年，甘肃城镇化水平7年共提高了7.58个百分点达到31.59%，而从1990年到2000年的10年只提高了2个百分点，截至2007年，甘肃城镇化率达到31.59%，与全国平均水平44.9%差13.31个百分点，比2000年的12.21个百分点略有上升。根据反映城镇化率上升的诺瑟姆曲线，中国和甘肃都处在城镇化加速发展的阶段。西部大开发以来，甘肃城镇化发展明显提速，但与全国平均水平的差距扩大的趋势并未得到遏制，且呈现出进一步扩大的趋势，甘肃城镇化发展要达到全国目前的平均水平，将有近350万人要进入城市生活，甘肃城镇化的动力只会越来越强。

（四）城乡结合型县域是转变经济发展方式的着力点

县域中心城镇是城乡经济的结合部和交汇点，也是统筹城乡经济社会发展的重要环节。据测算，大城市每安排一个劳动力就业，仅生产投资就需要1.5万元，而在小城镇只需0.4万元；大城市商品房平均价格是小城镇的4倍；小城镇的基础设施建设和投资成本也只相当于大城市的1/3，且生活消费水平也远低于大城市。随着县域中心城镇的投资、人居环境的不断改善，就业机会的不断增加，小城镇必然会成为吸纳农村人口的重要载体。目前发达国家以农产品为原料的工业增加值与农业增加值的比例已经超过了2.5:1，而中国的这一比

① 车维汉．发展经济学．北京：清华大学出版社，2006：261．

② 姚士谋．区域与城市发展论．北京：中国科学技术出版社，2004：16．

③ 周叔莲，郭克莎．工业化与城市化关系的经济学分析．中国社会科学，2002(2)：54－58．

例仅是0.5:1(2002年)。考虑到中国农产品产量充裕和人均收入水平的稳步提高,中国农产品加工业增加值与农业增加值的比例完全有条件达到发达国家现有水平的60%,即1.5:1,那么,到2015年,中国农产品加工业增加值至少可达到96980亿元。如果农产品加工业增加值的1/2能够在县城以下的农村区域实现,且GDP能够保持8%的平均增速,届时农村农林牧渔业增加值和第二、三产业增加值合计可望达到18.7万亿元,农村产业增加值占全国GDP的比重将由目前的49.1%(2003年)增加到58.75%(2015年)。在确保农村居民收入与生活水平不低于城市居民的条件下,农村就业人口占社会就业总人口的比重可达到60%左右。[①] 数据充分说明:中国农业产业化发展还存在巨大的潜力。如果中国农业产业化能够实现上述发展,必然会吸收大量劳动力就业,大幅增加农民收入,优化农业与农村的产业结构,极大地扩展农业的生产空间,这与农村改革30年中的每一次大的变革具有相似的效应。毋庸置疑,农业产业化大发展将带来中国农业与农村经济的下一场深刻变革。

农业产业化发展解决的是小生产与大市场之间的矛盾,客观上要求农业生产的社会化、规模化、集约化和工业化。然而,以"均田分包"为特征的家庭联产承包责任制使土地过于分散,导致了其与产业化生产要求之间的矛盾。在现行的土地制度下,农村土地并不能通过市场机制得到有效率的配置,反而造成了突出的土地问题:第一,由于土地附着了社会保障功能,大量的农民转移到第二、三产业的同时又不肯放弃其在农村的土地产权,于是出现了大量的粗耕、弃耕现象,造成了耕地资源浪费;第二,随着农村城市化的快速推进,地价及土地资本性收益也随之升高,加速了农民对农村土地产权的追求,土地收益导致的矛盾已成为社会不安定因素。种种迹象表明,现行农村土地制度已成为农业产业化发展的最大障碍。在市场机制作用下有效率地实现土地规模经营是我国农村土地制度改革的目标。土地具有资源与资产的双重内涵,不可能脱离产权而独立存在,然而中国农村现行土地制度最主要的缺陷就是产权不明确。科斯定理表明[②],模糊的土地产权很难实现土地有效率地流转,建立适合生产力发展水平的土地产权制度是中国农村土地优化配置的前提和基础。由于中国建设资金在较长时期内仍将紧缺,不能支撑庞大的社会保障体系,同时民主和法制建设的成果能否保证土地再次分配的公平还有待商榷,所以,在稳定家庭联产承包责任制基础上建立农村土地产权制度成为中国新一轮土地改革的必然选择。

随着工业化的发展,农业产值在国民经济总产值中所占份额不断下降是经济发展的必然规律,把农村劳动力及农村居民规模性地从农业和农村中转移出来是促进农村经济发展和增加农民收入的必然途径,否则,相对稳定的农村人口和不断下降的农业产值份额,必然会使农民增加收入的愿望变成空想。因此,中国政府近年来制定了一系列政策措施,积极鼓励城镇化发展和农民工进城务工,使得中国城镇化进程明显加速。中国城镇化率到2007年已经达到44.9%,据权威部门预测,中国城镇化率在未来十几年将会保持1%的上升

① 周淑景,朱乐尧.新农村建设与经济发展模式重建.财经问题研究,2006(8):23-26.

② 曼斯菲尔德.微观经济学.北京:中国人民大学出版社,1999:552-553.

速度。①按照这样的发展速度，中国从现在起到2020年每年要转移1500万农村人口和900万个农村劳动力，总共需要转移农村人口2亿多，城镇压力十分巨大；虽然中国城镇化率在2020年可能达到55%至60%，但是由于人口基数庞大，届时还将有6亿至7亿农民，农村的安置任务同样很繁重。党和国家要实现2020年全面建设小康社会的目标，在推进城镇化发展的同时必须重视社会主义新农村的建设。

然而，中国城乡发展差距过大，农村基础设施落后的现实在短期内不会发生改变，如果单纯依靠市场机制，农村生产要素流失和投入不足的问题无疑会加剧。通过创新农村金融体制、农业科技研发与推广体制、农村教育补贴与就业体制以及社会保障体制，改变生产要素配置在市场机制作用下的大城市偏向，使得生产要素向县域中心城镇倾斜，从而促进城乡结合型县域经济发展成为当务之急。

二、全面建设小康社会与城乡结合型县域经济发展

在党的十六大上，江泽民总书记在《全面建设小康社会，开创中国特色社会主义事业新局面》的报告中提出，在改革发展的历史进程中，我们已经胜利实现了现代化建设"三步走"战略的第一步、第二步目标，人民生活总体上达到了小康水平，但这个小康还是低水平的、不全面的、发展很不平衡的小康。党的十六大，立足于总体小康的实际，作出了集中力量全面建设惠及十几亿人口的更高水平的小康社会的重大决策。党的十七大，适应国内外形势的新变化，顺应各族人民过上更好生活的新期待，把握经济社会发展趋势和规律，提出了全面建设小康社会的新要求，这个新要求将引领我们夺取全面建设小康社会的新胜利。

（一）县域经济腾飞使改革发展成果最大范围地惠及广大人民

胡锦涛同志在十七大报告中谈到实现全面建设小康社会奋斗目标的新要求时说，我们必须适应国内外形势的新变化，顺应各族人民过上更好生活的新期待，把握经济社会发展趋势和规律，坚持由中国特色社会主义经济建设、政治建设、文化建设、社会建设的基本目标和基本政策构成的基本纲领，在十六大确立的全面建设小康社会目标的基础上对我国发展提出新的更高要求，这就是②：

——增强发展协调性，努力实现经济又好又快发展。转变发展方式取得重大进展，在优化结构、提高效益、降低消耗、保护环境的基础上，实现人均国内生产总值到2020年比2000年翻两番。社会主义市场经济体制更加完善。自主创新能力显著提高，科技进步对经济增长的贡献率大幅上升，进入创新型国家行列。居民消费率稳步提高，形成消费、投资、出口协调拉动的增长格局。城乡、区域协调互动发展机制和主体功能区布局基本形成。社会主义

① 姜长云.饲料粮需求将持续增长.中国经济导报，2005-09-30.

② 胡锦涛在中国共产党第十七次全国代表大会上的报告。

新农村建设取得重大进展。城镇人口比重明显增加。

——扩大社会主义民主，更好保障人民权益和社会公平正义。公民政治参与有序扩大。依法治国基本方略深入落实，全社会法制观念进一步增强，法治政府建设取得新成效。基层民主制度更加完善。政府提供基本公共服务能力显著增强。

——加强文化建设，明显提高全民族文明素质。社会主义核心价值体系深入人心，良好思想道德风尚进一步弘扬。覆盖全社会的公共文化服务体系基本建立，文化产业占国民经济比重明显提高，国际竞争力显著增强，适应人民需要的文化产品更加丰富。

——加快发展社会事业，全面改善人民生活。现代国民教育体系更加完善，终身教育体系基本形成，全民受教育程度和创新人才培养水平明显提高。社会就业更加充分。覆盖城乡居民的社会保障体系基本建立，人人享有基本生活保障。合理有序的收入分配格局基本形成，中等收入者占多数，绝对贫困现象基本消除。人人享有基本医疗卫生服务。社会管理体系更加健全。

——建设生态文明，基本形成节约能源资源和保护生态环境的产业结构、增长方式、消费模式。循环经济形成较大规模，可再生能源比重显著上升。主要污染物排放得到有效控制，生态环境质量明显改善。生态文明观念在全社会牢固树立。

大城市特别是沿海城市的发展为我国胜利实现现代化建设前两步战略目标，作出了巨大的贡献，提供了坚实的基础。从我国的发展趋势看，实现全面建设小康社会的宏伟目标，最繁重、最艰巨的任务在农村，没有农民的小康就没有全国人民的小康，没有农村的现代化就没有国家的现代化。我们必须从这样的高度来认识问题，更加重视农业、农村和农民问题，自觉把全面建设小康社会的工作重点放在农村，改革发展的进程中应该更加关注农业和农村发展的深层次矛盾和问题。

事实告诉我们，在工业化的中期阶段与经济一体化的背景下，统筹城乡经济发展已成为当代中国经济社会发展的基本社会历史背景，过去城市偏向型的工业化和城市化先行的发展模式已经丧失了生命力。毫无疑问，未来几十年，城乡结合型县域经济发展将成为改革发展的主题，谁抓住了这一主题，找到了这一问题的突破口，谁就能使改革发展的成果最大范围地惠及人民群众，谁就能成为新一轮中国经济腾飞浪潮中的领跑者，成为时代的英雄。

（二）城乡结合型县域事关全面建设小康社会的成败

现代的历史是乡村城镇化，而不像古代那样，是城市乡村化。因此，农村城镇化，建设小城镇，是中国社会转型与发展的需要，对解决中国社会基本矛盾（人口与资源）和经济可持续发展都会产生深远的影响。改革开放以来，我国的城镇化开始加速发展，2009 年 6 月 15 日，社科院发布的《城市蓝皮书》显示，截至 2008 年底，中国城镇人口突破 6 亿，城镇化率达到 45.7%，与 2000 年相比，我国城镇化率提高了 9.46 百分点，年均提高 3.78 个百分点，其中最活跃、发展速度最快的是小城镇。2008 年，我国城镇人口达 60667 万人，比 2007 年增加 1288 万人；乡村人口为 72135 万人，比 2007 年减少 615 万人。从 2009 年开始，为拉动内需而进行的大规模投资建设以及相继出台的产业振兴计划,还将带动中国新一轮城市化热潮。在城镇化30年的快速发展中,城镇的发展功不可没,其在整个国民经济发展中的作用也是不可低估的。

从全国和地方的实践来看:发展城镇,是推进我国城镇化的重要途径,也是冲破二元结构促进城乡经济一体化协调发展的有效措施。小城镇是大中城市成长的基础和起点,没有今日大批小城镇的不断涌现与生成,就不可能有未来大中城市的出现与发展。所以应从我国60%的农村人口这一基本国情出发,把小城镇的发展放在重要位置,当做"大问题"来抓。力争经过10年左右的努力,将一部分基础较好的小城镇建设成为规模适度、规划科学、功能健全、环境整洁、具有较强辐射能力的农村区域性经济文化中心。在小城镇的建设过程中,以实现土地资本向产业资本转化,促进农业劳动力向二、三产业转移,增加农民收入。小城镇作为城乡经济的结合部,不仅可以为城市提供从农村集聚而来的原材料、农副产品、初级日用品以及各种劳务,而且可以为城市向农村转移产品、资金、技术、人才开辟广阔的市场,可以接受城市更新换代还有持续使用价值的技术、设备和产品,这种相互渗透、相互补充、相互影响、相互接近,可以有力地促进二元结构向一元制和城乡一体化的方向发展。小城镇的发展和繁荣,主要以乡镇企业的发展为支柱,与此同时,小城镇的发展还可以促进乡镇企业外在经济效益的实现、消费总量的提高和消费结构的改善,为乡镇企业产品的开发和销售也提供了机会。交通、通讯等基础设施的改善又使乡镇企业成本降低。环境和政策方面也有利于吸引外资,扩大企业形象,增加国际国内市场联系等等。因为小城镇既是产品交换的枢纽,又是农村文化、教育、科技、信息的中心;在农村现代化过程中,它既是城市文明的接受地,又是向农村传播文明的中转站;其本身的发展将产生一种新的文化和文明,既要受农村与城市的影响,又有自己传统特色的小城镇文明,这有利于提高广大农村生活设施和服务设施水平,进一步缩小城乡之间的差距①。

县域中心城镇基础设施较为完善,发展潜力巨大,处于县域经济文化行政中心的地位,是现代城市文明与乡村文明的连接点,是绝大部分人民群众接受城市生产生活方式的最直接的媒介,与自然生态环境的关系最为紧密。如果能使这种城乡结合型县域经济得到充足的发展,必然会使得城镇体系对于区域经济发展的辐射带动作用得到有效发挥,并且有效解决当前中国的"三农"问题、大城市的拥挤问题以及就业难等诸多社会问题,成为中国经济社会保持快速发展的又一剂强心剂。不难看出,全面建设小康社会的宏伟目标能否顺利实现在很大程度上取决于城乡结合型县域经济发展的程度。

三、科学发展选择城乡结合型县域

在党的十七大上,胡锦涛总书记在《高举中国特色社会主义伟大旗帜 为夺取全面建设

---

① 高新才.推进我国城镇化战略若干问题的思考.甘肃省经济管理干部学院院报,2002(2):42-43.

小康社会新胜利而奋斗》的报告中提出，科学发展观，第一要义是发展，核心是以人为本，基本要求是全面协调可持续，根本方法是统筹兼顾。这指明了我们进一步推动中国经济改革与发展的思路和战略，明确了科学发展观是指导经济社会发展的根本指导思想，标志着中国共产党对社会主义建设规律、社会发展规律、共产党执政规律的认识达到了新的高度，标志着马克思主义的中国化，标志着马克思主义和新的中国国情相结合达到了新的高度和阶段。

（一）科学发展是西部开发必须长期坚持的重要指导思想

21世纪的中国发展进程注定是不平凡的，中国将会遭遇人类社会发展史上从未经历过的挑战。人口总量高峰、就业人口总量高峰、老龄人口总量高峰将会相继来临，考验着这个具有十几亿人口的东方大国。超常规的快速发展造成了能源和自然资源的超常规利用，资源与生态的问题将走到生态环境"倒U型曲线"的逆转顶部，转型期的各种矛盾将挑战中国经济现有的发展模式。实施城市化战略、缩小区域间发展差距并逐步解决"三农"问题，意味着国家可持续发展建设进入关键时期。中国成功突破"城乡二元"经济社会结构达到共同富裕就要依靠这一重要战略机遇期的打拼。

西部地区面临的形势则更加严峻，解决这些发展中的问题和矛盾，要求我们必须把科学发展观作为社会主义现代化建设长期坚持的重要指导思想。当前，要坚持发展的全面性、协调性和可持续性，在经济发展层面上，可以从以下方面对贯彻和落实科学发展观进行理解和把握①：

——始终保持经济的理性增长。在这里特别强调一种"健康状态"下的经济增长。它既不同意限制财富积累的"零增长"，也反对不顾一切条件提倡过分增长。所谓健康增长，一般指在相应的发展阶段内，以"财富"扩大的方式和经济规模增长的度量，去满足人们在自控、自律等理性约束下的需求。

——全力提高经济增长的质量。它意味着新增财富的内在质量，应当不断地、连续地加以改善和提高。除了在结构上要不断合理化与优化外，新增财富在资源消耗和能源消耗上要越来越低；在对生态环境的干扰强度上要越来越小；在知识的含量上和非物质化方面要越来越高；在总体效益的获取上要越来越好。

——满足"以人为本"的基本生存需求。科学发展观的核心以围绕人的全面发展而制定，其中，人的基本生存需求和生存空间的不断被满足，是一切发展的基石。因此一定要把全球、国家、区域的生存支持系统维持在规定水平的范围之内。通过基本资源的开发提供充分的生存保障程度；通过就业的比例和调配，达到收入、分配、储蓄等在结构上的合理性，进而共同维护全社会成员的身心健康。

——调控人口的数量增长，提高人口的素质。人口数量的年平均增长率首先应稳定地低于GDP的年平均增长率，而后逐渐实现人口自然增长率的"零增长"。此前与此后，都要

① 中国科学院可持续发展战略研究组.有效实施科学发展观的七大主题.经济，2007(8)：20.

把人口素质的提高纳入首要考虑的政策之中。该战略目标的实质是把人口自身再生产与物质的再生产“同等地”保持在可持续发展的水平上。根据联合国开发计划署(UNDP)在其年度报告《人类发展报告》中的研究,人口资源向人力资源的转变,首先要把人的“体能、技能、智能”三者合理调配,置于可以接受的状态之下,达到人口与发展之间的理想均衡。

——维持、扩大和保护自然的资源基础。地球的资源基础在可以预期的将来,仍然是供养世界人口生存与发展的唯一来源。科学发展观既然规定了必须保持财富的增长并满足人类的理性需求,它的实物基础主要依赖于地球资源的维持、地球资源的深度发现、地球资源的合理利用乃至废弃物的资源化。

——集中关注科技进步对于发展瓶颈的突破。科学发展观始终强调“人口、资源、生态环境与经济发展”的强力协调,科技进步在可持续发展战略实施中,能够迅速把研究成果积极地转化为经济增长的推动力,并突破发展过程中的瓶颈,以此达到可持续发展的总体要求。科学技术的发展、经济社会的发展、管理体制的发展,这三个主要方面将作为一个互为联系的大系统,通过宏观的调适和寻优,达到突破发展瓶颈的目标要求。

——始终调控环境与发展的平衡。科学发展观不赞成单纯为了经济增长而牺牲环境的容量和能力,也不赞成单纯为了保持环境而不敢能动地开发自然资源。二者之间的关系可以通过不同类型的调节和控制,达到在经济发展水平不断提高时,也能相应地将环境能力保持在较高的水平上这一目的。为此,一些地区构造“循环经济”、“生态补偿制度”、“工业生态园”、“全过程无害化控制”、“绿色化学体系”等的根本目的都在维系人与自然之间的协调发展。

(二)城乡结合型县域是西部,地域劣势转化为发展优势的关键

西部地区缩小与东部的差距有很多有利因素和条件,经过努力是可以实现的。西部地区具有加快发展的现实基础和经济实力;西部地区具有丰富的资源优势和巨大的开发潜力;西部经济面临空前的发展机遇。只要我们能够充分认识和利用这些有利因素和条件,紧紧地把握已经出现的有利时机,就一定能够大大促进西部地区的发展。如19世纪中叶,德国、日本两个后进国家正是抓住了第二次科技革命的历史机遇,实现了跨越式发展,赶上并超过了实力强大的英国和俄国。社会生产力的跨越式发展,是在特定的历史条件下,低梯度地区利用“后发”①的某些有利条件,直接采用最新技术,实现国民经济的跨越式发展。首先,从理论上说,跨越式发展是对非均衡增长的形象概括,是反梯度推移理论②。落后地区有三种

① 汤姆森等人也对后发优势进行了研究分析,他们把后发优势的来源归结为以下四个方面:具有开拓性的先动者地位比后动者地位所要付出的成本和代价要大得多,而且先动者几乎没有获得什么经验曲线效应;由于技术变革速度很快,早期投资的设备和技术会很快过时,而后动者可以采用最先进的技术和设备;由于顾客对先动者的忠诚度很弱,后动者很容易就能打开市场;先动者付出巨大代价获得的技术和经验可能轻易地被模仿甚至超过。

② 源于弗农提出的工业生产的产品生命周期理论。产品生命周期理论认为,工业各部门及各种工业产品,都处于生命周期的不同发展阶段,即经历创新、发展、成熟、衰退四个阶段。此后威尔斯和赫希哲等对该理论进行了验证,并作了充实和发展。区域经济学家将这一理论引入到区域经济学中,便产生了区域经济发展梯度转移理论。

后发优势:一是低梯度地区政府的积极推动作用;二是高低梯度地区的贫富对接,欠发达地区的发展应首先实现与发达地区的对接,通过优势互补推动本地区经济的发展;三是科技进步和产品的创新。这是最根本的反梯度动力。其次,从实践中看,跨越式发展是许多国家和欠发达地区经济腾飞的成功之路,是一种内在规律的客观存在。

逐步缩小东西部差距,除了要靠西部地区人民团结拼搏、艰苦努力外,还需要中央给予扶持和东部沿海地区给予支持、帮助。中央要加大对西部地区在政策、投资、科技、人才等方面的扶持,对西部地区实行规范的国家财政转移支付制度,支持西部地区发展科技事业、卫生事业,加快扶贫步伐,提高西部地区国民素质和经济竞争能力;在政策上正确处理"给"与"取"的关系,多给少取,缩小工农业产品"剪刀差",创造公平竞争的环境,扶持西部地区工农业的发展;优先在西部地区安排一些资源开发和基础设施建设项目,引导资源加工和劳动密集型产业向西部地区转移,以增强经济不发达地区的自我发展能力;制定优惠政策,积极鼓励国内外投资者到西部地区投资,以加快西部地区的开发。东部地区的经济发展与西部地区在能源、资源等方面的支持是分不开的,因此,东部发达省区应在对口支援西部欠发达省区的同时,进一步扩大东西部之间的横向经济联合与协作,建立长期、全面和稳定的协作关系,带动西部经济发展。要动员全社会关心、支持西部地区的开发建设。社会各界应加大开发西部的宣传,增加对国内外支持西部地区建设典型的报道,扩大西部地区的影响,营造关心、支持西部地区建设的社会氛围。社会各界、各个方面应该多深入西部地区,广泛开展科技扶贫、智力支边等活动,积极为西部的经济发展献计献策,牵线搭桥,在缩小东西部差距、维护社会稳定中作出贡献。

然而,探索一种能把地域劣势转化为发展优势,把后发优势转化为发展强势的全新的发展道路,则显得更为重要。由于自然条件、水资源和经济基础的限制,城镇只能分布在水资源条件较好、交通便利、利于经济发展的河谷盆地、绿洲以及矿产资源丰富的地区,因此绝大部分城镇负载能力极为有限。比如玉门市因为油田资源枯竭,20 万人中已有 16 万人外迁,历史文化名城敦煌正经受着我国第六大沙漠库姆塔格的威胁,可能成为又一个楼兰古国。非农产业要素向城镇聚集的结果必然会形成城镇规模扩大和负载能力有限的"两难冲突",城镇能实现怎样的发展和能否实现可持续发展成为西部城镇化的重要问题之一。特殊的地貌结构,狭长的行政区划,客观地决定了西部地区城镇之间距离较大,交通距离更远,空间转移成本高。生产要素分工与协作的要求必然会形成城镇之间联系增多和转移成本增加的"两难冲突"。这两个冲突在其他区域也是存在的,但是没有中国西部这么明显。毋庸置疑,走城乡结合型县域经济发展道路才能实现生产要素的有效配置,解决西部地区城乡发展的"两难冲突"。城乡结合型县域数量众多,发展潜力巨大,是自然生态环境与人类经济活动碰撞最为激烈和频繁的区域,在城乡结合型县域处理好人与自然的关系也就是在人类社会城镇化发展的进程中最大限度地保护了自然生态环境,最大限度地节约了资源。

（三）城乡结合型县域具备激发西部经济发展活力的基础条件

根据比较优势理论①，西部地区应该重点利用资源丰富、地广人稀的优势，发展资源重工业和农产品及其加工产业，这样才符合开放市场条件下的分工要求。但是普雷维什的"中心—外围"理论②认为，如果发达国家（中心）的生产覆盖了包括资本品、中间产品和最终消费品在内的广泛领域，欠发达国家（外围）的经济结构是专业化的，绝大部分资源被不断地用来扩大初级产品的生产，而对工业制成品和服务的需求大多需要发达国家（中心）来满足，其结果就会导致贸易条件恶化，使得发展差距扩大。在市场化程度较低、生产要素不能完全自由流动的时期，该理论在一定程度上能够揭示西部地区产业发展面临困境的原因。因此，开拓和发展新产业成为西部发挥后发优势的关键所在。

依靠国内市场和国际市场的双重需求驱动，东部的传统劳动密集型产业形成了规模生产，产业的区域聚集并不是偶然的，而是由东部人口密集和海运费用较低的区位因素所决定的。东中部地区人口密度大，农村剩余劳动力富集，土地多为平原，便于开发，目前来看，东部劳动力和土地价格的上涨并没有影响到传统产业的发展。国家正在积极加强西部基础设施建设和繁荣依托"欧亚大陆桥"的国内外贸易，这虽然有助于西部地区改善投资环境，开拓更大的市场，但这毕竟主要是长期影响，有些项目基本着眼于全国发展，短期影响有限且不持久。从中长期来看，东部传统产业会不会向西部地区转移还有待商榷，盲目发展劳动密集型产业必然会使产品转移成本上升，使产品市场竞争力下降。

西部地区以重工业为主的产业发展模式造成了产业结构的刚性，使得产业结构非农化调整对非农产业生产率变化的敏感程度下降，城镇化对产业结构变化反应的速度减慢，再加上重工业已经占据了西部地区工业的绝大部分份额，因此，虽然非农产业产出和非农产业从业人员收入上升幅度很大，但并没有给西部城镇化带来明显的效果。其深层次的原因是：以重工业为主的产业基础吸收的劳动力有限，且从事非农产业的劳动力大部分都是农村外出务工的农民工，加之城镇房屋价格涨幅较大等因素的影响造成城镇化的成本迅速上升，使得经济增长虽然取得了较大成就，但是并没有同时带动区域城镇化的发展。反而，在城镇化不断发展的带动下，城镇第三产业和部分轻工业逐步发展起来，吸收了较多劳动力，既进一步推进了产业结构的调整又带动了经济的增长。西部地区产业整体缺乏活力，不能有效吸收非农就业人口，对城镇化形成了阻力，同时在收入预期作用下，大量农村剩余劳动力先于职业身份转变的转移形成了推力。在推力和阻力的双重作用下，增强产业活力、扩大产业规模是顺应市场经济时代潮流的正确抉择。在这一趋势下，加快城乡结合型县域经济发展必然

---

① 大卫·李嘉图在其代表作《政治经济学及赋税原理》中提出了比较成本贸易理论，后人称为"比较优势贸易理论"。比较优势理论认为，国际贸易的基础是生产技术的相对差别（而非绝对差别）以及由此产生的相对成本的差别。每个国家都应根据"两利相权取其重，两弊相权取其轻"的原则，集中生产并出口其具有"比较优势"的产品，进口其具有"比较劣势"的产品。

② 姚士谋．区域与城市发展论．北京：中国科学技术出版社，2004：16.

能为经济发展开辟更加广阔的战场，是加快产业结构调整、实现可持续发展的迫切要求。

（四）城乡结合型县域是西部地区突破发展瓶颈的现实选择

在开放的市场经济条件下，生产要素可以在区域间自由流动，区域发展的格局决定了优势资源和创新很难流向西部，也很难留在西部。适合西部的产业必然是与不可流动生产要素相结合的产业和产品转移成本小于原料转移成本的产业，包括农业、矿产、文化、旅游、能源、初级产品加工、建筑材料等。西部地区应围绕这些产业进行创新，延长产业链，不断提升竞争优势，推进非农产业发展。产业选择的作业性质客观决定了劳动力的分散布局，空间上则表现为以小城镇为主，以一定的半径为中心形成中心城市的特征。发展小城镇，有利于发挥对农村区域的带动作用，有利于农业的发展，增强经济基础。以一定半径为中心发展区域性中心城市，有利于缩小转移成本的产业发展，有利于聚集区域生产要素，形成区域性的金融、贸易、文化、科技中心，发挥城镇体系的整体功能。

虽然西部地区城镇布局总体上分散，但局部集中趋势明显，城镇对区域经济发展的辐射带动作用较为突出。比如在甘肃西部，以嘉峪关为中心，至玉门、酒泉、敦煌的平均直线距离仅为55 km；在中部，以兰州为中心，至白银、临夏、合作，平均直线距离为119 km；在东部，以天水为中心，至平凉、西峰，平均直线距离是148 km，总体分散但局部集中的趋势是明显的。处于西部地区的甘肃区域产业的相似性和极度特异性更加突出，因此城镇群与群之间的分工协作关系较弱，那么，甘肃构建东、中、西三个相对独立的城镇体系就具有理论上的合理性，将有助于实现区域产业协调与可持续发展。促进西部地区城镇群发展，重点是要加强中心城市和小城镇的基础设施建设，特别是城镇群的交通网络建设。西部地区地广人稀，只要规划合理，管理到位，“县域中心城市 + 农村”的城乡结合型县域经济发展，将能有效吸纳非农就业人口，合理配置生产要素，保障西部地区经济社会的可持续发展。

城乡结合型县域经济发展道路，不能用大、中、小城镇比例是否协调来衡量，也不能机械地套用“区域性中心城市 + 农村”的模式，要以现有的城镇体系为基础，鼓励一些自然条件与社会经济条件均具备的城镇率先发展，成为区域性的大城市和特大城市，科学规划和布局小城镇，有效发挥城镇体系配置资源的功能，逐步完善城镇体系。西部地区现有城市中具备大城市发展潜力的并不多，城市大多是依托行政中心功能建立起来的，行政力量势必成为该模式实践的制约因素，因此，促进城乡结合型县域经济发展要体现可持续发展的理念，以县域中心城镇为基础，弱化行政区域概念，强化经济区域概念，鼓励地区和省域合作。

面临当今国家区域发展格局，紧紧抓住“县域中心城市 + 农村”的城乡结合型县域做一番文章，是西部地区贯彻和落实科学发展观、突破发展瓶颈的现实选择，机不可失。

第二章　城乡结合型县域经济的内涵

我国目前有80%以上的人口生活在县域及县域以下地域，社会广泛存在的工农差别、城乡差别和地区差别，决定了全面建设小康社会、实现经济的可持续发展的重点和难点在农村、在县域。改革开放以来，我国县域经济的发展曾经对推动国民经济的快速增长作出了重大的贡献。现阶段，县域经济更是被赋予了新的时代内涵。解决“三农”问题、统筹城乡发展、实现全面建设小康社会的宏伟目标，都与县域经济的可持续发展息息相关。在这种情况下，有必要探索我国县域经济发展的可行之道。

一、县域经济概述

县域经济在我国经济发展中具有举足轻重的地位，把握其概念、掌握其特点是展开深入研究的前提。

（一）县域经济的概念

县域经济(County Economy)是我国区域经济的重要组成部分，处于国民经济区域结构的中观经济层次，是在多样化因素的共同作用下形成的一个以县城为中心，大、小集镇为纽带，广大家庭经济和乡镇企业为基础的区域性经济网络。改革开放以来，县域经济的含义逐渐明晰，其内涵也日趋丰富，相关研究近年来呈几何数级增长。在现实中，关于县域经济概念的阐释众多，综合目前的研究成果，我们认为，县域经济的概念可以归纳如下：

从广义上看，县域经济是指县域范围内生产力与生产关系的总和。从生产力的角度看，包括理论生产能力、实际生产能力、潜在生产能力、生产竞争力、生产创新力等；从生产关系角度看，包括生产资料所有制关系、生产—交换—分配—消费关系、生产要素的组合关系，具体来讲包括所有制结构、产业结构、产业化程度与协作关系以及诸如国民收入、人均国民收入、农民人均收入、城镇居民人均收入、县级财政收入、上缴国家税金等具体指标，还包括物质文明、精神文明、政治文明以及生态文明的协调程度等。从狭义上看，县域经济是指以县级经济区域为地理空间，以市场为导向，以县级政权为调控主体，具有地域特色，功能完备的区域经济。

县域经济可以理解为赋税经济、民生经济、区域经济、资源经济以及生态经济。我国县制出现以后,以税率稳定、税收管理、税源稳定等为主要内容的赋税经济,始终是县域经济的重要内容;在我国人口中,农民占重头,而绝大部分农民生活在县域范围内,由县域经济着力来养民、富民,将切实推动民生工程建设,发展县域经济就是发展民生经济;县域经济的良性发展能够形成县级行政区域内门类比较齐全,功能相对完备,一定程度上可实现相互呼应、自我循环、自我服务、具有自我特色的区域经济;我国县域经济的发展很多都以自然资源为依托,靠资源优势取得了致富先机;而与此相对照的便是对生态环境的破坏与威胁,这使生态建设越来越成为县域经济发展中不容忽视的一个方面。

(二)县域经济的特点

县域经济具有一般经济的共性,又不同于一般意义上的经济,具有其自身特点。具体地讲,县域经济主要有以下特点:

1. 县域经济是具有系统性的经济综合体

县域经济通常是一个完整的经济系统,包含县域内存在的各种经济。具体来说,一般是以县一级独立财政为标志、县城为中心、集镇为纽带、农村为腹地、不同层次经济元素的联系为基本结构,通过双向反馈的人流、物流、资金流和信息流整体发挥效应的系统。从该系统的经济活动构成来看,包括农业(主要是种植业、林业、牧业、副业、渔业)、乡镇和村办企业、县属工业、城镇第三产业(主要是商业、饮食、服务业和金融业)等,各生产要素、经济运行各环节在共同经济目标的驱动下,紧密凝聚为完整统一的规模经济实体。

2. 县域经济是具有中介性的行政复合体

在我国行政区划中,县是中央政府划定的基本行政区域单元,县域是宏观与微观、工业与农业、城市与乡村的结合部,在我国政治、经济、社会发展中有着重要的地位。县域是以行政手段划分的经济区域,县域经济以行政区划县的范围来划分经济活动。以县域为单元配置资源的区域经济,是一个县级行政区域内各类经济活动的总称,构成了我国政治、经济和社会稳定发展的基础。县域经济是在县域行政区划内各种经济活动交织而成的经济有机体,包括城镇经济和农村经济,是城镇经济和农村经济在县域范围内的有机结合。从内部来看,县域经济呈现出二元经济结构的突出特点,既向外部延伸,又与市区经济互相关联、互相依托、互补互利,甚至关系到全省、全国的大局发展。

3. 县域经济是具有开放性的区域组织

县域经济是一个开放的系统,是以县城为中心、乡镇为纽带、农村为腹地的区域性经济,是在县级行政区划的地域内统筹安排和优化经济社会资源而形成的开放的、功能完备的、具有地域特色的区域经济,是一个蕴涵希望、充满活力的经济。县域经济以市场为导向,随着市场经济的发展、社会主义市场经济体制的不断完善、经济区域化的社会分工不断加强以及县域经济的不断发展，县域经济需要在更大的区域范围内进行资源配置，获取竞争优势，其开放性会不断加强。

二、县域经济的分类

按照管理层次，宪法规定县为直属省级政府管辖的“第二级地方行政单位”。实际上，直辖市、实行省直管县的海南省，直接受直辖市和省政府的管辖，这种情况属于“第二级地方行政单位”；其他省、自治区则直接受地级行政区管辖，属于“第三级地方行政单位”。

县域经济是我国国民经济运行的最基本单元，在整个国民经济中具有基础地位。“郡县治，天下安”。我国县域面积占整个国土面积的90%，县域经济在全国经济总量中约占GDP的6成、工业产值的7成、人口的8成以及农业产值的9成。可见，县域经济的发展对整个宏观经济都具有十分重要的意义，直接关系到国民经济发展和社会稳定，在解决“三农”问题等方面具有担纲地位，在全面建设小康社会中具有关键地位，在经济社会发展中具有承上启下、强国富民的重要作用。只有县域经济发展了，我国的综合国力才能得以大大增强。根据我国县域的发展情况，可以从不同角度来划分我国县域经济的类型。

（一）按经济地理区位划分

按照经济地理区位，可以把县域分为山区县、城郊县等。

1. 山区县

根据县域内的经济地理条件和县域距离城市的远近，将县域分为城郊县与非城郊县（山区县、平原县以及丘陵县）。在我国的全部县当中，山区县占43%，丘陵县占26%，平原县占31%。2000年，在全部县所创造的国内生产总值中，平原县占到46%，丘陵县占到30%，而山区县则只占24%。可以看出，山区县是一个明显有别于城郊县、平原县的空间实体，因此在研究中经常将山区县和城郊县作为典型来考察其县域经济的发展。

2. 城郊县

将城郊县与山区县并列起来加以讨论，更多是从经济意义上来考虑的。因为所谓的平原县与丘陵县很难从经济特点上加以归纳，而且讨论起来意义也不是很大，但从经济特点来考虑，山区县与城郊县更有可比意义。城郊县即城市的郊区县，在这里，农村经济和城市经济紧密结合，既有为城市服务的商品性农业，又有发展工业的有利条件；既环绕城市，又背靠农村，因而是实现城乡结合、工农结合的纽带。

（二）按主导产业划分

按照主导产业，可以把县域分为农业主导县、工业主导县以及服务业主导县等。

1. 农业主导县

农业主导型县域经济的主要特点是，农业及其延伸产业的发展是推动县域经济发展的主体力量。改革开放之前，我国大多数县域经济属于农业主导型；改革开放以来，县域经济的发展逐渐表现出丰富多彩的特征，各地产业结构也发生了深刻的变化，许多县充分利用当地自然资源优势，大力进行农业的深度开发，兴办以农产品为原料的加工业，农业基础产业的地位得到了进一步加强，逐步形成了以商品性农业生产为龙头的模式，使整个县域经济得到了长足发展。

从农业主导县的比较来看，其发展模式并非单一的或一致的，其内部存在着很大的差异。由于资源条件和开发利用情况的差异，这些农业主导县的发展各有特色：有的是以种植业特别是以粮食、棉花和蔬菜、水果等为主要特色的农业主导型，这些类型在我国的一些粮食、棉花、水果生产区内比较普遍；有的是以畜牧业为特色的农业主导型，如我国的内蒙、新疆、甘肃、宁夏、西藏等地区有大片的草原，适合发展草食牲畜养殖；还有一些主要分布在我国沿海地区，是以渔业为特色的农业主导县，利用和开发海洋资源，发展海洋捕捞和渔业加工，取得了很大的成就。

与此同时我们也看到，我国贫困地区的县域经济也多属于农业主导型。相对于那些农业发展比较好的县，贫困县无论是从资源上、环境上还是从技术上，都有很大的差距。那些发展好的县，也都是经济发展与本地实情和特色结合比较好的县，这一点是值得贫困地区的县加以借鉴的。

2. 工业主导县

改革开放以来，许多地区的县域经济有了飞速发展，产业结构逐步升级，产生了许多工业主导型的县域经济。在这些地区，农村工业成为县域经济的支柱产业，工业产值占社会总产值的比重较高，县域工业的蓬勃发展成为推动全县经济发展的主要力量。在这当中，乡镇工业的发展是一支不可忽视的力量。

依靠改革开放的巨大推动力，异军突起的乡镇工业已发展成为我国许多地区农村经济的主体力量，占据了全国工业经济的半壁江山。乡镇企业为县域经济的发展作出了突出贡献，其快速发展缩短了城乡之间的差距，推动了城乡一体化进程。

在工业主导型县域经济中，具有外向型特点的发展类型值得重视，其主要特点是积极参与国际经济合作和交流，发挥本县经济的优势，取得较好的效益。该类县域经济较多地以国际市场为导向，工业产值中外销产值比重较大。

3. 服务业主导县

这种类型的县域经济的发展是以服务业为先导，从而带动县域经济的发展。过去通常认为只有当第一、第二产业发展到一定程度时才会对服务业等第三产业的发展提出新的要求，并出现第三产业迅速发展的情况。其实，服务业与各行各业是有机联系在一起的，只要条件允许，以发展服务业为龙头可以牵动其他产业的发展，尤其是具有独特资源的地方。比如，被人们誉为“朝阳产业”的旅游业，在自然旅游资源、红色旅游资源富集的地区发展迅猛，已经成为当地县域经济发展的支柱。

随着交通工具的更新、个人可自由支配收入的增加、带薪假期的延长、国际关系的缓和以及国家对旅游业的日益重视，旅游业将继续呈现快速发展态势。旅游业作为一项包括吃、住、行、游、购、娱六大要素在内的综合性很强的产业，与数十个部门相关联，其发展可以带动当地众多行业的发展。一些具有自然旅游资源和人文景观资源的地方，其经济发展有可能成为服务先导型。具有旅游资源的县发展旅游业还具有投资周期短、见效快、污染小的特点，把旅游业作为先导产业有利于动员各方面的力量共同参与县域经济的开发，使县域经济得到超常发展。当前，海南、云南、贵州等省都提出了以旅游为先导发展经济的思路，这些省的一些县旅游资源丰富独特，但经济尚不发达，可以提倡开发旅游资源，发展旅游业等服务行业，从而促进整个县域经济的发展。

（三）按创新制度构建划分

创新导向型县域经济是凭借本地区创新环境的优化，实现创新要素的区域集聚和创新能力的提升，从持续不断的创新活动中和不断涌现的创新成果中获得推动县域经济全面发展的动力的一种全新的县域经济发展模式，具有将创新作为推进经济发展的根本路径的本质特征。由于创新活动不是同质的，可以根据多种标准划分为多种类型，因此也可以将创新导向型县域经济划分为多种类型。从创新活动的多维角度对创新导向型县域经济进行分类，对各种分类模式的特点和适应条件进行剖析，将有利于各县域根据自身实际选择合理的发展模式。根据推动创新行为的主导动力差异，可以将创新导向型县域经济分为政府主导型模式、市场主导型模式和科研机构主导型模式。

1. 政府主导型模式

政府主导型模式下，创新动力主要源于政府，政府首先意识到创新对县域经济发展的重要作用，并围绕增加县域创新资源供给、完善县域创新机制、提高经济主体的创新积极性、提升县域创新能力等一系列目标进行有关制度供给，政府的推动是县域经济发展的基本动力。

政府主导模式要求：县域政府在经济社会发展中居于强势地位，其他经济发展主体对政府高度信任并能够正确领会政府各种政策的意图，政府具有高超的驾驭经济发展的能力，不仅能够高屋建瓴地制定科学的创新战略，而且能够快捷有效地解决县域创新进程中出现的新情况、新问题。

政府主导型模式是一种典型的自上而下的强制性制度变迁模式,其优势在于:对县域市场经济发展水平要求相对较低,模式选择面临的进入壁垒较低,在政府相关制度供给高效率的前提下起步发展速度较快,由政府专业化地解决经济社会发展中面临的突出矛盾,经济发展相对平稳,较少出现大起大落的局面。其劣势在于:过于依赖政府力量,不仅容易出现政府经济对民间经济的挤出效应,而且不利于市场经济主体的培育和发展,一旦出现政府失灵将会遭受巨大损失,而且可能出现循环恶化的危险。

在我国经济转轨时期,政府在经济领域具有深厚的历史积淀,特别是在市场化程度相对较低的县域经济领域,政府色彩更加浓厚,政府主导模式具有良好的现实适应性,不仅适用于一些相对落后的县域经济,而且对一些相对发展的县域经济也有很强的吸引力。该模式的进一步发展方向在于,全面提升政府的综合素质以保证相关制度供给效率的不断提高,转变制度供给方式,加大对市场主体的培育扶持力度,不断推动模式的自我创新和自我扬弃。

2. 市场主导型模式

市场主导型模式下,创新的主导动力来自以企业为核心的市场主体,市场主体的需求是创新的源泉,来自民间的创新冲动是经济发展的原动力,市场力量的自组织作用调节着创新活动,政府在创新活动中处于辅助地位,其主要角色是对民间创新活动的默许支持和对创新成果的制度性强化和推广。

市场主导型模式要求:县域市场经济具有相当的发展水平,市场经济主体相对成熟,不仅能科学及时地认识自身的需求方向,而且能够围绕自身需求进行自己组织的创新尝试;在创新过程中,市场主体在与政府的博弈过程中处于相对有利的地位;县域经济积累了较大规模的物质和非物质财富,能为创新提供较充足的资源支撑,县域文化环境能够容纳创新的正向与反向结果;政府对自身在县域经济发展中的角色和地位有明确定位。

市场主导型模式是一种自下而上的诱致性制度变迁模式,其优势在于:创新动力来自民间需求,创新动力具有明显的市场指向性和市场驱动性,所引致的创新活动不仅具有正确的发展方向,而且具有充足的发展动力,创新主体的积极性相对较高,创新与发展的社会摩擦成本相对较小,经济体相对成熟之后会形成一种自我强化、自我组织机制,整个经济的发展后劲比较充足。其劣势在于:对县域经济的市场化程度要求比较高,在创新的物质要素和环境要素等方面存在几乎高不可攀的进入壁垒,在市场经济相对落后的县域适应性较差,经济发展过程中易受到市场机制自身缺陷的冲击,出现创新的盲从性、短期性等问题。

在我国县域经济总体发展水平比较落后的背景下,市场主导型发展模式在适用范围上还比较狭窄,更多地适用于经济比较发达的县域。但是,市场主导型发展模式毕竟是一种较高层次的发展模式,可以将县域经济体所蕴藏着的巨大的发展潜力完全激发出来,从思想层面、理论层面乃至实践层面对各县域经济都具有强大的诱惑力,是县域经济发展的重要目标模式。各县域经济在追求市场主导型发展模式之路上必须加快创新资源的生产和积累,优化创新的软硬环境，培育适合市场主导型模式的土壤，同时协调政府与市场的作用，借助政府弥补单纯市场主导型模式的缺点。

3.科研机构主导型模式

科研机构主导型模式下，创新的主导动力来自科研机构。集合了大量脑力劳动者的科研机构是创新的主体，创新的内容主要是知识创新和技术创新，创新成果往往是科研机构研发过程的客观产物，创新过程受科学技术自身变革规律的支配，科研人员的创造性劳动是创新活动的直接推动力，科研机构的偶然性的创新成果是经济发展的突发性动力。

科研机构主导型模式要求：县域具有良好的科研机构因素，不仅拥有为数众多的各类科研机构，而且各类科研机构在研究领域上具有互补性，在研究意识和研究能力上具有领先性；同时，县域不仅能够为科研机构提供充足的创新资源，而且能够为科研机构的创新成果提供充足的转化载体。

科研机构主导模式是一种水平的外力驱动的发展模式，其优势在于：以技术创新为引擎，影响力比较深远，不仅会大大提高县域经济的发展速度，而且可能给县域经济乃至整个国民经济带来根本性的变革，同时得益于先行者优势，经济发展的动力会相对比较持久。其劣势在于：对科研机构资源的极高要求令大多数县域望尘莫及，创新的偶然性较大，难以对经济发展产生必然的期望影响力，创新活动的社会效应往往大于经济效应，使其很难获得自我发展的充足动力。创新成果从在科研机构诞生到应用到经济社会领域需要复杂的转化过程和漫长的周期，包含了技术风险、市场风险、管理风险等，综合风险系数比较高。

我国科研机构大多聚集于大城市的现实状况使科研机构主导模式在县域范围内面临着较严重的适应性危机。该模式的发展方向在于，深化科研机构体制改革，提高科技创新成果的转化效率，探索科研机构科研能力功能性使用机制，拓展科研机构的延伸领域，让县域经济能够高效地享受科研机构的服务，分享科研机构的创新成果，打破科研机构型主导模式的进入壁垒。

三、城乡结合型县域概述

在深刻把握县域经济既有研究成果与发展现状的基础上，我们认为，城乡结合型县域经济是效果显著、可资推广的县域经济发展模式。

（一）城乡结合型县域经济的内涵

党的十六届三中全会提出了科学发展观和“五个统筹”等重大理论问题。科学发展观强调的是坚持以人文为本，全面、协调、可持续地发展。“五个统筹”提出的是统筹城乡发展、统筹区域发展、统筹经济社会发展、统筹人与自然和谐发展、统筹国内发展和对外开放，其中城乡统筹是落实科学发展观的重要方面，是实现“五个统筹”的重要基础。在现实中，实施城乡统筹从哪里切入至关重要。城乡结合部地区处于城乡二元体制冲突的前沿，县域经济在我国居于特殊的重要地位，是整个国民经济的重要基础。县是我国的城乡结合部，也是实施城乡统筹的最佳基点。我国由于长期的城乡二元经济结构体制的存在，城乡统筹会是一个长期的推进过程，为确保城乡统筹的有效推进，构建形成城乡统筹的有效机制是根本性的理论和实践问题。党的十七届三中全会对促进城乡经济社会发展一体化作出了制度安排，指出："尽快在城乡规划、产业布局、基础设施建设、公共服务一体化等方面取得突破，促进公共资源在城乡之间均衡配置、生产要素在城乡之间自由流动，推动城乡经济社会发展融合。"而城乡建设则是搞好城乡一体化发展的重要基础。近几年来，尽管各地的城乡建设步伐不断加快，但是，这项长期而艰巨的任务需要进一步加强和完善。我们必须立足于解放思想，转变观念，创新城乡建设体制，加快城乡一体化建设步伐，促进城乡协调发展。当前，如何加快欠发达县域经济的发展，推进城乡统筹，打破城乡二元结构，是摆在我们面前的一个十分重要而又亟待解决的问题，而发展城乡结合型县域经济，恰恰是振兴县域经济的可行之道。

发展城乡结合型县域经济的实质是，使城乡居民拥有平等的发展机会、享受均等的基本公共服务，促进城乡关系由城乡分割的传统二元经济社会结构向城乡一体化的现代一元经济社会结构转变。值得注意的是，城乡一体化，并不是指城乡面貌的一样化，而是指城乡发展在体制制度上的统一化。发展城乡结合型县域经济，主要体现在统筹城乡发展上。统筹城乡发展是相对于城乡分割的"二元经济社会结构"而言的，它要求以统筹为手段实现城乡的协调发展，把农业、农村和农民问题放到整个国民经济和社会发展全局的战略高度综合考虑，从体制政策和法律法规上改变"重城市、轻农村，先市民、后农民"的做法，合理调整国民收入分配结构和财政支出结构，加大对"三农"的投入支持力度，着力改变目前存在的"城市腿长、农村腿短"发展局面，加快转换城乡二元经济结构。过多的农村人口与有限的农业生产资源的矛盾，是我国"三农"问题成为难题的根源。在解决温饱问题的阶段，"三农"问题也许可以在农业和农村的内部解决，而在全面建设小康社会的新阶段，解决"三农"问题则必须超越农业和农村的层面。

（二）城乡结合型县域经济的目标

发展城乡结合型县域经济的总体目标，就是在快速推进国家工业化、城镇化的进程中，延续工业化和城镇化的正常进程，从而实现农业与非农产业、城市与乡村的共同发展繁荣。具体来讲，主要体现在以下六个方面：

1. 不合理的城乡二元经济社会制度基本被废除

制度合理化是城乡结合型县域经济发展的基本条件，也是实现城乡协调发展的首要目标。其主要表现就是农村人口进入城镇和城镇资源进入乡村的体制机制基本消除，生产要素在城乡间能够自由有序地流动，城乡生产要素的价格"剪刀差"不断缩小。

2. 城市化推进速度保持在比较合理的范围内

城乡结合型县域经济发展的基本途径是走中国特色的城镇化道路，既要保持城镇化有一个必要的推进速度，更要防止过快倾向的出现。在人口总量持续增长的条件下，城镇人口的增长率要与经济社会许可和资源环境可以承受的能力相适应，土地城市化与人口城市化在速度上要相当。具体来看，城镇化水平控制在年增1个百分点水平，耕地总量近期保持在18亿亩左右，粮食自给率保持在90%以上是基本适当的。

3. 二元结构系数不断缩小

城乡结合型县域经济发展的基本条件是推进中国特色的农业现代化，农业现代化水平的标志就是二元结构系数不断缩小。在以工促农、以城带乡机制的作用下，农业现代装备水平和资本有机构成得到有效提高，农业剩余劳动力能够顺畅地向外部转移，农业劳动者素质明显改善，现代农业生产体系基本形成，农业比较劳动生产率得到相应提高，农业劳动生产率与非农业劳动生产率的比率提高到1:2以上。

4. 城乡居民人均收入差距不断缩小

这是城乡实现协调发展的最基本、最直观的目标。实现城乡协调发展，必须不断缩小目前过大的城乡居民人均收入水平差距，并将城乡收入水平控制在2:1以内。

5. 城乡基本公共服务实现均等化

基本公共服务均等化是城乡协调发展的题中应有之义。要基本改变公共财政资源过分集中于城镇，特别是大城市的状况，建立起统一的覆盖城乡的社会保障体系，城乡居民享受的基础教育、基本医疗和基本社会保险等公共服务实现基本均等化，城乡居民生活条件基本同质化。

6. 农业和农村的多样性现代功能充分发挥

充分发挥农业和农村的多样性功能，是新世纪、新阶段我国农业现代化的新要求，也是城乡协调发展的新目标。在工业化、城镇化迅速推进的新阶段，在保证农业和农村提供产品和生产要素功能正常发挥的同时，还必须日益关注发挥农业和农村的保护生态平衡、维护传统文化和提供景观欣赏等多样性的现代功能。

（三）城乡结合型县域经济的基本内容

发展城乡结合型县域经济，首先要转变发展战略和发展思路，从城乡分割、差别发展转向城乡互通、协调发展，把工业化、城市化与农业农村现代化紧密结合起来，走生产发展、生活富裕、生态良好的文明发展道路。树立以人为本的发展观和政绩观，把改善民生作为发展的第一要义，把增加城乡居民收入、提高生活质量和健康水平、改善生态环境作为最重要的政绩，把增进最广大群众的物质利益、政治利益、文化利益和生态利益作为加快发展的根本出发点和落脚点。

基础设施建设落后，是制约广大农村地区发展和城乡统筹发展规划的瓶颈。统筹城乡基础设施是城乡统筹发展的首要条件。在具体工作中，要统一规划、统一布局，把城乡作为一个整体，搞好城乡布局规划和建设规划，着力形成中心城市、中心镇、中心村一体化规划体系。加快建设覆盖城乡的基础设施网络体系，促进城镇基础设施和公共服务向农村延伸。在加强硬件建设规划的同时，还要统筹城乡社会事业，重点加快发展农村教育、文化、卫生事业，为逐步实现基本公共服务的均等化创造必要条件。

要建立以城带乡、以工促农的发展机制，加快现代农业和新农村建设，促进农村工业向城镇工业园区集中，促进农村人口向城镇集中，促进土地向规模农户集中，促进城市基础设施向农村延伸，促进城市社会服务事业向农村覆盖，促进城市文明向农村辐射，提升农村经济社会的发展水平。

城乡结合型县域经济发展涉及整个经济社会管理构架的重组和社会利益格局的调整，其核心是按照社会主义市场经济的发展要求，改变城乡分治的二元结构，对工农关系、城乡关系和整个国民经济收入分配关系进行全局性、战略性调整，建立城乡统一的管理体制和运行机制。城乡结合型县域经济发展的重点是要突破城乡二元经济社会结构，纠正体制上和政策上的城市偏向，消除计划经济体制的残留影响，保护农民利益，建立城乡统一的劳动力就业制度、户籍管理制度、教育制度、土地制度、社会保障制度等，给农村居民平等的发展机会、完整的财产权利和自由的发展空间，遵循市场经济规律和社会发展规律，促进城乡要素自由、合理、有序、公平流动，实现资源的优化配置。

（四）城乡结合型县域经济的发展路径

政府是推动城乡结合型县域经济发展的主体，在动员民众广泛参与的前提下，政府在统筹城乡经济社会协调发展中发挥重要作用。在市场经济条件下，城乡居民收入差距有经济发展自身的规律，离开了政府政策调控，工农、城乡之间由于生产效率不同产生的收入差距也会自动弥合，但消弭周期会相当长，为了弥合或缩小这种差距，政府行为在很大程度上起着决定作用。所以从国外城乡一体化发展的实践来看，政府推动是城乡协调发展的主体力量。发达国家抑或发展中国家在统筹城乡协调发展过程中，政府主要通过三种政策措施推进城乡协调发展：一是制定城乡协调发展规划；二是提供法律、法规保障；三是加大公共财政资金对“三农”的扶持。中央政府和地方政府制定的法律法规可以为城乡结合型县域经济发展提供制度保障。

在城乡结合型县域经济的发展过程中，必须充分认识农业和农村经济的地位和作用，采取有力措施，增强农村自我发展能力，增加农民收入，促进农业发展并促进农村工业发挥其在统筹城乡协调发展中的基础作用。农业和农村经济的发展是统筹城乡经济发展的基础，因此无论是发达国家还是发展中国家，在现代化的过程中，都十分重视农村经济的发展，采取有力措施形成城乡经济社会协调发展的良性循环机制，使乡村在生产和生活方式等方面逐渐减小与城市间的差别。欧洲农民得到的政府补贴占收入的50%以上，美国农民得到的政府补贴占收入的30%。日本政府通过财政倾斜和提供金融税收等优惠政策，调动地方政府发展农村工业的积极性，并吸引城市工业向农村扩散，以促进农村工业生产力的聚集。此外，日本政府还通过财政的直接支持，对农村基础设施进行大量投入，帮助农村地区改善交通、通讯等基础设施，为农村工业的发展创造良好的外部环境。城乡间产业发展和区域联系，起到了提高农村劳动者收益、缩小城乡差别的作用。事实上，成熟的市场经济国家，多年来为了缓和社会矛盾，都致力于启动庞大的公共开支，保护农业，支持农民收入增长，使城乡居民收入差别变得微不足道，社会公平程度很高。特别是北欧诸国，反映社会公平程度的基尼系数都比较小，2006年挪威、瑞典、芬兰的基尼系数均在0.220～0.250之间。韩国新村运动也是为了解决农民收入和城市收入差距的问题，其实施使得工农之间的收入差距大大缩小。而少数发展中国家，如印度、孟加拉、印尼、墨西哥、巴西等，由于没有实现城乡经济社会的协调发展，在大中城市的扩张中，忽略甚至不注意农村经济的发展，有的甚至继续剥夺农业，造成农业萧条、农民破产、农村经济缓慢发展，进而影响了工业化和城市化的进程。

在城乡结合型县域经济的发展过程中，必须重视大、中、小城市和小城镇的协调发展，坚持走大、中、小城市和小城镇协调发展的道路，促进城乡经济和社会协调发展。城市化进程在带来丰富的物质文化生活的同时，也带来了交通堵塞、住房紧张、城市环境恶化等一系列社会问题。从国际经验看，城乡协调发展不仅可以促进城乡资源合理配置，为一国经济的发展提供必要支撑，也为城乡居民和谐相处带来了生活、工作、娱乐等方面的便利。美国现有的乡村不再发展成传统的城市，在保留其某些特征的同时，乡村在生产、生活方式上已经和城市没有差别，城乡进入了协调发展的良性循环。从一些发展中国家的教训来看，在城市化过程中片面强调城市的扩张而忽略了农村的发展，导致城乡之间存在着巨大的差距，进一步强化了城乡两极分化，引起社会震荡。正反两方面的例子告诉我们，我国应该纠正传统的偏重城市发展的政策倾向，采取城乡结合型县域经济发展的策略。国际经验表明，凡是城市化水平高的国家，其农业也相应地较为发达，农业部门生产率的提高是城市化得以顺利推行的基础。因此，我国应该通过改善农业的生产条件和农村的生活环境，提高农民的收入水平和社会福利水平，消除城乡经济机会不平等现象，实现城乡协调和可持续发展。在城乡结合型县域经济的发展过程中，由于各地区具体情况不同，采取的发展策略也不尽相同。在追求高度城市化和大城市带发展时，应强调小城镇的发展，以此来填补大城市与农村经济发展之间的空白，通过小城镇发展来协调城乡经济，缩小城乡发展的差距。

在城乡结合型县域经济的发展过程中，必须高度重视由于国民经济高速增长带来的工农、城乡发展严重失调的问题，要以立法促进城乡统筹发展，为协调发展提供稳定的制度保障。从世界各国统筹城乡经济发展的过程来看，有关法律的制定和实施是落实城乡协调发展规划的有力保证，使之具有较强约束力。没有法律的支持和保障，政府和有关管理部门的统筹规划职责很难被明确，城乡统筹发展的规划也不可能具有权威性。因此，立法先行是统筹城乡或区域间经济协调发展的必要环节。例如，在农民剩余劳动力就业方面，应通过立法形式保证劳动力转移的步伐不被城乡户籍制度等阻碍；在城市化过程中，应通过立法形式对农村土地的合理使用、赔偿和农民的社会福利进行相应的、详细的规定，以保护农民利益不受损害等。美国经过1929—1933年的经济危机，为避免几百万农民遭遇破产的威胁，1933年颁布了《农业调整法》，确定了对农民收入的价格支持政策。日本1961年颁布了《农业基本法》，缩小了工农收入差距。我国长期存在经济、技术、观念、劳动者素质等方面的城乡差距，这在短期内是不可能被消除的，城乡二元经济结构的彻底打破也不是短期内能实现的，目前已经在成都、重庆搞了试点，应进一步推广，并颁布相关法律、法规，调整对农村、农民的政策和有关产业政策，实现国内产业结构优化升级，为城乡经济健康发展提供法制保障。

加快农村剩余劳动力转移是城乡结合型县域经济发展的必要途径。从各国经验看，伴随着国家工业化的发展，大量农村劳动力涌向城市是城乡经济协调发展的必然趋势。世界各国工业化和城市化发展的一般规律是：当工业比重达到40%左右时，农村劳动力转移程度会达到50%左右。为了达到这一基本相适应的发展要求，各国对农村剩余劳动力的转移都相当重视。比如，日本政府在工业化过程中为提高农村劳动力的基本素质，适应现代化建设的需要，不仅注重农村基础教育，还特别注重职业教育，在各地建立了很多职业培训机构，进行各种形式的职业培训，为农村工业企业提供了大量合格的劳动力，满足了城乡工业化的需要。另外，政府还采取多种措施，提供各种雇工信息进行就业指导和职业介绍等，统筹解决城乡劳动力就业问题。也有一些发展中国家忽视对失地农民的关注，任其坠入贫民深渊，这导致其成为影响现代化的障碍因素。我国工业目前占的比重已经超过了50%，农村劳动力转移水平应该更高一些，但实际上并非如此。应当借鉴国际经验教训，为农村剩余劳动力向城市转移开辟广阔的渠道，创造良好的社会氛围，逐步缩小城乡居民的发展差距，形成城乡结合型县域经济发展的格局。

四、城乡结合型县域经济的特征

城乡结合型县域经济发展具有一系列特征，主要表现在：

（一）以城镇化为核心精神

城镇化是推动城乡经济协调发展的必由之路，当前城镇化发展一要解决中心城市及各县城扩张能力不足的问题，二要解决小城镇建设布局不合理的问题。目前乡镇布局虽然经过了前几年的合乡并镇调整，但是仍然没有完全按照有利于经济市场化和农村城镇化的要求完成科学布局和规划，暴露出很多问题。城镇化围绕农村城镇化和经济市场化的要求，通过实施城镇化来推动城乡经济的一体化发展，一要以中心城市和各县城为依托，加快近郊城镇的城市化进程，优化中心城市和县城的产业布局，实现中心城市和县城的进一步扩张；二要在战略规划上确定优先发展的小城镇，推动这些重点乡镇建成区，促使这些重点城镇建成区发挥其对周边区域农村经济的辐射带动作用。主要做法就是要把各类新兴产业，如农产品加工业、饲料业、农资购销业、农产品运输储藏包装业等，以及各项社会事业，尤其是涉农服务业，如金融服务业、科技服务业、信息服务业、文教卫生业等，放在重点乡镇建成区内集中发展，通过规划引导和政策推动，以新兴产业行业为载体，促进乡镇建成区个体私营经济的壮大，重点培育和扶持龙头企业及农产品专业市场的发展，逐步鼓励和引导农村劳动力向城市转移、向城镇建成区转移、向非农产业区转移，以建成区的产业发展来整合、牵动农村经济的市场化。

（二）以农业产业化为前进方向

农业产业化是农村城镇化的重要途径，是农业生产工业化、经营企业化的必然结果。农业产业化在使农业生产经营方式发生变革的同时，又对各类涉农产业的发展提出了现实要求，是农村产业分工的起点。没有农业的产业化，就不可能有农村的城镇化，农业产业化战略应该成为城镇化战略的重要一级。农业产业化的核心是龙头企业建设和农产品专业市场建设，其重点一是加快以林果业、畜牧业、经济作物建设为主体的农产品生产基地建设，促进农业的适度规模化、专业化和集约化，推动农业的市场化；二是推动农业生产的标准化，围绕具有区域优势和地方特色的农产品以及在国外市场具有一定比较优势的农产品，建立包括种植业、养殖业、农业机械和农产品加工等产业在内的与农业产前、产中、产后相配套的全程质量管理的标准体系，依靠农业科技的推广、实施与创新，培育具有特色的优势农产品和主导产业，促进农业产业升级；三是推动农业生产经营的企业化、一体化经营进程，提升经营管理水平，切实提高农业的产业竞争力；四是推动市场农业赖以支撑的各类涉农行业的发展，实现与城镇化战略的有效衔接。

（三）以组织创新为发展保证

产业经济组织是贯通当地产业与国内外产品市场的桥梁，是提高产业竞争力的关键，是区域实现城乡经济协调发展的基础。组织创新战略核心关注的是作为欠发达地区，城乡各类经济组织发育不充分的问题。经济组织大体可分为工商业经济组织和农业经济组织两类。从组织形态上看，目前工商业经济组织相对于农业经济组织比较健全，并且完成了企业化的塑造。而农业经济组织的发展则相对落后，目前仍以千家万户的小农经济为主，与企业化经营的差距很大。所以，在推动各类工商业企业组织进行创新的同时，要把重点放在农业经济组织，尤其是农民专业性合作经济组织的培育与发展上。一要发挥包括农村党的基层组织、妇联、共青团、科协等力量在内的各种党派、团体和部门的组织协调作用；二要调动农村党员干部及各类大户领办、创办合作组织的积极性；三要充分利用各类龙头企业和专业市场的作用，共同推动农村各类专业性合作经济组织的发展，为推动农业现代化提供载体支撑。

（四）以市场体系建设为变革基础

市场化，一是表现在推进要素市场体系建设，健全城乡劳动力市场、金融服务市场、科技服务市场、土地流转市场等各类要素市场，深化农村经济市场化变革，力争实现几个突破，即实现城乡劳动力市场有机对接，拓宽农村剩余劳动力转移的途径，加大职业技能培训力度，突破农村剩余劳动力转移的关键障碍；推动农村金融服务组织，尤其是农村信用社的体制改革，创新金融产品，改进服务方式，突破农村经济发展的资金瓶颈制约；本着强化公益性服务、搞好经营性服务的原则，加强农业科技成果的开发、推广、服务，把市场运作方式引入农业科技推广服务领域，突破农村科技推广难、科技服务难、成果转化难的局面；拿出有效的办法，推动土地流转，促进农业的规模化、专业化经营，突破土地流转难题。二是健全产品市场，尤其是农产品市场体系，进一步完善现有农产品交易市场，本着合理规划、统筹安排、注重实效的原则，有选择地搞好重点产地专业批发市场建设。三是加强农产品产地无形市场建设，在政策上进行扶持引导，积极培育和放手发展农村市场流通中介组织，特别要促进农村经纪人队伍发展，让更多的农民进入市场；扶持私营、个体运销大户参与流通；巩固和发展农村新型合作经济组织，发挥各类专业合作社、专业协会在农产品市场流通中的重要作用；启动一批饲料加工、肉禽加工等农产品加工龙头企业，发挥龙头企业的牵动作用，推动订单农业的发展。四是创造良好的市场流通环境，各级市场管理部门和涉农部门要切实转变职能，打破地区封锁、部门分割和行业垄断，整顿市场秩序，严禁乱收费、乱罚款、乱摊派，努力减轻各类运销商和个体贩运户的负担，降低流通成本，建设好绿色通道；同时，充分发挥国营商业、供销社、外贸部门的作用，支持其在大中城市开办营销网络及农产品连锁经营，更好地为本地产品走向大市场服务。农业的市场化进程与农村的信息化发展紧密相关。推进农业的市场化，前提是提高农村信息化水平。农村信息化建设，一是要加大农村领域中信息基础设施建设的投入力度；二是要致力于农业信息体系的建设，整合电视、电台、电话、互联网等各种媒介资源，建立健全各类涉农信息的收集、整理、发布机制，通过各种渠道为农民提供各类信息，如农产品市场信息、农资购销信息、农业疫病灾害预警信息、农业科技信息等等，扩大涉农信息的共享覆盖面，为农业市场化发展提供有效支撑。

（五）以人力资本为持续动力

人才问题是事关经济发展全局的大问题。欠发达地区要有效破解人才对经济发展的瓶颈制约，一要扩大人才的市场配置空间，企业领域可以从企业产权制度改革入手，更大幅度地推进国有企业的产权制度改革，壮大个体私营经济的队伍，拓展企业主体按市场机制配置人才的领域，缓解工程技术人才不足对产业发展的制约问题；大幅度推进教育科研事业单位的人事制度改革，加快教育科研事业单位人才配置向市场化迈进的步伐。二要加强实用人才尤其是农村实用人才的培养力度，加强人才职业技能的培育培养，加强对现有人才的继续教育力度。三要为人才提供更广阔的产业平台，应该看到，对人才构成重要吸引力的因素之一是人才的发展空间和发展机会。从根本上解决人才问题,还是要立足经济社会的长远发展,在经济发展上做文章,搭建广阔的产业平台,拓宽人才发展的空间,提供更多的发展机会。四要优化用人环境,规范用人行为,提高待遇,创造有利于人才发展的机遇和环境;规范和整合用人环节上的不良行为,杜绝只看文凭、不重真才实学的用人歪风,把那些重要岗位、关键岗位提供给有能力、有水平、有真才实学的人;平衡区域内外人才使用关系,制定优惠的人才吸引政策,引进急需的人才;整合现有的人才教育资源,在提高基础教育水平的同时,规范引导成人教育、职业教育组织的行为,为区域经济社会发展培养各类实用人才。

(六) 以基层重构为操作平台

当前,农村经济社会处在重要的转型时期。在体制政策层面,农村以村民自治为核心的基层民主政治制度得以确立,农村家庭承包责任制继续稳定,农税费改革深入进行;在经济生活层面,农业生产经营日益呈现规模化、专业化、集约化和一体化的态势,农产品市场体系日趋健全,市场机制对农村经济影响日益深入,农村服务体系日趋社会化,社会分工日益深化等。在这种经济社会背景下,农村包括县乡管理体制在内的政治体制面临全新的挑战,改革与调整已势在必行。县乡政治体制应向有利于推动以村民自治为核心的农村基层民主政治建设方向改革,向有利于推动农业产业化、农村城镇化、经济市场化、服务社会化的经济建设方向改革。乡镇改革可考虑进一步调整乡镇规模,重新对乡镇进行布局;进一步推进行政机构改革,减少机构和人员,精简干部队伍;进一步削弱乡镇的财政职能,减少其财政利益不良膨胀的冲动,科学制定乡镇干部政绩考核标准,规范引导其领导方式的转变,减少其不当的政绩追求冲动;进一步推进乡镇职能转变,强化乡镇社会管理职能、政策协调职能、服务扶持职能,彻底改变政府主导的经济发展思路,变上级下达强制发展指标为乡镇根据市县经济发展规划和本地实际自主确定经济发展目标,变对村级组织和农民行政强迫为服务、扶持、引导村级组织;应进一步规范协调两委关系,加强农村党的基层组织建设,跟进产业发展,调整农村党的基层组织设置方式,创新党组织和党员活动方式,把党组织的积极作用融入农村产业组织的建设发展之中;扩大村民自治范围,推进经济民主化进程,在继续稳定家庭承包经营责任制和充分落实农民经营自主权的基础上,大力推动农村各类专业性合作经济组织的发展,并逐步发挥它们在农村经济发展上的推动、引导及服务作用,为现代农业的发展提供组织构架。

第三章　城乡结合型县域经济发展的理论基础

实践往往是在理论指导之下进行的，而理论之所以重要也是因为其能够给实践以正确的方向。对城乡结合型县域经济的发展起主要指导作用的理论有比较优势理论、梯度转移理论、产业集群理论、可持续发展理论、产业结构优化理论、点轴开发理论等。

一、比较优势理论与城乡结合型县域经济发展

比较优势理论源于国际贸易理论，对城乡结合型县域经济发展具有指导意义。将比较优势理论运用于城乡结合型县域经济发展，有助于科学确立优势产业，集中优势资源，以县域自身的独特之处赢得发展先机。

（一）比较优势理论简述

比较优势理论在国际贸易理论研究中一直占据着重要地位，该理论起源于对不同国家间发生贸易关系原因的思考，并回答了各国的贸易模式和贸易所得问题。比较优势是指经济发展中的一种相对优势，源于产业化分工和国际贸易理论，现在已广泛应用于产业经济学、发展经济学等各个方面，成为产业分析的重要方法和工具。400 多年前的重商主义是贸易理论的摇篮，比较优势理论最早由 18 世纪的英国古典经济学家亚当·斯密提出，后经英国的另一位古典经济学理家大卫·李嘉图以及许多现代经济学家的不断发展和充实，已经从绝对比较优势和相对比较优势的古典经济学理论，发展到了资源配置理论等现代经济学理论范畴。这一理论认为产品的相对成本不仅可以由技术差异决定，也可以由要素的比例和稀缺程度决定。一个地区应优先发展那些能充分利用本地区相对丰富的生产要素或资源的产业，并与其他地区进行产品贸易和交换。也就是说，国际贸易的基础是生产技术的相对差别（而非绝对差别）以及由此产生的相对成本的差别。每个国家都应根据“两利相权取其重，两弊相权取其轻”的原则，集中生产并出口其具有“比较优势”的产品，进口其具有“比较劣势”的产品。比较优势贸易理论在更普遍的基础上解释了贸易产生的基础和贸易利得，大大发展了绝对优势贸易理论。20 世纪 90 年代以来，以澳大利亚华人杨小凯为代表的经

济学家对传统贸易理论进行了重新思考,进一步突破了传统的比较优势理论的框架,创立了新兴古典经济学。杨小凯的内生比较优势理论可以概括为新兴古典贸易理论和新兴古典增长模型两个方面。

(二)比较优势理论对城乡结合型县域经济发展的启示

具体来看,比较优势理论对城乡结合型县域经济发展主要有如下启示:

1. 找准自身比较优势,明确发展思路

不能正确认识各自的比较优势就无法发挥出比较优势的效能,多数地方在选择比较优势时由于没有正确选定或根本没有选择比较对象,从而使"比较"结果失真,比较优势也失去了其应有的意义,导致据此制定的发展战略或路径发生偏差。许多地方对本地产业结构缺乏正确的认识,不能结合本地比较优势等客观情况确定最优产业结构,而在产业结构调整中一味地强调增加第二和第三产业比重,错误地认为第一产业比重越小,产业结构就越高、本地经济发展就越快。其实在甘肃许多县域经济区域中,适当增加第一产业比重恰恰符合当地经济社会发展实情,脱离当地实际而盲目评价产业结构高低,必将给当地经济社会发展带来损失。实际上,这种损失已经在不同地方或多或少地发生。

发展城乡结合型县域经济,必须从正确遴选比较优势入手,深刻剖析自身,找准所在县域的比较优势。这些比较优势有可能在于农业,有可能在于工业,也有可能在于交通。挖掘县域比较优势时,切忌盲目学习"典型",因为各个县域的实际情况、禀赋优势不尽相同,单纯照搬将给自身县域经济发展带来负面影响。必须从客观实际出发,以解放思想和更新观念为先导,按照中央"五个统筹"的发展要求,为实现发展城乡结合型县域经济的目标奠定坚实的基础。需要强调的是,县域在发展资源优势的过程中,要特别注意对稀缺资源的保护性开发,而不能单纯从经济利益的角度采取短视行动。

2. 集中优势资源,大力发展具有比较优势的产业

从系统科学的角度看,比较优势理论是县域经济的定位理论。它要解决一个子系统在大系统中如何定位的问题。按照这一理论,每一个子系统只有找到自己的特色并发挥自己的这种比较优势,才能在大系统中找到自己生存和发展的合理性和可行性。发展城乡结合型县域经济必须顺应经济社会发展的趋势,以市场为导向,以资源为依托,以效益为核心,立足于充分发挥比较优势,积极构建特色产业和优势产业,确立科学的发展思路和重点,采取有力措施,加快资源优势向产业优势和经济优势转化。任何区域都不能大而全或小而全地发展所有产业,而应大力发展具有比较优势的产业。比较优势是特殊资源,是县域经济发展必须考虑的因素。对一个地区来说,可能没有一个绝对优势,但总会存在比较优势。因此,发展县域经济必须从自身的实际出发,找准突破口和关键点,发挥比较优势。注意避免盲目移植和照搬,要按照比较优势选择主导产业和产业布局,充分、合理、有效利用本地资源。资

源（包括人、财、物及自然资源）是产业的物质基础，它不仅是形成一定产业的物质基础，也是使这一地区产业具有某种特征的基础，还是这一地区介入国际和社会交往的前提，应避免资源闲置，使各种资源的功能得到多方面开发，提高资源利用效率。

3. 加速资本积累，促进产业结构升级

林毅夫等国内学者结合国内经济实践，提出了提升资源禀赋的动态比较优势理论。该理论认为，一个经济系统中的产业结构和技术选择是由其要素禀赋结构决定的，其产业结构总体水平的升级从根本上说依赖于该经济体中要素禀赋结构的变化。如果能够遵守比较优势战略，一方面会引导企业进入具有比较优势的产业，另一方面企业能够低成本地引进先进技术，这两个因素都有利于经济系统创造更多的经济剩余，从而增加资本积累，改变要素禀赋结构，实现持续的产业升级与经济增长。因此，我们在发展县域经济时，该地区经济的产业和技术结构如果能充分利用其资源禀赋的比较优势，其生产成本就会降低，竞争能力就会增强，创造的社会剩余就会增多，积累量也就会变大。

4. 做好配套工作，确保比较优势充分发挥

我国大多数县域由于长期以来受思想观念、市场发育、资金、科教水平及管理体制等多方面因素的制约，在县域经济发展中还存在着经济发展总体水平不高、地区之间发展极不平衡、农业大而不强、农业基础脆弱状况没有根本改变、工业化程度低、工业的主导地位还未确立等诸多不容忽视的问题，欠发达地区与发达地区相比仍有很大差距，要实现发展城乡结合型县域经济的目标和任务还十分艰巨。这就需要在下一步做好基础设施、体制机制等方面的相应配套工作。

5. 与时俱进，用动态的眼光审视比较优势

地区的比较优势不是一成不变的，有的产业虽然现在比较幼小，在市场竞争中没有优势，但是对区域经济的发展具有重要的意义，代表产业发展的方向，必须加以扶持。在发展县域经济的过程中，我们应该用动态的眼光看待产业的潜在优势，通过政策的扶持与支援，幼小产业的比较费用可以变化并取得优势。比较优势理论对经济发展既有积极的影响，也会产生负面作用。如果不恰当地应用比较优势，也会陷入西方学者所提出的比较优势陷阱，即陷入或者陶醉于自己在自然资源、成本或既有能力等方面的比较优势而不能自拔。

二、梯度转移理论与城乡结合型县域经济发展

梯度转移理论强调根据产业结构状况来系统地展开梯度转移。对城乡结合型县域经济的发展来讲，在此理论框架下的实践主要集中于承接环节，故需要在选择承接项目、整合承接条件等方面下足工夫。

（一）梯度转移理论简述

梯度转移理论源于弗农提出的工业生产的产品生命周期理论。产品生命周期理论认为，工业各部门及各种工业产品都处于生命周期的不同发展阶段，即经历创新、发展、成熟、衰退四个阶段。此后威尔斯和赫希哲等对该理论进行了验证，并作了充实和发展。区域经济学家将这一理论引入到区域经济学中，便产生了区域经济发展梯度转移理论。区域经济发展梯度转移理论是指一个国家的经济发展客观上存在梯度差异，高梯度地区通过不断创新并不断向外扩散求得发展，中、低梯度地区通过接受扩散或寻找机会跳跃发展并反梯度推移求得发展。

梯度转移理论认为，区域经济的发展取决于其产业结构的状况，而产业结构的状况又取决于地区经济部门，特别是其主导产业部门在工业生命周期中所处的阶段。如果其主导产业部门由处于创新阶段的专业部门所构成，则说明该区域具有发展潜力，因此将该区域列入高梯度区域。该理论认为，创新活动是区域发展梯度层次的决定性因素，而创新活动大多发生在高梯度地区。随着时间的推移及生命周期阶段的变化，生产活动逐渐从高梯度地区向低梯度地区转移，而这种梯度转移过程主要是通过多层次的城市系统扩展开来的。与梯度转移理论相类似的是日本学者小岛清提出的雁行模式，他将日本、亚洲四小龙、东盟、中国等国家和地区列为不同的发展梯度，并冠之以第一、二、三、四批大雁等。雁行形态论在生产按比较优势在国际转移这一问题上，与弗农的产品生命周期学说有相似之处。

梯度转移理论主张发达地区应首先加快发展，然后通过产业和要素向较发达地区和欠发达地区转移，以带动整个经济的发展。梯度推进理论也有一定的局限性，主要是难以科学划分梯度，实践中容易扩大地区间的发展差距。该理论忽视了高梯度地区有落后地区，落后地区也有相对发达地区的事实，人为限定按梯度推进，这样做就有可能把不同梯度地区发展的位置凝固化了，把差距进一步扩大了，使发达的地方更发达、落后的地方更落后。

（二）梯度转移理论对城乡结合型县域经济发展的启示

具体来看，梯度转移理论对城乡结合型县域经济发展主要有如下启示：

1.明确自身发展阶段，找准对接入口

产业梯度转移并实现产业升级，关键在于用何种合适的方式来承接已有的产业。产业梯度转移的承接方式主要包括：其一，产业自然承接，即产业淘汰；其二，产业自身承接，即产业有机更新；其三，产业转移承接，即产业集群。一方面，县域自身需要明确已有的产业基础；另一方面，要从外部把握承接机遇，设计合理路径，收益于梯度转移。在具体操作上有多种方式，比如以规划带动区域集聚发展与企业搬迁，以政策支持带动市县联动发展与企业搬迁，以科技投入带动经济发展与产业升级，以区域辐射和流域开发带动产业升级等等。

2. 严把对接关口，选择有长远发展的对接项目

发展城乡结合型县域经济，需要以发展的眼光来选择对接项目、产业，严格摒弃把三高（高污染、高能耗、高物耗）两低（低附加值、低技术含量）一密集（劳动密集）等传统行业往落后地区大搬移的狭隘的转移观念，而应采取全方位的产业梯度转移战略。以工业领域为例，其中的创新产业、成长产业、成熟产业和衰退产业都面临产业转移的问题，尤其是后三类产业。对于成长产业和成熟产业中的成长行业和产品，应实施扩张式转移战略；对于大部分成熟产业和绝大部分衰退产业，应实施转出式转移战略。在产业转移的区位上，应根据不同地区所处的不同经济梯度，选择不同的转移时间和转移方式。

3. 整合对接条件，加速转移步伐

一是融资成本低。引导银信部门强化发展意识，优化信息流程，简化审批程序，提高服务水平。降低贷款门槛，开辟信贷支持“绿色通道”，让想创业的人有款贷，让贷到款的人有发展，让放贷的人不吃亏，全力营造良好的金融环境。二是行政审批成本低。要克服“山大王”思想，力戒“本位至上”观念，创新服务方式，切实提高政府部门行政能力和服务水平，在依法行政的前提下，各类项目审批力争做到外地不能办的本县域可以办，外地不敢办的本县域大胆办，外地很难办的本县域容易办。三是土地、劳动力、水、电、交通等资源使用成本低。东部沿海地区急需转移的产业对承接地的经营成本比较看重，这也是他们选择转移的内在动力。欠发达地区县域的土地、劳动力、水电价格较低，随着“3211”大交通框架的逐步形成，交通优势也日趋明显。要充分利用这些优势，以更加积极的态度、更加有效的措施、更加务实的作风，创造性地引凤入巢，大力承接劳动密集型产业转移，推动城乡结合型县域经济又好又快发展。

4. 出台政策，改善环境，做好对接服务

产业转移经常被形容为“候鸟经济”，靠的是政策“洼地效应”。县域作为承接地，要积极运用税收调控经济的杠杆，构筑产业梯度转移政策“洼地效应”。首先，积极参与地方政府产业梯度转移政策的制定，严把政策关口，不让与税收法律、法规相抵触的政策出台，严禁乱开税收“口子”，切实维护税法的刚性。其次，在税法的框架内，切实把地方政府已经颁布的、行之有效的政策真正落实好，并从讲大局、讲政治的高度将国家颁布的各项税收优惠政策不折不扣地贯彻落实，积极支持企业产业升级、技术改造、结构调整以及对社会富余劳动力的吸收。特别是在“全球经济危机未见底、经济下滑未见底、影响经济实体未见底”的复杂经济形势下，用好用足各项税收优惠政策，帮助企业度过经济的“严冬”，让企业“引得进、留得住、发展得起”。与此同时，要积极打造低成本、高效率、文明、法治的投资益商环境。

三、产业集群理论与城乡结合型县域经济发展

产业集群理论关注产业领域内经济群落的形成与运作，在城乡结合型县域经济发展的实践中，必须注重产业集群载体的建设，从多层面推进产业结构优化升级，逐步形成健全、完善、成熟的产业群落。

（一）产业集群理论简述

产业集群是指在某一产业领域相互关联的企业及其支撑体系在一定区域内大量集聚发展并形成具有持续竞争优势的经济群落。近年来，产业集群对区域经济发展影响非常显著，成为全球重要的经济发展模式。产业集群理论随之迅速兴起，各种观点层出不穷，各方面研究蓬勃发展。产业集群是美国学者迈克尔·波特（Michael E. Porter）在 1990 年《国家竞争优势》一书中正式提出的，是在特定领域中，在地理上临近，有交互关联性并以彼此共同性和互补性相关联的企业和法人机构。产业集群是特定产业集聚的现象。特定产业的空间集聚是产业集群形成和发展的基础，但并非任何产业集聚都一定能发展成为一个产业集群。可以说，产业集群是一个类似于生物有机体的产业群落，它是企业自组织或有组织的综合体，而不是无组织的混合体。它揭示了在一些地方相关企业集结成群，从而获得竞争优势的现象和机制。在这种产业集群内，某些特定产业中相互联系的企业和关联的机构，通过价值链和各种联系渠道，相对集中在特定的地理空间，形成一个有机的群体。群体内的企业既有竞争又有合作，既有分工又有协作，彼此形成一种互动性的关联，由这种互动形成的竞争压力、潜在压力有利于构成集群内企业持续的创新动力，并由此带来一系列的产品创新，促进产业加快升级。

产业集群是目前国内较为常见的一种集聚模式，这种模式增强了集群中企业的核心竞争力，降低了它们的成本（包括内部生产成本、外部交易成本），促进了生产效率的提高及技术创新，还增强了区域的核心竞争力，大大促进了当地区域经济的发展。为提升产业竞争的能力，我国许多地方政府将发展产业集群作为经济工作的重点内容。我国发达地区集群的主要发展模式有：东莞模式——产业转移型（外向型经济）、义乌模式——市场与成本优势推动型、宁波模式——品牌优势带动型、寿光模式——农业产业化型、台湾新竹模式——高新技术园区型等。

（二）产业集群理论对城乡结合型县域经济发展的启示

产业集群理论给城乡结合型县域经济的发展启示如下：

1. 深化体制机制改革，增强县域经济活力

体制和机制问题是阻碍城乡结合型县域经济发展的重要因素，也是影响产业集群发展

的关键性因素。加快城乡结合型县域经济发展，实施产业集群战略，必须坚持“放权放活、多予少取”的基本原则，加快体制和机制创新，不断激发县域经济发展的活力和产业竞争力。一是改革城乡二元体制。要从根本上消除城乡分割的歧视性制度，包括户籍、劳动力就业、社会保障制度等方面的歧视性制度，县域应该与城市接轨，逐步实现无差别“国民待遇”和城乡一体化发展。二是推进行政体制改革。按照“能放则放”的原则，加大扩权力度，增加扩权事项，最大限度地下放省级事务规划权、部门管理权和项目管理权，赋予县市更大的发展自主权和决策权；同时创造条件，积极推进“省管县”体制改革。三是深化以民营经济产权制度为核心的改革。强化政府引导，推进体制、技术和管理创新，引导民营经济发展，进一步完善法人治理结构，提高民营经济素质。四是继续深化农村经济体制和土地制度改革。推进要素市场改革，建立多层次的资本市场体系，满足投资者多元化的投资需求。五是加速推进城镇化建设。按照“循序渐进、节约土地、集约发展、合理布局”的原则，积极稳妥地推进小城市和重点中心城镇发展，努力把各级城镇建设成为适宜投资创业和生活居住的城市。

2. 加速产业集群载体建设，引导产业集聚和扩张

工业园区是促进县级工业化的重要载体。工业经济快速发展地区的经验表明，以工业园区为载体，吸引工业的空间聚集和产业提升，是加快县域经济发展的成功之举。当前，一方面要制定总体规划，促进产业集群有序发展。根据国家的产业发展规划，立足本地资源禀赋特点、产业发展现状、产业链形成规律，制定和发布全省产业集群发展的指导性目录，明确支持重点，引导招商引资方向和重点规划好基础环境、产业发展、公共政策三个方面，体现出完善的服务和良好的发展环境，促进产业集群科学发展。另一方面要营造“洼地”优势，提高特色产业市场竞争力。应坚持市场导向，结合小城镇建设，选择最具有本地比较优势的产业或产品，重点培育一、二个特色主导产业。要以园区建设为重点，高标准规划和建设富有地方特色、功能定位独特的各类工业园区、农业园区，通过园区的规模化聚集、专业化分工、社会化服务和规范化管理，促进分散、初级的工业结构向高加工度、高附加值和高技术演进，实现部分产业的跳跃式发展，使园区成为县域经济发展的推进器和增长极。

3. 着力培育龙头企业，增强产业核心竞争力

龙头骨干企业是产业集群形成和发展的重要基础，是带动产业集群升级的力量，也是创名牌的重要载体。要通过企业改制兼并、引进战略伙伴和政策扶持等多种形式，区别对待，分类指导，对集群龙头企业进行培植。推动一批现有龙头企业做大、做强。坚持资源型和非资源型产业并举，把壮大优势产业、优势企业、优势产品结合起来，把农产品加工业、资源加工型和劳动密集型加工业作为县域工业发展主攻的基本对象。加快产业集群内重点企业的上下游及侧向产业链的配套建设，形成能有效提高竞争力的产业配套体系，同时要主动承接发达地区、中心城市经济辐射和产业转移，力争加入大企业集团和优势企业的分工协作体系。坚定不移地走新型工业化道路，加大改造高新技术产业和提升传统产业的力度。积极

推动企业把扩大规模和提升产品内在品质结合起来，把做大、做强企业和打造国内一流品牌结合起来，全方位提升产业竞争力。与此同时，加快培育一批成长型龙头企业。重点抓好县域内的产业整合，提升产业的竞争力，有条件的县域还要着力发展战略性产业。以主导产业为核心，加强企业间联系与协作，拓展延伸优势产业链，实现规模效应，形成集约经济。

4. 积极推进科技创新，促进产业结构升级

依靠科技进步、提升技术平台是产业集群持续发展的关键。一是以科研开发为抓手，提高技术创新能力。立足制度创新与技术创新，不断增强开发园区的技术创新能力，积极鼓励集群企业加强产学研联合，建立集群产业技术研发中心，并围绕集群的发展选择技术攻关课题，组织行业关键技术、工艺的研究开发，实现技术创新在产业集群内的整体效应，形成有自主知识产权的核心产品，增强企业核心竞争力。二是以自主创新提升产业技术水平。加强基础产业、培育支柱产业、扶持优势产业、发展先导产业、改造传统产业的思路要着力加大自主创新力度。首先，加强高新技术的渗透嫁接，运用先进适用的新技术、新材料、新工艺、新设备来改造、提升传统产业，不断提高传统产业的技术含量。其次，有条件的县(市)，要注重引进和发展高新技术，努力抢占科技竞争的制高点，促进技术优势与资源优势相结合，增强科技成果转化能力，提升产业整体技术水平。

5. 加大招商引资力度，促进产业科学发展

引进企业、吸引资本是湖北加快产业集群的首要任务。资金、技术、人才的缺乏是制约经济发展的主要因素。解决这些难题，就要积极扩大对外开放，加大招商引资力度。在当前，一要抓住国际国内产业梯度转移和我国扩大城镇农村消费、扩大对外开放的良好机遇，把扩大招商引资与推进新型工业化、经济结构调整、企业改组改造、培育高新技术产业和工业园区建设结合起来，切实转变观念，转变职能，创新招商引资的方式方法，建立完善招商引资的工作机制，创造条件承接大城市或发达地区的产业转移，积极寻求与国内外大企业、大财团、大商社等战略投资者的合作，以项目、资金、人才、技术和现代经营方式的引进为重点，进一步拓宽招商引资领域，扩大招商引资规模，提高招商引资水平，不断提高特色产业综合竞争力。二要进一步围绕产业链的拉长和重点产业区招商。按照“缺什么、补什么”的要求，对产业集群的配套体系进行整合，按照产业集群总体规划的要求，有目的、有针对性地开展专项招商活动。同时，积极引导、支持企业扩大对外贸易，提高甘肃省县域经济的外向度，带动县域经济的发展壮大。

四、可持续发展理论与城乡结合型县域经济发展

可持续发展是人类发展的长远之道，而城乡结合型县域经济的可持续发展要做到经济的理性增长，全力提高经济发展的质量，满足“以人为本”的基本生存需求，调控人口数量，

提高人口素质，维持、扩大和保护自然资源，借助科技进步突破发展瓶颈，努力实现环境与发展的平衡。

（一）可持续发展理论简述

可持续发展理论源于第二次世界大战以后，全球人口激增、资源短缺和环境污染问题对人类的生存和发展构成了严重的威胁。1989年第15届联合国环境署理事会通过的《关于可持续发展的声明》指出了可持续发展的严格定义：可持续发展，系指满足当前需要而又不削弱子孙后代满足其需要之能力的发展，而且绝不包含侵犯国家主权的含义。环境署理事会认为，可持续发展涉及国内合作及跨国界合作。可持续发展意味着走向国家和国际的均等，包括按照发展中国家的国家发展计划的轻重缓急及发展目的，向发展中国家提供援助。此外，可持续发展意味着要有一种支援性的国际经济环境，从而有利于各国，特别是发展中国家的持续经济增长和发展，这对环境的良好管理也是具有很大重要性的。可持续发展还意味着维护、合理使用并且提高自然资源基础，这种基础支撑着生态抗压力及经济的增长。

可持续发展的理论核心紧密地围绕两条基本的主线：第一条主线，努力寻求人与自然的平衡，寻求人与自然的和谐发展以及人与自然关系的合理性成长，同时，我们必须把人的发展、资源的消耗、环境的退化和生态的协调紧紧地联系在一起，这种关系就体现了人和自然必须走和谐与协同进化的道路。第二条主线，努力实现人与人之间关系的协调，通过制度的保证、舆论的导向、伦理的规范、道德的感召、法治的约束、社会的公正、文化的熏陶等，加上人类活动的有效组织，基本达到人与人之间关系的和谐与公平。

（二）可持续发展战略对城乡结合型县域经济的启示

具体而言，可持续发展理论对城乡结合型县域经济发展主要有如下启示：

1. 保持经济的理性增长

经济的理性增长是一种“健康状态”下的经济增长，既不同意限制财富积累的“零增长”，也反对不顾一切条件提倡过分增长。所谓健康的增长一般指在相应的发展阶段内，以“财富”扩大的方式和经济规模增长的度量，去满足人们在自控、自律等理性约束下的需求。著名经济学家索罗认为：“可持续发展就是在人口、资源、环境各个参数的约束下，人均财富可以实现非负增长的总目标。”

2. 全力提高经济增长的质量

全力提高经济增长的质量意味着新增财富的内在质量应当不断地、连续地加以改善和提高。除了在结构上要不断合理化与优化外，新增财富在资源消耗和能源消耗上要越来越低；在对生态环境的干扰强度上要越来越小；在知识的含量上和非物质化方面要越来越高；在总体效益的获取上要越来越好。罗默理论认为：“经济收益递增型模式，是以知识创新和专业化人力资本为核心的经济增长，它不仅可能形成资本收益的内部递增，而且能使传统的生产力要素也随之产生递增效益，从而牵动整个经济的规模效益递增，突破传统意义上的增长极限。”

3.满足“以人为本”的基本生存需求

科学发展观的核心是围绕人的全面发展而制定的，其中人的基本生存需求和生存空间的不断被满足，是一切发展的基石。因此，一定要把全球、国家、区域的生存支持系统维持在规定水平的范围之内，通过基本资源的开发提供充分的生存保障；通过就业比例的调配，达到收入、分配、储蓄等在结构上的合理性，进而共同维护全体社会成员的身心健康。

4.调控人口数量，提高人口素质

人口数量的年平均增长率首先应稳定地低于 GDP 的年平均增长率，而后逐渐实现人口自然增长率的“零增长”。此前与此后，都要把人口素质的提高纳入到首先要考虑的政策之中。该战略目标的实质是把人口自身再生产同物质的再生产“同等地”保持在可持续发展的水平上。根据联合国开发计划署(UNDP)在其年度报告《人类发展报告》中的研究，人口资源向人力资源的转变，首先要把人的“体能、技能、智能”三者合理调配，置于可以接受的状态之下，达到人口与发展之间的理想均衡。

5.维持、扩大和保护自然资源

地球的资源基础在可以预期的将来，仍然是世界人口生存与发展的唯一来源。科学发展观规定了必须保持财富的增长并满足人类的理性需求，它的实物基础主要依赖于地球资源的维持、地球资源的深度发现、地球资源的合理利用乃至废弃物的资源化。

6.借助科技进步突破发展瓶颈

科学发展观始终强调“人口、资源、生态环境与经济发展”的强力协调，科技进步在可持续发展战略实施中，能够迅速地把研究成果积极转化为经济增长的推动力，并克服发展过程中的瓶颈，由此达到可持续发展的总体要求。科学技术的发展、经济社会的发展、管理体制的发展，这三个主要方面将作为一个互为联系的大系统，通过宏观的调适和寻优，达到突破发展瓶颈的目标要求。库兹涅茨在诺贝尔经济奖获奖演说时曾表达了他的严肃思考：“先进技术是经济增长的一个巨大来源，但是它还只是一个潜在的、必要的条件，本身并不是充分条件。如果要使技术得到高效而广泛的应用，必须作出制度的和意识形态的调整，以实现正确利用人类知识中先进部分所产生的创造力”。

7.努力实现环境与发展的平衡

科学发展观不赞成单纯为了经济增长而牺牲环境的容量和能力，也不赞成单纯为了保持环境而不开发自然资源。二者之间的关系可以通过不同类型的调节和控制，达到在经济发展水平不断提高的同时，也能相应地将环境能力保持在较高水平上。为此，一些地区构造"循环经济"、"生态补偿制度"、"工业生态园"、"全过程无害化控制"、"绿色化学体系"等的根本目的都在于维系人与自然之间的协调发展。

五、产业结构优化理论与城乡结合型县域经济发展

在城乡结合型县域经济发展的实践同产业结构优化理论的结合中，必须把握结构特征，明确调整方向，明确主导产业，制定配套政策，多途径调整产业结构，实现优化升级。

（一）产业结构优化理论概述

这里的产业结构优化理论也可以叫做区域结构优化理论。在县域经济发展中，一些产业结构比另外一些产业结构更为优良，更为可取，因为它们标志着更高的经济发展水平。如果要向更高的经济阶段发展，就应当对经济结构作相应的调整，也就是所谓的结构优化。结构优化的经济学理论从需求角度看有恩格尔消费定律，这一定律认为，当人均收入水平很低时，总支出中用于食物和必需品的比例很高，而用于舒适品和奢侈品的比例很低；随着人均收入的提高，食物和必需品的消费支出比例下降，而舒适品和奢侈品的消费支出比例上升。由于食物和必需品主要是由第一产业生产的，而舒适品和奢侈品主要是由第二、三产业生产的，所以人均收入的提高和经济的发展就意味着第二、三产业在国民经济中的比重必然上升。结构优化的经济学理论从供给角度看有刘易斯的二元经济发展模式理论，这一模式说明，在发展中国家，农业部门的劳动生产率远远低于工业部门的劳动生产率，因此，把一部分农业劳动力转移到劳动生产率较高的工业部门中，整个社会的生产力就会提高。库兹涅茨对不同收入的国家所作的横向分析与发达国家所作的纵向分析都表明了结构优化与经济发展的一致性，我国县域经济的状况也说明了这一点。经济结构优化理论已经在县域经济发展中得到广泛运用，并被证明是制定县域经济发展战略不可缺少的理论。许多县市领导在总结县域经济发展时都把经济结构优化作为基本的经验。

（二）产业结构优化理论对城乡结合型县域经济发展的启示

从产业结构优化角度看，产业结构优化理论给城乡结合型县域经济发展带来如下启示：

1.把握结构特征，明确调整方向

由于历史的原因，我国绝大多数县依然是以农业（渔业、牧业、林业）为基本产业的，即人们常说的农业县。近些年来，随着改革开放的深入，一些县的第二、三产业有了较大发展，许多农民基本上不再从事农业生产，第一产业在县产业结构中所占的比重有所下降。但是，农业生产活动和为农业生产活动所进行的产前、产后服务，依然大量存在于整个县域经济中。应该说，由于我国的国情所定，除少数县因第二、第三产业发达而由县改市并呈现出城

市的特征外，绝大多数的县产业结构在很长时间里都具有农业性，所以在城乡结合型县域经济发展中强调优化县域产业结构，在很大程度上来说就是优化农村产业结构。县域经济应当在哪一层次进行结构调整，与本县的经济发展情况密切相关。一般来讲，高层次的结构调整要以低层次的结构调整为基础。但是，在城乡结合型县域经济发展中，这一点不能绝对化，低层次的结构调整也可以伴随高层次的结构调整，而且对这一点的把握恰恰体现了经济决策的战略水平，因为正是这方面的灵活运用能够实现城乡结合型县域经济的跨越式发展。从系统科学的角度看，县域经济结构优化理论是城乡结合型县域系统的定向理论。可以把定位与定向理论结合起来考虑城乡结合型县域经济的发展，即所谓比较优势中的结构优化。

2.明确主导产业，制定配套政策

一个县要发展，首先必须明确自身在区域大环境中的地位和功能，根据县内经济社会发展的基础和资源、环境特点，从与区域周边大环境和国内外大环境的分析比较中，确定自身的发展方向、发展目标、发展重点和近期发展的突破口以及相应的措施和对策。根据县内资源（包括自然资源和人文资源、县内拥有的资源和可利用的县外资源）、环境（自然生态环境和人文社会环境）特点以及国内外同类市场的需求，选择具有竞争优势的互补性产业和产品作为县内的主导型产业（产品）发展方向。

制定县产业结构政策时，重点应放在确定主导产业及生产部门高关联效应上。对任何县域经济的运行来说，制定详细的、面面俱到的产业结构政策是很难做到的。因此，必须把握县产业结构中的主导产业及支柱产业。根据我国大多数县的经济情况，主导产业的特点是：该产业应是代表当代技术进步并依托县资源发展的新兴产业，是规模产业并有较高增长率及经济效益；该产业具有较强的前向联系和后向联系，即处于前向联系的各产业对该产业及生产部门有着强烈的需求，处于后向联系的各产业对该产业及生产部门也有较强的需求；该产业的产品有着巨大的市场需求，即在一个较长的时期里，人们对它有着不断增加的需求但又难以充分满足；该产业在县产业结构中占有较大的比重。要建立有特色的主导产业，就必须靠树立名牌来开拓市场，一方面意味着该品牌所代表的产品本身品质好，被消费者广泛认同，且知名度和美誉度非常高；另一方面则超出了产品本身的界限，而扩展到整个地区的产业形象，形成县域经济发展的强大推动力。同时，良好的市场品牌形象又需要良好的品牌管理战略。一个地区有了主导产业，必须建立起相关的产业群体。因此，优化的产业结构，其主导产业及产业群都应是与一定的经济发展阶段相适应，与一定时期的资源、市场、技术条件相适应，以此来寻求最佳经济效益。

3.多途径调整产业结构，实现优化升级

一是可以聚焦县域中的某一产业，就其内部结构进行调整。具体来讲，在某个产业内通过企业重组、组织转型和流程再造来对现有的产业资源进行优化配置，以达到提高产业市场占有率的目标。这一调整的实质是在既有的产业市场中以产品、价格等因素去寻求自己的最佳地位，对提高县域经济的竞争力是有利的。但是它又是在一个已经结构化的产业内寻求区域经济发展的空间，竞争规则以及市场占有率已基本为先行者所确定，产业内的竞争强度很大，能够选择的余地比较小，边际产出也处于递减状态。因此，这种类型的结构调整发展空间比较有限，但对许多投资能力比较弱的县来说，依然不失为现实选择。

二是可以借由产业选择进行县域产业结构调整。这一调整是建立在对现有产业的评价基础上，对已有的或正在形成中的产业进行分析，确定哪些是新兴产业，哪些是成熟产业，哪些是夕阳产业，从而选择比较有前途的产业，尽可能从那些相对缺少吸引力的产业中脱身。发达国家和先进地区的经济总是通过这种经济结构的调整保持领先地位，其战略意义是显而易见的。我国沿海地区的一些县已经或正在进行此类调整，但这种调整对中西部的县来说有相当大的难度。

三是可以通过产业创新实施县域产业结构调整。这是根据对未来产业或产业结构的预见而进行产业创新，以实现产业结构的调整。这一调整不局限于已结构化的产业，而是着眼于未结构化的产业，着眼于现有产业结构的未来发展趋势。它根据未来的科学技术、社会需求、生活方式和市场竞争的走向，确定新的产业增长点，在尽可能快的时间里形成新的产业，成为发展的领头羊。这种产业创新的关键是县域领导和企业家具有敏锐的产业预见能力，要面向市场，树立品牌，发展具有高关联效应的主导产业及相关产业群。

六、点轴开发理论与城乡结合型县域经济发展

作为在实际规划中广泛运用的点轴开发理论，在城乡结合型县域经济发展中有着重要的实践应用价值。为了更好地发挥其效果，我们需要在具体操作时科学谋略、整体布局，重视中心城镇发展，同时辅之以资本、交通等方面的助力。

（一）点轴开发理论简述

点轴开发理论最早由陆大道先生提出。他在综合了克里斯·泰勒的中心地理论、增长极理论和德国的开发轴理论后，于 1984 年最早提出，并在 1995 年出版的《区域发展及其空间结构》一书中最终形成完整的理论体系。“点轴”开发理论将中心城市、交通干线、市场作用范围等统一在一个增长模式之中，在三者的相互关系中，点居于主导地位，轴是多层次中心点间沟通连接的通道，而通过市场配置资源要素，是点与点之间、点与轴之间发生联系的根本动因。“点轴”开发理论的实践意义，首先在于它揭示了区域经济发展的不均衡性，即可能通过点与点之间跳跃式配置资源要素，进而通过轴带的功能，对整个区域经济发挥牵动作用。因此，必须确定中心城市的等级体系，确定中心城市和生长轴的发展时序，逐步使开发重点转移扩散。“点轴”开发理论是在经济发展过程中采取空间线性推进方式，它是增长极理论聚点突破与梯度转移理论线性推进的完美结合。点轴开发理论在区域规划中具有十

分重要的理论价值和现实指导意义，在我国众多地区被广泛采用。区域内增长极和发展轴的培育和发展是一个长期的过程，应充分重视工业化和中小工商业在点轴开发中的作用。西部地区的县域间差异性较大，自然经济条件、资源禀赋各具特色，关键是认清现实和潜在的机遇，更好地把区内基本要素和外部输入结合起来，因地制宜地选择区域开发的模式，形成自我驱动发展的能力，实现地区经济的跨越式发展。

（二）点轴开发理论对城乡结合型县域经济发展的启示

在实践层面，点轴开发理论对城乡结合型县域经济发展具有许多重要的启示：

1. 规划先行，科学谋略整体布局

科学确定和选准区域空间发展模式，培育增长点（极、带），是实现县域经济跳跃式发展的有效途径。县域范围虽小，但发展不能没有主次，尤其在初期发展阶段，要认真抓好经济增长极（点、轴），引导生产力合理布局、集中布局和集约经营，引导城镇和区域有序发展。在规划先行的基础上，要进一步加强中心城镇的建设，保证发展势头的持续增强。在现有的财政基础上，只有打造出具有强大辐射带动作用的地区增长极，整个点轴开发的区域才能焕发出更多的生机和活力。没有中心城镇的带动，发展轴线就成了无本之木，点轴开发更无法进行。发展关键在于振兴主导产业，壮大产业集群，加大技术研发力度，加强与科研机构的产学研合作，培育出具有自主知识产权的品牌，制定行业标准，规范企业市场行为，遏制价格战等无序恶意竞争。通过核心增长极的辐射和带动，加快周边闲置劳动力的集聚和技能培训，缩小远郊村落与中心城镇的差距。

2. 重视中心城镇发展，构筑动力源

区域发展要靠强有力的中心带动，县域中心城和重点（中心）镇是县域经济社会发展的重要载体，是参与区域竞争的重要基础，是引进企业、发展经济、建设社会主义新农村、解决县内“三农”问题、实现乡村城镇化和区域现代化的重要基地。要高度重视县域中心城和重点镇的发展，要以超前的意识和可持续发展的战略理念，将其构筑成为县域经济、社会发展的平台。规划和建设要立足于营造两个理想的环境，即为外来企业和内生型企业提供理想的创业发展环境和为外来人口（包括本县农村转移人口和劳动力）提供就业和生活居住环境。不仅要通过营造环境吸引企业集聚，还要及时配套服务设施，不断提高服务水平，稳住企业发展，延长产业链，逐步实现两个本地化，即外来企业本地化、外来人口本地化；形成两个竞争力，即区域竞争力和城镇竞争力；达到两个目标，即实现产业、经济和人口集聚，促进县域经济发展，带动周边区域发展，解决“三农”问题的目标以及实现工业化、城镇化进程，逐步实现区域现代化的目标。

3. 聚合发展资本，注重招商引资质量

在点轴开发的初级阶段，外来资本在开发建设的过程中起着重要的作用。应紧紧抓住

东中部地区产业转移的机遇,确定沿线两个工业园区各自的引资重点,将核心沿线打造成招商引资的高地。借鉴先进地区的引资经验,努力改善投资的软环境,强化经济带沿线政府的公共服务职能。以工业发展为主导,注重大项目的引进和产业的配套连贯性。大力调整三产的结构,扩大第二、三产业所占 GDP 的比重,以技术的升级创新为手段,形成一批数量可观的规模以上加工制造业。发挥两个工业园区在宝邮路经济带发展中的先导和阵地作用,促使产业要素向经济带尤其是园区的聚集,带动县域经济整体水平的提升。与此同时,需要加强政府、银行和企业的三方互动,优先保证经济带重大项目的建设资金。增进银企间的交流合作,协调金融部门积极支持技术改造、新产品开发项目和农业产业化项目。综合运用财政、金融等多种手段,整合分散的民间资本,发挥好各类银行的作用,同时增强城乡结合型县域的自我造血功能。

4. 做精做细特色,培育优势产业成长

整合特色资源,完善配套设施,实现点轴开发模式中点与轴之间的相互促进,在地区增长极的发展达到量的积累之后,轴的发展要迅速跟进。以主干道带动沿线小城镇经济发展,注意结合自身资源禀赋,发挥比较优势,选择发展以民营经济等为主体的特色产业,扶持农副产品加工的规模企业,推进农业产业化进程。与此同时,要注重完善对市场信息的反应机制,重视产业项目的营销和策划,形成乡镇独有的品牌和核心竞争力,与增长极一起联动发展。

5. 构建立体交通网络,提升基础竞争力

积极争取公路、铁路客运专线方案,引导整体经济发育成型,破解制约自身发展的交通难题,促使区域开发模式由点轴开发向网络开发转变。经济理论界目前普遍认为,网络开发模式是区域开发的最高形式。若干发展轴的交织和融合,意味着增长效果和增长极点的网状分布,较之单一点轴开发的线性带状分布具有更好的效果。争取到客运专线与自身整体经济的交汇,可将绝大部分乡镇都纳入交通轴线的辐射范围,形成网络开发的新格局,应在城乡结合型县域经济的发展中把握这样的机遇。

第四章　中国城乡结合型县域经济发展概况

胡锦涛同志在党的十七大报告中明确指出:“要加强农业基础地位,走中国特色农业现代化道路,建立以工促农、以城带乡长效机制,形成城乡经济社会发展一体化新格局。”这为我们统筹城乡发展指明了方向。

温家宝总理在2008年中央政府工作报告中提出:“加快发展高产优质高效生态安全农业,支持农业产业化经营和龙头企业发展,加强农村现代市场流通体系建设,壮大和提升农村第二、三产业,发展乡镇企业,增强县域经济实力。”县域经济在城市与乡村之间起到了纽带的作用,成为城乡兼容、功能完备的综合经济体。加快推进以城乡结合为重点的县域经济社会发展,是实践科学发展观、统筹城乡发展的重要载体,也是在国际金融危机和国内发展方式转型的双重压力下,实现扩内需、保增长的现实要求①。

城乡结合在很大程度上反映了城乡经济社会随着工业化、城市化的推进而发展的必然过程,其发展重点和方式与区域所处的发展阶段相适应,动态且不断地向前演进。城乡一体化既是目标,也是过程,是目标和过程的统一,是不断深化的系统性工程,也是不断向最高目标推进的过程,它包含很多内容和含义,要求经济、社会、环境等方面协同发展,但在不同时期其发展重点不同。

一、整体发展特征

中国的城乡结合型县域经济发展与一般县域经济发展有所区别,其更强调城乡的一体化发展。

(一)城乡一体化是城乡之间经济、社会等形式的有机融合

以城镇为依托,优化区域经济发展不是一个单纯的经济运行过程,而是在经济发展基础上的经济、政治、文化的协调发展和社会全面进步,使发展的成果惠及全体人民。

城乡一体化的发展,首先是经济一体化的发展,具体表现为城乡各种经济资源和要素的

① 迟福林.以城乡一体化为重点推进县域科学发展.人民论坛,2009(6):34－35.

合理、有效流动和统筹发展，并最终促使城乡在生产力发展水平、经济结构等基本方面高度协调一致。其次是政治发展上的平等性。在城乡间实行有别的政策制度，例如以农哺工的政策，还有偏重城市的社会保障政策，使城乡居民在社会地位、发展权利等方面存在着不平等。当前，实现城乡一体化发展的一个基本方面就是要消除此类不平等，给予城乡居民平等的发展权利和社会地位。城乡管理一体化是由市场经济发展的必然要求与农村经济结构的现状决定的。管理部门要增强调控手段，提高综合协调功能，从总体上推进农村经济与社会的稳步发展。再次，社会发展落后于经济发展，乡村发展落后于城市发展，因此，实现城乡在社会发展方面的共同繁荣和稳定成为一个迫切而现实的问题。城乡一体化的过程和结果，就是要消除城乡在经济发展与社会发展方面的问题。最后，城乡的“文化差距”严重影响着乡村进一步发展。实现城乡一体化发展，一个重要方面就是要在城乡内部和城乡之间引领积极向上的价值观和发展意识，加强社会主义核心价值体系建设，增强社会主义意识形态的吸引力和凝聚力，促进城乡、区域文化协调发展。

要立足实际，突出地区特色，统一编制区域内城乡经济发展总体规划，破除厚城薄乡、二元结构的旧观念，树立城乡并重、城乡一体的新理念，进行产业发展规划、基础设施建设规划、用地规划、富余劳动力转移规划等。既要注重发挥城镇对农村的辐射带动作用，又要充分发挥农村对城镇经济发展的支持帮助作用，使城镇与农村的生产要素合理流动。优化城乡资源配置，实现城乡在政策上的平等、产业发展上的互补、国民待遇上的一致，让农民享受到与城镇居民同样的文明和实惠，使整个城乡经济社会全面协调、可持续发展。要采取切实可行的措施，冲破城乡壁垒，使城乡互相开放、互为市场，同时发挥城市的辐射带动作用，帮助农村大力发展商品经济，并引入市场经济机制，建立起城乡之间各种形式有机融合的经济机制。

（二）城乡一体化是发挥城乡两个优势，推动城乡经济协调发展

要加快农业现代化进程，发挥城乡两个优势，转变重城轻乡的传统观念。全方位实施城乡一体化战略，是市场经济条件下实现农村现代化、推动城乡经济协调发展的一条必由之路。没有以农村特别是郊区经济为依托的城市不是一个完整的城市，同时，农村、郊区经济不借助于城市经济的辐射也难以得到长足发展。“以城带乡，以乡促城，城乡一体，共同发展”应该是不变的方针。

一方面，城乡工业要统筹考虑、合理布局，以农副产品为原料的加工业要尽量放到农村去，初级加工要放到农村；另一方面，城乡市场布局，包括城市中的农产品市场、农村中的工业品市场以及产权市场等也要统筹考虑、合理布局。同时，对城乡基础设施建设，特别是关系城乡经济命脉的交通、水利建设，也要从城乡一体考虑，要舍得投资，既要保城市工业，也要保农业。实现城乡之间经济发展的统一才是真正实现城乡一体化的关键所在。

（三）城乡一体化是综合社会、经济等空间整体协调发展的过程

城乡一体化是目标和过程的统一，是不断深化的系统性工程。制度建设和制度创新需

贯穿于整个过程,以保障该系统性工程的不断深化。

城乡一体化的规划也极为复杂,涉及诸多领域与部门,是一个由战略研究到实践的系统工程。以城市建设部门为主进行城乡一体化的规划编制不可能达到一定的广度与深度,必须突出重点,就是在将城乡作为统一体进行综合的社会经济分析的基础上,对城乡发展的空间、生态环境作出具体的布局安排。因此,城乡一体化规划实质上是在综合考虑城乡关系基础上的空间整体协调发展规划。它突破了以前以城镇为中心的规划(区域规划、城镇体系规划、城镇总体规划等)思维局限,体现了区域整体性的综合思想,是规划观念与手段的重大革新。

城乡一体化是市场手段和政府干预各司其职、相得益彰的发展过程。有的模式中,企业根据其利润最大化的要求,为了避免城市地价上涨、交通拥挤、资源紧张等带来的成本上升,开始向郊区转移;政府则因势利导,建立工业园区,集中布局、统筹协调,加快郊区城市化以及农业现代化的发展。同时,在推进城乡一体化的过程中也完成了城市主导产业的调整及优化,将传统的纺织、化工、冶金、机械制造业转移出去,专心致志地发展电子信息、生物医药、现代汽车、现代通讯、新型材料等资本密集或高新技术密集型产业。

城乡一体化在很大程度上反映了城乡经济社会随着工业化、城市化的推进而发展的必然过程,其发展重点和方式与区域所处的发展阶段相适应,动态且不断地向前演进。以乡镇企业为突破点,与其工业化处于起步阶段相联系;在经济实力大为增强、其辐射能力增强的条件下,产业向郊区扩散与保护、发展现代农业相结合;在更高发展水平上的实践,也是更高层次上的实践,即追求高质量生活环境——生态层次上的城乡一体化实践。在今后的发展阶段,城乡一体化还会有更新的内容。

二、涌现的实践典型

在中国城乡结合型县域经济发展过程中涌现了一批成功的例子,其中的典型是四川省双流县、陕西省神木县和广东省佛冈县。

(一)四川省双流县

历经五年统筹城乡发展实践,成都找到了城乡结合这条符合科学发展观要求、适合成都实际、具有成都特色的科学发展之路。进入新的发展阶段,作为全市"三个集中"的发源地,双流县按照省委"加快发展、科学发展、又好又快发展"总体取向和市委城乡统筹、"四位一体"科学发展总体战略,继续深入推进"三个集中",努力在关键领域和重点环节率先突破,不断破解城乡一体化进程中的矛盾和障碍,为全市其他地区特别是二三圈层提供可资借鉴的经验参考。

五年统筹城乡发展实践,双流探索积累了统筹推进"三个集中"的丰富经验,三次产业协调发展，城乡差距不断缩小，各项改革不断向纵深推进。站在发展新阶段，双流县委、县政府全面审视自身的发展优势和差距：双流正处于工业化、城市化加速期，"人口多、不平衡"仍然是最大的县情，发展不足仍然是最大的问题，城乡二元结构突出仍然是最大的实际；与全国2007年县域经济百强中排名在双流县前后的十强县对比，双流除了财政收入、固定资产投资2项指标排名领先，地区生产总值绝对值、规模以上工业总产值、社会消费品零售总额、金融机构存贷款余额4个总量指标上都有明显差距；从全市范围来看，尽管双流是全省经济大县，总体上看经济总量大，但部分人均指标偏低。

与工业化的加速推进相伴随，双流县城市化也进入加速期。双流县委、县政府提出，用城市发展的新思维来定位双流未来的发展，科学布局未来发展空间，统筹建设现代城市、现代农村交相辉映的城乡新形态。

进入21世纪以来，城市化成为区域发展的主要驱动力。与工业化的加速推进相伴随，双流县城市化也进入加速期。双流县委、县政府提出，城市发展的思路，不仅局限于城区，也包括"全域"双流的农村地区。用城市发展的新思维来定位双流未来的发展，不仅需要重新定位城市，更需要科学布局未来发展空间，不能以牺牲农村为代价。

在城市环境方面，双流正统筹考虑产业发展、居家休闲、功能配套、环境保护和生态建设等功能，构建现代城市和现代农村交相辉映的新城市形态。在城市化进程中，按照统筹城乡发展、城乡一体化的思路同步布局城乡基础设施。双流县委、县政府提出，到2011年，城乡社会事业均衡发展，城乡社会保障体系更加健全，城乡居民基本享有均衡的公共服务和同质的生活条件。

深化工业向集中发展区集中的实践，加快新型工业化进程。到2011年，双流西航港工业集中发展区将建成20平方千米的规模，园区工业企业实现税收20亿元以上，成为推动双流县域经济跨越发展的主战场。全县工业集中度达75%以上。

深化农民向城镇集中的实践，加快新型城镇化进程。按照"全域双流"的理念，运用灾后重建的思路和办法，科学规划建设主城区、区域中心镇、一般镇，有序推进各具特色的中心村建设，构建新型城镇体系。积极探索农民持股(证)进城的机制和办法，鼓励引导具备条件和有意愿的农民向城镇集中、向市民转化，力争到2011年，城市化率达60%以上。

深化农用地向规模经营集中的实践，加快农业现代化进程。未来，双流提出，结合产权制度改革，积极探索转包、出租、互换、托管、转让、股份合作等方式，实现多种形式的适度规模经营。力争到2011年，新增规模经营面积15万亩以上，集体化、集约化经营面覆盖行政村达50%以上，新型集体经济组织带动农民达50%以上。

双流县正用统筹城乡发展、城乡结合的思路科学布局城市产业，用城市发展的思维做强城市经济，夯实实现跨越发展、和谐发展的物质基础。双流县提出，以新型工业的发展支撑城市，打造以新能源产业为龙头的成都重要的现代制造业基地；以现代服务业的发展繁荣城市，打造以临空服务业为引擎的成都重要的现代服务业基地；以现代农业发展助推城市，打造以集体化、集约化为特征的成都近郊现代农业发展示范基地。

用统筹城乡发展的思路和方法思考双流的建设和发展，双流脚踏实地谋划双流县未来发展大局。今年初，双流县委十一届七次全会确定了双流县当前和今后一段时期工作的基本要求。即认真贯彻党的十七届三中全会、中央经济工作会和省委经济工作会、市委工作会精神，全面贯彻落实科学发展观，按照市委城乡统筹、“四位一体”科学发展总体战略，抓住灾后重建、扩大内需、试验区建设三大机遇，坚持统筹发展、跨越发展、加大投入、扩大内需、群众殷实、实现和谐的基本取向，大力实施“一主线三战略五加强”的工作思路，全力打造“一城三基地”，奋力争创全市推进城乡一体化样板县，不断开创双流跨越发展、和谐发展的新局面。

位居全省“十强县”榜首，双流带头应对国际金融危机，止滑提速，必须实现短、中、长期目标的结合，短期增长靠的是投资，中期增长靠的是内需，而长期增长需要转变经济发展方式和产业结构调整。

强劲的投资拉动坚定了双流跨越的信心。双流县委、县政府提出，双流的经济总量占全市的1/10，未来三年，双流固定资产投资也应占全市的1/10。未来三年，双流县将在全力抓好已确定的189项、总投资916亿元（不包括房地产、飞机租赁等项目）项目实施的基础上，新引进实施一批大项目、好项目，力争项目总投资超过1200亿元，2009年确保完成固定资产投资320亿元，2010年完成投资400亿元，2011年完成投资500亿元。双流县计划在更高的起点上丰富发展成果，实现城乡发展新跨越：基本建成“一城三基地”，即基本建成国内一流、国际知名的中国西部独具特色的区域性空港大城市和以新能源产业为龙头的成都重要的现代制造业基地，以临空服务业为引擎的成都重要的现代服务业基地，以集体化、集约化为特征的成都近郊现代农业发展示范基地。

同时，双流县计划在推动共享和谐的进程中丰富发展成果，达到人民生活更加幸福的目的：到2011年，农民人均纯收入年均增长13%以上，确保达到10000元，力争达到12000元；城镇居民人均可支配收入年均增长11%以上，确保达到23000元。城乡社会事业均衡发展，城乡社会保障体系更加健全，城乡居民基本享有均衡的公共服务和同质的生活条件。在未来的规划中，双流将坚定不移地坚持基本路径，推动城乡统筹发展，推进城乡结合，实现双流跨越发展、和谐发展。

统筹城乡、跨越发展是主旋律，加大投入、扩大内需是手段，群众殷实、实现和谐是发展目标。这是双流县今后一段时期工作基本取向的内在逻辑联系，而最终的落脚点是为双流城乡居民创造更加幸福的经济社会发展环境。

（二）陕西省神木县

神木县位于陕西省北部，秦、晋、蒙三省（区）接壤地带，是国家级陕北能源化工基地的核心区域。全县总面积7635平方千米，是陕西省面积最大的县，共辖15镇4乡629个行政村，总人口39.2万。

城乡结合是城市化发展的新阶段，是把工业与农业、城市与农村、城镇居民与农村居民作为一个整体,统筹规划、综合研究,通过体制改革和政策调整,实现城乡规划、产业发展、基础设施建设、生态环境发展、社会事业发展的一体化,实现城乡共享文明。

对县域发展阶段的科学判断是制定政策、推动工作的基本依据,神木已进入工业化、城市化加速发展的新阶段。神木县地处神府东胜煤田腹地,发展能源经济的条件十分优越。上世纪80年代中期以来,神木县抓住两次重大发展机遇,推动了经济的高速发展。一是抓住煤田开发机遇,发挥地方和省市企业的积极性,发展壮大煤炭工业,形成了以资源开采输出为特征的经济大发展格局。二是抓住江泽民同志来神木视察的机遇,建设新型工业园区,建设煤电、煤化工和载能项目,形成了以资源加工转化为特征的经济发展新格局。20年间,神木县经济年均增长25%以上,2006年完成地区生产总值120亿元,人均地区生产总值3940美元。完成财政总收入32亿元,其中县级财政一般预算收入6.9亿元。农民人均纯收入3594元,城镇居民人均可支配收入8825元。在第七届全国县域经济竞争力评价中,神木县位居西部第6位,全国第111位。2007年,全县完成地区生产总值197亿元,增长64%;完成财政总收入47.5亿元,增长57.6%,县级财政一般预算收入10.8亿元,增长57.6%;农民人均纯收入5122元,城镇居民人均可支配收入12635元。

在县域经济发展过程中,神木的新型工业化迅速推进。大柳塔、店塔、锦界三个工业园区已经成型,煤炭、电力、化工、载能、建材五大产业形成规模,技术水平和质量效益不断提升。境内有世界上最先进的特大型高产高效现代化矿井——大柳塔煤矿,有亚洲最大的煤电一体化项目——锦界电厂,有年产100万吨聚氯乙烯项目、60万吨煤制甲醇项目、50万吨焦油轻质化项目,有总产量400万重量箱的浮法玻璃生产线、600万吨兰炭生产线、160万吨电石生产线,另有年产500万吨以上的柠条塔、红柳林、张家峁、石窑店现代化煤矿正在建设,有我国与南非沙索尔公司、美国陶氏化学公司投资合作的煤制油、煤液化项目正在做深入的前期工作。2007年底,全县民营企业总数达到1488户,个体工商户11390户。金融、保险、通信、旅游等第三产业日趋繁荣,三次产业比重达到3:82:15。预计到"十一五"末,神木将成为亿吨级煤炭、千万吨级煤化工、千万吨级载能、千万重量箱玻璃和五百万千瓦电力生产基地。

在工业化的强力带动下,神木的城市化超常发展。县城中心地位进一步提升,重点城镇的集聚能力不断增强,县城和大柳塔、店塔、锦界、大保当等五个重点镇已集聚人口26.5万人,城镇化水平达到56%。针对县城人口迅速增长、房价居高不下的实际,从2006年起,政府在县城北规划建设了11平方千米的新村,规模上相当于再造一个神木县城,建设水平将超过现有城区,成为人居环境最好的城市新区。建设如此规模的新村,政府先期投入约2亿多元,可使周边30多个村直接进入城镇并富裕起来。今年县城的房价已开始下降,政府可陆续得到几十个亿的高额回报,实现了当地群众、全县人民和政府的多赢。最近,政府又采取同样的办法,在神木与锦界之间规划建设15平方千米的第二新村。这个新村,将按照省委、省政府在全省创办100个工业园的思路,办一个金属镁工业园及服务基地。

同时,城乡发展的制度障碍趋于弱化,社会保障水平显著提高。全县实现了12年免费教育，全面推行了城乡合作医疗制度。城乡低保人数分别达到 1.2 万人和 3.1 万人，基本实现了应保尽保。2007 年，经济适用房和廉租房制度全面启动，妨碍农民向城镇转移的主要问题基本得到解决。人均地区生产总值的显著提高、三次产业比重的积极变化、农业从业人员比重的降低表明神木县已进入工业化中期和城市化加速发展的新阶段。如何顺应这一新的发展趋势，以更积极的姿态调整城乡关系，求得县域发展的新突破，是摆在全县各级面前的重大课题。

近年来，神木县委、县政府按照省委、省政府和榆林市委、市政府的安排部署，针对神木地处神府东胜煤田腹地、煤炭资源丰富的实际，紧紧抓住建设国家能源化工基地这一发展战略，按照“提升传统产业，壮大优势产业，发展新兴产业”的发展思路，以煤炭为依托，以民营企业为支撑，坚持走资源开发、煤炭综合利用、能源转化的新型工业化道路，实现了经济社会的跨越发展。他们大力发展民营经济，颁布了一系列扶持民营经济的优惠政策，调动社会各界兴办民营企业的积极性，壮大了民营经济规模，民营企业累计达到 1488 户，民营经济对县财政的贡献率超过 60%，全县直接在民营企业就业的劳动力超过 6 万人，民营企业已成为县域经济发展和工业化、城乡一体化建设的中流砥柱，成为全县经济跨越发展的领跑者。2007 年，神木县共生产原煤 4000 万吨，发电 121.6 亿度，生产兰炭 500 万吨，煤焦油 50 万吨，玻璃 480 万重量箱，电石 81 万吨，甲醇 21 万吨，聚氯乙烯 8 万吨，实现地区生产总值 197 亿元，较上年增长 64%，完成财政总收入 47.5 亿元，增长 50.3%，完成地方财政收入 10.8 亿元，增长 57.6%，完成固定资产投入 92 亿元，增长 25%。城镇居民人均可支配收入 12635 元，农民人均纯收入首次突破 5000 元大关，达 5122 元。2009 年 1 至 6 月份，完成财政总收入 31 亿元，其中地方财政收入 7.5 亿元，再创历史同期新高。

在全县经济实现跨越发展的同时，县委、县政府全力推进城乡一体化发展和“一体两翼、一河两川、重点村组、梯次推进”的城乡一体化建设思路。经过几年努力，目前，“一体两翼”内五个重点城镇已聚集了全县 80% 以上的民营企业和 26.5 万人口，全县城镇化率达到 70%。

经济的快速发展为建设和谐神木注入了新的活力，现在，38 万神木城乡居民人人享受到了经济发展的成果，仅 2009 年县财政安排的大社保资金就高达 2.5 亿元，农村合作医疗全县农民参合率高达 99.2%。在全省率先实现了 12 年免费义务教育，城乡低保做到了应保尽保。教育优先、医疗健康、公共文化、扩大就业、社会保障、扶贫济困、公共交通等“十大惠民工程”眼下正在紧锣密鼓地实施。全县城乡居民的生产条件不断改善，生活质量不断提高，“幸福感”不断增加，全县经济社会进入了又好又快发展的新时期。

按照“一体两翼——河两川—重点村组”的思路梯次推进。“一体两翼”就是以县城为中心，西向以大保当、锦界为翼，北向以店塔、大柳塔为翼，形成“L”形的工业走廊和城镇带，发展产业集群，吸纳农村人口。“一河两川”就是在黄河沿岸建设 20 万亩红枣基地，在农业条件较好的窟野河、秃尾河两岸和北部风沙草滩区建设畜牧和杂粮生产基地，为农村人口提供稳定的收入来源。在此基础上，再建设一批人口较为集中、发展前景广阔的重点村组，改善农民的生产生活条件。力争到"十一五"末，全县城镇化水平达到70%以上，城镇人口达到30万人，从事农业的人口减少到10万人左右，农民人均纯收入达到5500元。

促进城乡一体化，是神木把握新的发展机遇、推动新型工业化进程、加快建设全国经济强县的需要。2008年以来，中央把天津滨海新区的开发作为推动区域协调发展的大战略，提到重要位置。按照其依托京津冀、服务环渤海、辐射"三北"的战略定位，滨海新区的开发必将成为拉动"北三角"乃至全国经济新一轮发展的强劲引擎。晋陕蒙能源化工基地作为"北三角"的能源支柱，战略位置更加重要。神木必须抓住这一机遇，实施"北上东进"战略，主导晋陕蒙能源基地建设，全面融入"北三角"，实现新一轮快速发展。榆林市委、市政府提出：神木要力争在全市和全省率先进入全国百强县，率先实现城乡一体化，率先建成生态文明县。这是一项艰巨的历史任务，又是一个相互关联、相互支撑的目标体系。城乡一体化的实现必将优化资源配置，优化生产力布局，优化经济发展环境，释放城市聚集的爆发力和扩张力，成为神木加速发展的助推器。

促进城乡一体化，是推动神木新农村建设、解决"三农"问题的治本之策。工业经济的主导地位和农业基础条件的脆弱，决定了神木的新农村建设必须走城镇化和城乡一体化的路子。目前神木民间投资活跃，第二、三产业日趋繁荣，创业和就业机会充裕，城镇化进展很快，但由于缺乏系统的研究和规划，城镇建设和管理中还存在一些突出矛盾和问题。主要是城乡产业布局和分工尚不清晰，城镇建设投入机制还不健全，重点镇基础设施建设滞后，城镇社区管理力量薄弱等。特别是县城和大柳塔、店塔等城镇人口大大超过了规划能力，出现人口密集、交通拥堵、住房紧张、环境脏乱等突出问题，与周边一些小城镇和大企业生活区形成极大的反差。只有加大统筹城乡力度，加强重点城镇建设，提升城镇品位和服务功能，才能促进城镇化的健康发展，实现农民顺利转移和农民收入稳定增长。

促进城乡一体化，将有力推动城乡、区域的协调发展，实现社会公平正义，加快和谐社会建设。经济发展不平衡是客观规律，资源的大规模开发和经济的快速发展，必然伴随着一系列社会问题。在神木，表现最突出的是区域差距、城乡差距、居民收入差距的迅速扩大以及由此引发的群众心理失衡、矛盾纠纷增多、社会治安复杂等问题，严重影响着和谐社会建设。解决社会问题是一项系统工程，需要做多方面的努力，但城乡一体化强调的统筹城乡、协调发展无疑为我们提供了新的思路和途径。

（三）广东省佛冈县

清远市佛冈县召开县委十一届六次全会，会议提出，必须认真学习贯彻好清远市委五届八次全会精神，通过强力落实四大举措保增长，切实加快推进统筹城乡一体化发展进程，推动县域经济社会更好更快、全面协调、可持续发展。佛冈在全市范围内率先进行了主体功能区划分，规划了以南部重点发展工业、中部重点建设山水园林城市、北部重点保护生态的主体功能分区，创建具有岭南特色的统筹城乡一体化科学发展先行区迈出了可喜的步伐。

作为广东省学习实践科学发展观试点县，佛冈县率先参加全省第一批学习实践活动。

先行先试，佛冈从中寻得了发展先机，率先进行主体功能分区，提出创建具有岭南山区特色的城乡一体化发展先行区的宏伟目标。佛冈县作为统筹城乡一体化试点县，要求佛冈推进经济社会向更高层次发展，切实发挥区位优势，不断提升自身吸引力，大力开展招商引资工作，继续做好城乡统筹协调发展，切实加快县域经济发展和城市化进程，保持经济社会平稳较快发展的良好势头。

广东省佛冈县高岗镇在学习实践活动中，以“解决问题，促进发展”为主题，以建设“和谐高岗”为目标，坚持以人为本，注重实效，突出实践特色，推进高岗城乡一体化发展，确保学习实践活动取得实效。

根据县委、县政府统筹城乡一体化发展总体规划，结合实际，确立“新兴工业强镇，生态旅游旺镇”的发展战略，明确了“一心、一园、一区、一带”（即一个城镇中心、一个革命老区特色经济工业园、一个物流商贸区、一条观音山生态旅游经济带）的发展思路，按地理环境，划分为四个发展区域。一是东部生态旅游区。以观音山风景区为龙头，打造生态特色旅游经济圈，带动旅游资源开发。二是南部经济开发区。在新联和三江发展精细化工、铸造、电子、玩具等产业，打造革命老区特色经济工业园。三是中部物流商贸区。墟镇及新联高速互通路口附近侧重于发展商业、物流、房地产和文化中心。四是北部高效农业区。高岗、长江、墩下、三联、宝山等村，侧重于发展无公害蔬菜、蚕桑、砂糖桔、花卉等高效农业。

抓好整改措施的落实工作，完善各项管理制度，从加强内部管理、村干部队伍管理、党风廉政建设、责任问责、综治信访维稳和会议会风等方面制定了 15 项制度。大力推进各方面体制机制的创新，加快重要领域和关键环节的改革步伐，着力构建充满活力、富有效率、更加开放、有利于科学发展的体制机制，形成了一批巩固整改成果的体制机制，进一步巩固整改成果，确保学习实践活动中尚未解决的突出问题最终得到有效解决。据统计，全镇共清理不适应、不符合科学发展观要求的制度 13 项，完善制度 36 项，新建制度 20 项。

镇党委政府以开展学习实践活动为契机，解放思想，抢抓机遇，加强领导班子建设，不断创新科学发展的新思路、新举措；加强干部队伍建设，不断增强为民服务为民谋利的新意识、新行动。一是强化责任意识。全镇上下大兴务真求实之风，大举少说多干之事，不断加强作风建设，强化落实责任问责制，强调党的纪律，健全内部管理制度，提高办事效能。二是建立下访制度。制定实施《高岗镇镇村干部便民、利民、为民下访制度》，变“群众上访为干部下访”，及时妥善化解矛盾纠纷。三是将工作付诸行动。整改落实阶段，党员干部把精力和重点从学习转到实践，把理论知识变为行动的动力，把口头上说的、思想上想的转为实际行动，促进工作的落实。目前，全镇党员干部在思想观念上得到了提升，形成一支敢于创新，敢于创造，廉洁奉公的干部队伍，为实现统筹城乡一体化奠定了良好的思想基础。

注重工业的提速发展。一是加快推进工业园建设。全力推进工业园建设，全面扫清征地补偿收尾工作，力争 2009 年底前进入实质的开发阶段。二是实施“走出去、引进来”招商战略。充分利用土地资源优势及观音山、枫叶山庄等生态环境优势，科学规划用地，大胆走出去，引进含金量高的项目。三是强力推进项目建设。做好国防油站建设的服务，确保其

2009年12月份能投入使用并产生效益；做好佛利精密度工具厂的跟踪服务，及时解决其在项目生产过程中遇到的难题，确保其顺利生产并产生最大的效益；解决康威玩具厂用地遗留问题，力争2009年10月底前完成置换土地并动工建设。四是实施项目服务跟踪督察制度。推行“一项目一班子、一项目一方案”服务跟踪督察制度，力促项目加快落实，促佛利精密度工具厂继续增资扩产，力争年产值突破500万元，实现规模工业、规模纳税“双零”的突破；确保国防油站等项目如期投产。

注重基础设施的建设。一是完善公路网。强力推进河西公路建设和旗大线、乡村道路的改造建设，完成长江新街桥建设和下陈桥、三江如迳桥、光基桥的筹资规划工作。目前，全镇共完成乡村道路硬底化建设10多千米，80%自然村公路实现硬底化。二是完善饮水网。抓好农村安全饮水工程，解决群众饮水困难和不安全饮水问题。“三村五点”农村饮水安全工程已基本完成，共解决7000多人饮水困难和不安全问题。三是完善生态网。保护和增加生态林面积，增强发展潜力与后发优势，为打造特色生态旅游强镇培育绿色屏障。四是完善水利网。加快水圳陂头、水库堤坝等水利设施建设，规划建设了五个陂头，提高抵御洪涝灾害的能力。五是完善通讯网。通讯遍布各个村庄，实现村村通有线电视、程控固定电话，移动通信网络覆盖全镇，中国电信高岗3G信号发射接收站已开始兴建。

注重民生问题的落实。注重突出实践特色，在改善民生上下工夫，切实让人民群众得到实惠。一是完善社会保障制度。关注民生问题，完善社会保障制度，切实开展“规划到户，责任到人”扶贫活动，积极解决失业农民工的再就业问题，对困难老党员实施定补制度，关心弱势群体，使人民群众真正享受到改革发展的新成果。二是切实增加农民收入。以长江村委为试点大力推广无公害蔬菜和凉粉草种植，租地40亩建立镇首个凉粉草实验基地。通过宣传发动、以点带面，引导周边100多户群众种植凉粉草300多亩，按每千克6元的最低保护价，年产值达到90多万元，切实让群众享受到科学发展带来的实惠。三是全面发展各项社会事业。重点统筹发展农村道路交通、电力水利、饮水工程、文教卫生等各项社会事业，提高人民群众享受公共服务的水平。

2009年，佛冈全县GDP增长16.2%，规模以上工业增加值增长26.5%，比2008年同期提高了10.5个百分点；会展经济成为新的增长点，接待县外会议超过3000个，游客人次和旅游总收入分别增长34%和120%；工业投资完成14亿元，占全社会固定资产投资的57%，比2008年同期增长一倍，工业增长后劲进一步增强。多项指标人均量保持全市前列。

佛冈县强力推进全市城乡一体化发展试点工作保增长。力争2009年底前出台《佛冈县统筹城乡一体化发展行动方案》上报清远市委，逐步颁布一系列配套政策，扎实推进统筹城乡发展。要按照可持续发展要求，继续完善主体功能区规划，不断研究制定和完善相关政策推进城乡建设规划等一体化进程，实现工业向园区集中、人口向城镇居住集中、财政向农村建设集中、土地向适度规模经营集中。大力实施经济园区化，力争通过5年的奋斗，把佛冈县打造成为环珠三角的绿色工业基地、旅游会展胜地、宜居创业福地。

三、基本经验与启示

深入思考过去城乡结合型县域经济发展过程中出现的问题,并进行总结与提炼,能够为未来中国城乡结合型县域经济的发展提供借鉴,从而促进其速度更快、质量更高地发展。

(一)集聚要素快速推进区域内工业化发展

县域经济在推进工业化、城市化的过程中,是完全能够做到城乡统筹、协调发展的。要实现城乡经济社会结合发展,一方面应着力提高县域城镇化水平,通过加快城镇化和工业化进程,带动农业和农村经济发展,为农村富余劳动力向非农产业和城镇转移创造条件;另一方面应切实加大对农业的支持和保护力度,提高农业综合生产能力和可持续发展能力,促进农业产业化,并通过改善农业的生产条件和农村的生活环境,提高农民的收入水平和社会福利水平,消除城乡经济机会不平等现象,实现城乡协调和可持续发展,这应成为县域经济发展的最终目标。

与此同时,县域经济的发展必须面向市场需求进行优势资源的比较和筛选,做到有所为和有所不为。县域经济的发展不能简单地依赖或者否定现有的自然资源,而是要把自然资源的潜在优势与市场化推进结合起来,把外部嵌入式发展与内生式发展结合起来,把潜在的资源优势与项目选择结合起来,通过工业化的办法转换为经济发展的动力。通过调整和优化经济结构,充分发挥建立在要素结构基础之上的比较优势,择优配置县域资源,科学合理地选择和发展主导产业、支柱产业和龙头产品,实现基地化、园区化的产业集聚。

要实行资源、要素一体化配置。城乡之间的资源、要素能够得到合理配置,是真正实现城乡结合的关键所在。为此,我们必须努力突破传统的城乡分割的二元经济结构,把农村中的资源、劳动力、土地与城市中的科技、人才、信息、资金等优势结合起来,实行城乡之间的资源和要素大跨度地合理配置和优化组合。

(二)用抓工业的思路抓农业,实现农业产业化经营

"用抓工业的思路抓农业"就是实现农业产业结构的根本调整,改变传统的兼业型种养模式,实现农产品的基地化、园区化,形成鲜明的区域化布局和专业化分工。同时,根据不同的区域优势和产品特点,从产前、产后两个方向延长产业链,拓展利益增值的空间。

"实现农业产业化经营",以基地建设为重点,从而形成了农业规模效应,延长了产业链,分享了工业化的果实。引导城镇产业反哺农业,推动农牧业产业化进程。坚持从实际出发,在科学判断经济社会发展形势的基础上,把推进城乡经济社会发展一体化作为新的发展阶段的重要特征和主要任务之一。坚持以统一思想认识为先导,切实加强组织领导和宣传发动,营造推进城乡经济社会发展一体化的浓厚氛围。必须坚持以经济建设为中心,切实增强城镇化、工业化对新农村建设的带动能力,加快建立农村现代产业体系和服务体系。坚持

以人的全面发展为目标，切实推进城乡公共服务均衡发展，整体提高农村文明程度。坚持以改善民生为根本，切实做到“发展为了人民、发展依靠人民、发展的成果由人民共享”，让广大农民得到真正的实惠。坚持以政府投入为主导，切实发挥农民的主体作用，扩大社会参与面，不断完善共建共享的建设机制。坚持以制度、体制、机制为保障，切实加大改革创新力度，逐步建立城乡平等协调发展的体制环境。

（三）在推进城乡结合过程中，着力抓好“六个统筹”

统筹城乡发展规划；统筹城乡经济发展；统筹城乡基础设施；统筹城乡就业保障；统筹城乡公共服务；统筹城乡各项改革。积极探索“以城带乡”、“城乡联动”的运行机制，促进城市优势生产要素向农村扩散、城市基础设施向农村延伸、城市公共服务向农村覆盖、城市现代文明向农村辐射。苏南发展模式的经验是，发展县域经济需要强调市场化运作，但是并不排斥政府规划、引导和运作，是在依据市场取向的基础上，将市场规律与政府运作有机结合。

合理选择推进城乡一体化的时机。政府推进城乡一体化的实质，就是以政府推动的方式，缩小城乡居民的收入差距，并使城乡居民在社会保障水平、人文发展环境、就业和发展机会、享受公共服务等方面实现趋同。由于其中很多方面都具有公共产品的性质，需要将政府组织和动员公共的经济资源作为推进一体化的重要手段。通俗来讲，推进城乡一体化，政府是要付出成本的，特别是资金成本，这也使得地方经济发展水平成为选择政府城乡一体化推进计划开展时机的重要条件。

合理确定政府推动的方式。城乡一体化过程中，政府的角色与定位决定了政府采取什么样的方式和手段来推动城乡一体化。从成都市推进城乡一体化的实践中，我们可以看到，成功定位政府角色，是政府在推动城乡一体化，顺利履行自身职能的基本保证。政府推进城乡一体化需要使用公共资源，而无论是公共的经济资源，还是政策资源，都具有稀缺性。这意味着政府努力的每一个领域都存在着机会成本，需要比较执行每一项政策的成本和由此产生的经济和社会收益。由于在推进城乡一体化的过程中，政府需要做的工作千头万绪，就更需要根据政府工作的基本属性、社会经济发展的客观需要、对推进城乡一体化影响的轻重缓急，来确定政府作为的主要领域和优先顺序。由此来看，我们推进城乡一体化工作的出发点首先要明确如何摆正政府和农民的角色，明确是政府要农民城乡一体化还是农民自愿实现城乡一体化，从而为我们对“有所为，有所不为”的准确把握以及“什么先做，什么后做”的适当选择指明工作方向。

（四）注重城乡规划，提供城乡结合的基础

城乡结合是一个综合的社会、经济等空间整体协调发展的过程。城乡一体化的规划也极为复杂，涉及诸多领域与部门，是一个由战略研究到实践的系统工程。以城市建设部门为主进行城乡一体化的规划编制不可能达到一定的广度与深度，必须突出重点，就是在将城乡作为统一体进行综合的社会经济分析的基础上，对城乡发展的空间、生态环境作出具体的布

局安排。因此,城乡一体化规划实质上是在综合考虑城乡关系基础上的空间整体协调发展规划。它突破了以前以城镇为中心的规划(区域规划、城镇体系规划、城镇总体规划等)思维局限,体现了区域整体性的综合思想,是规划观念与手段的重大革新。

实行城乡统筹,兼顾城乡两个因素,无论是远期规划,还是近期安排,都要把推动城乡经济协调发展作为一项基本原则切实贯穿进去。有综合性、战略性、全局性的规划,做到统筹考虑,合理布局。一方面,城乡工业要统筹考虑,合理布局,以农副产品为原料的加工业要尽量放到农村去,初级加工要放到农村;另一方面,城乡市场布局,包括城市中的农产品市场、农村中的工业品市场以及产权市场等也要统筹考虑,合理布局。同时,对城乡基础设施建设也要从城乡一体考虑,特别是关系城乡经济命脉的交通、水利建设,要舍得投资,既保城市工业,也要保农业。

(五)优化政策环境,加快相关配套制度的改革

随着从事传统农业的农民和农户逐步分化为从事多种产业、隶属多种经济成分、采取多种组织形式的多元化的市场主体,打破了原有的村庄界限、行业界限和身份界限,对传统的城乡管理体制也提出了严峻的挑战。因此,必须认真研究和探索城乡经济管理、社会管理的新体制、新路子。从全国各地的实践情况来看,农民向小城镇转移难、城镇建设用地难和设施建设的资金筹集难,是实施城镇经济带动战略,推进城乡一体化进程的三大制约因素。为此各地进行了大胆的改革和探索:一是改革户籍管理制度和劳动就业制度;二是在不违反法律规定的前提下,灵活征用城镇建设用地,如按照城镇建设规划,邻村之间采取以地换地或股份合作的办法,集中财力连片开发,或者采取政策统一征用开发,然后用有偿出让的办法解决土地征用过程中村与村、村与企业、村与新迁移人口之间的矛盾。我们应该采用多种形式,通过多种渠道优化政策环境,加快相关配套制度的改革。

第五章　甘州区：西部城乡结合型县域

甘州区位于中国西北内陆，区内农业发达，工业正逐步成为主导产业，但城镇化步伐缓慢，可谓是西部城乡结合型县域的典型代表。新世纪以来，甘州区在实践科学发展观、统筹城乡发展上取得了巨大的成就。

一、西部城乡结合型县域经济发展的特征

与东部、中部地区相比，西部地区以其经济发展的相对滞后、生态环境的相对脆弱、人民生活水平的相对贫困而闻名。而且，这里所指的相对滞后、相对脆弱、相对贫困主要体现在西部县域发展中。因此，西部城乡结合型县域有其自己的特点。从经济发展角度来说，西部城乡结合型县域的特点体现为发展的优势和发展的劣势。

（一）西部城乡结合型县域经济发展的优势

西部地区地域辽阔，自然资源和人力资源相对丰富，这为西部地区城乡结合型县域经济发展提供了坚实的基础。这些丰富的资源，一方面为西部地区县域劳动者直接进行商品生产、开发各种矿产资源提供了劳动对象，为西部地区县域经济快速发展提供了物质依托；另一方面也为西部地区吸引外部生产要素提供了有利条件，加之国家为西部地区发展尤其是民族地区发展制定了一系列优惠政策，这些共同构成了西部地区城乡结合型县域经济发展的强劲优势。

1. 资源优势

在中国经济格局中，西部地区县域具有明显的资源比较优势，主要体现在土地、矿产、区位和旅游等方面。

(1)充足多样的土地资源。尽管西部地区土地相对贫瘠，但地广人稀，可利用的资源相当可观。西部地区国土总面积为686.7万平方千米，县域面积达525万平方千米。西部地区县域人均占有土地面积是东部地区的8倍，是中部地区的近5倍。据统计，西部地区耕地面积占全国总耕地面积的28%；草地及草场面积达到40亿亩，占全国可利用天然面积的

63%；天然林区和林木蓄积量也相当可观，仅少数民族自治地方森林面积就占全国森林面积的41.6%，森林蓄积量占全国森林蓄积量的50.7%。① 总体而言，西部地区县域的土地资源具有多样化特点，为这些县域发展农、林、牧、副、渔提供了基本条件。

(2)蕴藏丰富的水能资源。西部地区县域海拔高，山地多，落差大，蕴藏着丰富的水能资源，长江、黄河均发源于此。据统计，全国水能资源70%以上都集中在广袤的西部地区，仅少数民族地区的水力资源蕴藏量就占全国水力资源蕴藏量的52.5%。西南地区的雅鲁藏布江的水能从理论上看蕴藏量仅次于长江；西北地区的黄河上游，也是水力资源的富集区，国家已经在这里兴建了刘家峡等多个大型水电站，总装机容量超过300万千瓦。这些丰富的水能资源，已经成为中国21世纪能源战略的重要组成部分，也为西部地区城乡结合型县域经济发展提供了强大的动力。

(3)得天独厚的矿产资源。在西部地区，我国在矿产资源的普查、勘探方面投入巨大，也取得了巨大的成就。据统计，全国全部矿产资源保有储量潜在总值的65.8%和45种主要矿产资源保有储量潜在总值的66.3%分布在西部地区。煤炭、石油、天然气、铜矿、铅矿、磷矿、硫铁矿、锌矿等主要矿产资源在西部的储量都十分丰富。

(4)闻名于世的旅游资源。特殊的自然、历史、民族等条件为西部地区创造了得天独厚的旅游资源。这里不仅有多姿多彩的自然景观，还有由于历史悠久、民族众多、宗教不同、文化各异而形成的不同风格特点的人文景观。未经雕饰的冰川雪山、高原湖泊、戈壁大漠、熔岩地貌、森林草原等自然景观，焕发出神秘之感，呼唤着人们前去探索；悠久的华夏文明发祥地，历史文化积淀深厚，文化品位高，尤其是宗教寺院、石窟艺术、古城、古陵墓遗址等更具魅力；众多的民族，风情习俗各异，在饮食、服饰、居住、婚葬、节日、娱乐等方面都有自己独特的民族传统。这里有九寨沟、香格里拉、秦始皇陵兵马俑、敦煌莫高窟、西双版纳、布达拉宫等一大批世界级的风景名胜区，吸引着无数游人前往西部。更为关键的是，西部地区广袤的土地上还有众多尚未开发的神秘景观，日益增强的旅游资源开发能力，将不断把这些旅游胜地呈现于世人眼前。因此，西部地区县域所拥有的丰富旅游资源和无穷的开发潜力，将极大地促进西部地区县域经济的发展。

2.沿边优势

西部地区边境线漫长，主要是指从石勒河和额尔古纳河交汇处及黑龙江省与内蒙古自治区边境分界点沿中间边境线蜿蜒向西，再向西南，接着向东南延伸至广西东南中越边境与北部湾海岸线交合处东兴港的整个边境线。西部地区的边境线全长约1.6万千米，占全国陆地边境的85%。如今，沿海地区已经初步形成了国际经济合作带，已经能够在现行体制下自我发展和完善，在下一步的对外开放中，国家的精力将主要放在构建缘西边境国际合作带上。国家希望通过大力推进沿边开放步伐，构建西部边境国际合作带，形成中国全方位开

① 吴康平，费淳璐.西部经济增长的方式与途径.北京：经济科学出版社，2004：22.

放格局。在这样一种背景下,漫长的边境线为西部地区县域发展边境贸易提供了难得的发展机遇。西部地区城乡结合型县域经济的发展应该利用上述机遇,充分发挥沿边优势,积极开展沿边开放,发展边境贸易,推动县域经济快速发展。中国境内内蒙古、甘肃、新疆、西藏、云南、广西六省区与俄罗斯、蒙古、哈萨克斯坦、吉尔吉斯斯坦、塔吉克斯坦、阿富汗、巴基斯坦、印度、尼泊尔、不丹、缅甸、老挝、越南等国家接壤,这些国家的总人口量相加甚至超过了中国的总人口数,这些国家和地区与中国的地缘关系接近,经济互补性也较强,有发展边境贸易的条件。再加上延伸地区,西部地区的边境贸易拥有巨大的潜力。

3. 政策优势

中国的5个民族自治区全部位于西部地区,加上众多的多民族省份,西部地区少数民族文化氛围浓厚。在西部地区,民族自治地区面积就占了西部地区总面积的88.95%。为了维持国家的长治久安和保护少数民族,国家为少数民族地区制定了各项优惠政策,这些形成了西部地区县域经济发展的强大政策优势,用好、用活、用足这些优惠政策能够为其发展带来巨大的政策效应。从某种意义上说,政策在中国是非常重要的一种资源,好的政策能够带来很好的经济效益和社会效益,这已经被深圳、厦门、天津等地经济建设的实践所证明。对广大的民族地区而言,《民族区域自治法》为少数民族地区制定了经济发展的自主权利,即民族自治地方的自治机关有管理地方财政的自主权,并在国家计划的指导下自主安排和管理地方性经济建设事业。同时,国家还要从财政、物资、技术等方面帮助各少数民族地区加速经济发展,帮助民族自治地方从当地各民族中大量培养各级干部、各种专业人员和技术工人。《民族区域自治法》还规定,民族自治地方的人民代表大会有权依照当地民族政治经济文化的特点,制定自治条例和单行条例,自主管理本民族事务。考虑到民族地区主要位于西部地区的事实,以《民族区域自治法》为核心的各项优惠政策,实质上是国家对西部地区的政策倾斜。更要注意到,中国自20世纪末以来开始实施西部大开发战略,加大对西部地区的投入力度,提供更具吸引力的政策优惠,这些政策都为西部地区城乡结合型县域经济的发展提供了强大的助力。因此,对"万千宠爱于一身"的西部地区城乡结合型县域而言,一定要充分利用这些优惠政策,加快经济发展的速度和提高经济发展的质量,在较短的时间内实现县域经济的振兴。

(二) 西部城乡结合型县域经济发展的劣势

经过改革开放30年来的发展,特别是实施西部大开发战略以来的10年,西部地区城乡结合型县域经济有了长足发展。我们必须充分勘定西部地区城乡结合型县域经济发展的成就,但也要清醒地认识到,西部地区城乡结合型县域经济发展面临的困难和问题依然很多,振兴西部地区城乡结合型县域经济的任务依然艰巨。

1. 经济发展水平低

无论是从经济总量,还是从财政收入和整体竞争力看,西部地区城乡结合型县域与东中部地区县域相比都存在很大的差距。在第九届(2009年)中国县域经济基本竞争力评价中,全国县域经济百强县(市)的平均规模为:人口82.95万人,地区生产总值367.26亿元,地方财政一般预算收入19.89亿元,人均地区生产总值为49080元,城镇居民人均可支配收入约17900元,农民人均纯收入约8470元;而西部百强县(市)的平均规模为:人口54.92万人,地区生产总值115.78亿元,地方财政一般预算收入6.43亿元,城镇居民人均可支配收入约13050元,农民人均纯收入5190元。[①] 而且,在全国县域经济百强县(市)中,西部12省市区仅有6个。这样一比较,西部地区县域经济发展与东中部地区的差距就立刻显现出来。

2. 经济结构调整滞后

西部地区是全国农副产品的重要生产基地,在城乡结合型县域经济中,第一产业占有很高的比重,工业化、农业产业化、城镇化滞后,具有较为典型的农业经济特征。效益农业、生态农业、绿色农业等近几年虽有所发展,但占经济比重较小。工业发展严重滞后,资源精加工企业规模小,竞争力弱,农产品、矿产资源等转化为最终消费品的生产能力不足;现代高科技企业起点低,数量少,产业的技术含量不足,附加值较低;服务业比重虽然上升较快,但因起步晚,规模小,难以支撑整体经济的快速发展。西部地区城乡结合型县域经济的结构调整严重滞后于东部地区,调整滞后现状也严重制约了西部地区县域经济的快速发展。

3. 自主增长乏力

西部地区县域经济自主增长乏力主要表现在以下三个方面:第一,县域投资面临困境。西部地区自然资源丰富,但由于交通、气候、民族、宗教、观念等因素限制,县域投资极少;第二,县域工业发展缓慢。西部地区县域工业化进程推进缓慢,自然资源的深加工能力不足,导致大量资源流向东部地区。特别是近年来,随着我国产业结构调整和升级,西部地区县域经济发展由主要受资源约束向受资源、市场和环境三重约束转变,项目的投资效率降低和风险增大。同时,支撑西部地区县域经济发展的乡镇企业由于市场环境的变化,普遍表现出不适应性,加之自身规模小、产品档次低、管理水平差,企业缺乏竞争力,导致乡镇企业效益普遍滑坡,陷入经营困境,不但影响工业化进程的推进,也导致了县域财政困难;第三,县域消费市场低迷。西部地区县域居民低收入水平决定了其消费水平也较为低下,加之市场开发程度处于相对较低的水平,县域消费市场低迷成为必然情况。县域财政困难也导致县域境内难以提供有效动力,这些情况导致了西部地区城乡结合型经济缺乏自主发展能力。

4. 科技教育落后

与经济发展水平相对应,西部地区县域的科技教育水平相对落后。有数据显示,西部地区成人人口文盲率要远远高于东中部地区。西部地区县域经济发展中表现出的一个困境就

---

① 百强县(市)平均规模的数据请参见第九届全国县域经济基本竞争力与科学发展评价报告. http://www.china-county.org/cms/article.php? action=show&id=3166.

是高素质人口无处可寻。受地域和经济社会发展水平限制，要吸引外地高素质人口很难，而当地高素质人口本来就少，而且表现出外流特征。而无论是农业产业化，还是工业化进程的推进、边境贸易的开展，都对人口素质提出了更高的要求。在技术进步成为经济发展重要推动力的今天，西部地区城乡结合型县域落后的科技教育成为制约西部地区县域经济发展的重要因素。

5. 生态环境脆弱

从东中西三大地区看，西部地区是我国生态环境最脆弱的地区，自然条件十分恶劣，干旱区和高寒区占据了西部地区的很大部分。青藏高原高寒区平均海拔 4000 米以上的面积达到 220 平方千米；云贵高原则多是地形崎岖的山区；处于黄土高原和云贵高原的广大地区土地贫瘠，土层较薄，水土流失严重。广阔的内蒙古高原沙化退化十分严重，全国荒漠化面积全部集中在西部地区。西北和内蒙古大部分地区年降水量在 400 毫米以下，而蒸发量在 2000～3000 毫米之间。加之长期以来砍伐森林、开垦荒地、过度放牧、管理不善和人为浪费等原因，导致植被稀疏，水土流失严重，水资源严重不足。尽管近年来实施了退耕还林、退牧还草等措施，但生态环境总体恶化的趋势尚未得到有效控制。但对西部地区城乡结合型县域经济的发展而言，不论是进一步推进农业发展，还是加速推进工业化进程，利用当地的自然资源，都必然会对当地的生态环境造成破坏。科学发展观的贯彻执行，要求县域经济的发展建立在人与自然和谐的基础之上，这对生态环境脆弱而且经济发展落后的西部地区县域而言，实在是雪上加霜。

6. 生产要素大量外流

对西部地区县域经济发展而言，还有一个非常致命的问题，那就是生产要素持续大量外流，这主要表现在：一是西部地区城乡结合型县域资金严重短缺。由于西部地区县级财政拮据，加之国有商业银行收缩县级以下业务，大量银行资金流向收益率相对较高的东部地区，使西部地区县域经济深受失血之痛。资金的严重缺乏，成为制约西部地区城乡结合型县域经济发展的重要因素。二是人才大量外流。受资金投入、观念等的影响，西部地区县域培养的人才较少，还有相当一部分流向发达地区。更为严重的是，在外地求学的大中专学生见识了发达地区的繁荣，毕业后很少回到西部地区县域工作，90% 以上会流向沿海地区和大中城市。三是自然资源被当作原材料输出。西部地区县域自然资源丰富，这是推动其经济发展的重要因素，但受自身加工能力的限制，为了在短期内获取更多资金，不少县域直接将开采的自然资源作为原材料输出。这不仅会限制当地发展深加工企业，而且丧失了自然资源的绝大部分价值。就近期而言，西部地区城乡结合型县域生产要素大量外流的趋势不会改变，这对振兴县域经济带来了极大的困难。

二、甘州区经济发展的主要成就

甘州区是甘肃省张掖市市级政府所在地,地处河西走廊中心,传统上是一个农业发达县域,农业发展优势明显,城镇化率相对较低,可谓是一个典型的西部城乡结合型县域。随着全面建设小康社会进程的加快和科学发展观的实践,甘州区抢抓机遇,大力发展特色优势产业,努力促进经济发展方式转变,大力实施“三大战略”,结合本地优势开创县域经济发展模式,县域经济进入了持续发展的快车道,呈现出总量进一步扩大、特色优势产业竞争力不断增强、经济结构不断优化、质量效益稳步提升的良好势头。

(一) 经济总量不断扩大,综合实力迈上新台阶

自2002年撤市建区以来,甘州区大力实施“三大战略”,坚持以项目建设为重点,以体制机制创新为动力,调整优化经济结构,转变经济增长方式,促进了经济的快速发展。2008年,甘州区实现地区生产总值76.73亿元,较2007年增长11.3%。这个数据在西部县域增长中并不少见,但值得特别强调的是,这是在全球金融危机肆虐的背景下得到的。甘州区2008年的经济总量占到张掖全市的45.18%;人均生产总值达到了15300元,超过了甘肃省平均水平。2008年,甘州区完成固定资产投资285.02亿元,实现财政收入5.24亿元;农民人均纯收入达到4763元,城镇居民人均可支配收入达到9315元。各项主要经济指标持续稳步增长,综合经济实力位居全省前列,为加快甘州区的发展奠定了良好的基础。近年甘州区主要经济指标见表5-1。

表5-1 近年甘州区主要经济指标

年　份	地区生产总值（万元）	第一产业（万元）	第二产业（万元）	第三产业（万元）	人均生产总值（元）
2006	572994	146087	194793	232114	11513
2007	666326	168178	236636	261512	13349
2008	767347	191986	271633	303728	15300

资料来源:《甘州区统计年鉴2008》和《张掖市统计年鉴2007》。

(二)工业经济快速发展,工业主导型经济格局初步建立

在甘州区的“三大战略”中,排在首位的就是“工业强区”,可见甘州区加快工业化进程的决心与魄力。以工业为带动经济发展的火车头,甘州区实行挖潜改造与新上项目并举,加快区内四个工业园区的规划发展,着力壮大地方工业规模,初步形成了以电力能源、有色冶金、生物化工、轻工食品为主的地方工业体系。甘州区已经培育出了包括甘肃电力公司张掖

电力局、甘肃电投张掖火电厂、甘肃省黑河水电股份有限公司、北京德农种业有限公司张掖分公司、甘肃昆仑生化有限责任公司等产值超亿元的大型企业。2008 年,甘州区实现工业增加值 19.83 亿元,较 2007 年增长 16.9%,工业增加值占甘州区生产总值的 25.84%,四分天下有其一,其中,规模以上工业实现增加值 15.75 亿元,较 2007 年增长 18%。支柱行业对工业增长的拉动作用日益突出,电力生产及供应业、农副产品加工业、饮料制造业、化学原料及化学制品制造业、黑色金属冶炼及压延加工业、造纸及纸制品业、非金属矿物品制造业、塑料制品业等八个支柱行业完成工业增加值 15.30 亿元,较 2007 年增长 18.76%,占全区规模以上工业增加值的 97.18%。工业的快速发展,带动了产业结构的进一步优化升级。2004 年第二产业增加值首次超过第一产业增加值,三次产业结构实现了历史性突破。如今第二产业增加值所占比重已远远超过第一产业,工业主导型经济格局已经初步建立。

(三)特色产业不断壮大,农业生产经营迈向产业化

作为传统的农业优势县域,甘州区县域经济的发展离不开特色农业的壮大。通过以市场为导向,甘州区按照强龙头、带基地、兴产业、促流通、富农民的思路,调整优化产业结构,大力推进农业产业化经营,促进了农业和农村经济的快速健康发展。种植业、农业、农村经济三个层次的结构调整取得了明显成效,农业生产从以粮食种植为主的模式向以市场为导向、以效益为中心的多种经营模式转变,形成了初具规模优势的制种、草畜、果蔬、轻工原料四大主导产业。建成了一批辐射带动作用大、加工转化能力较强的龙头企业,已经初步形成了种养加、产供销、贸工农一体化的农业生产经营格局。农业生产经营不再是单个农户的小打小闹,而是各环节努力合作、共享收益的产业化发展。

(四)基础设施逐步改善,县域经济发展后劲增强

城乡基础设施的完善是县域经济发展的基础条件之一。甘州区努力抓住西部大开发战略实施的机遇,致力于拓宽融资渠道,大力开展基础设施建设。2001—2005 年,甘州区固定资产投资总额年均增长率高达 31.5%;2008 年,甘州区完成固定资产投资 28.50 亿元。较大的固定资产投资保障了甘州区基础设施建设持续进行。近年来,节水型社会建设试点、中国黑河湿地保护工程的开工、滨河新区建设的深入推进、张火公路的建设等一大批基础设施建设工程的实施,为进一步提高农业发展效率提供了硬件保障,也为甘州区工业主导型经济格局的构建提供了强大的推动力。总之,基础设施的日益完善,极大地增强了甘州区经济发展的后劲。

(五)商贸流通日益繁荣,旅游经济显现活力

充分利用地处河西走廊中心的地缘优势以及国家扶持西部发展的政策优势和甘州区具有的人文历史、自然资源优势,甘州区加快商贸流通业和旅游业发展。甘州区先后建成了鸿宇商贸广场、金张掖钢材批发市场、机动车维修救援中心、万佳家具市场、泰真建材市场、华

辰建材市场、马可波罗商业街、金脉商业街等一批专业批发市场和特色街区;农村集贸市场、大型批发市场、专业市场、连锁店、大型超市等各种商业业态均已出现。2008 年,甘州区完成社会消费品零售总额 28.35 亿元,较 2007 年增长 22.2%。同时,借助大佛寺、黑水国遗址、隋代木塔、唐代五松园遗址、西夏大佛寺、明代镇远楼、古汉墓群等旅游资源,通过创新开发模式和推介方式,甘州区的旅游经济活力日益显现。2008 年底,甘州区有星级宾馆 6 家,旅行社 11 家;2008 年接待游客 78.75 万人次,实现旅游收入 1.51 亿元。

三、甘州区经济发展的主要问题

作为西部地区城乡结合型县域的一个典型,甘州区经济发展中也存在上文中所提及的劣势。因此,在充分肯定甘州区经济发展成就的同时,从全局看,我们更应重视甘州区经济发展中存在的问题,并解决甘州区经济发展中与其区位、资源和基础不相适应的问题。

(一)经济增长速度放缓

随着张掖火电厂、黑河综合治理、高速公路等一些大项目的相继完工,甘州区经济增长速度有所放缓。从总量上看,甘州区的生产总值在张掖市各县区中居第一位,但经济发展面临速度放缓、后劲不足的不利局面。2006 年甘州区的地区生产总值增速还略高于张掖市,但 2007 年和 2008 年则与张掖市生产总值的增长速度一致,远低于张掖市内的部分县,如 2007 年,甘州区的地区生产总值增速为 11.5%,比肃南低了 8.3 个百分点,比民乐、临泽也分别低 0.7 和 0.4 个百分点。与周边的凉州、肃州、金川相比,也有较大差距。

(二)经济结构不合理

经济结构不尽合理,第二、第三产业比重仍然偏低。在产业结构上,尽管甘州区的工业主导型经济格局已初步建立,但受传统发达农业影响,甘州区的第一产业比重仍然偏高,2008 年甘州区的三次产业结构为 25.0:35.4:39.6,第一产业比重比全国、全省分别高出 13.7、10.4 个百分点;工业比重偏小,分别比全国、西部地区、全省、全市低 17.06、15.28、12.62、3.94 个百分点;第三产业发展缓慢,尽管在三次产业中所占比重最大,但尚未形成具有明显竞争优势的主导产业。在所有制结构上,尽管全区范围内私营企业户数、注册资本以及个体户数量都成增长态势,但非公有制经济实现增加值仅占全区生产总值的 44.2%①,非公有制经济未能成为支撑县域经济发展的主力军。

(三)城镇化水平偏低

作为西部地区的一个城乡结合型县域,城镇化水平不高是正常现象。但作为一个市政

① 此比重为 2008 年数据。

府所在地，甘州区的城镇化水平太低了，这可能也是甘州区提出“工业强区，产业富民，加快城镇化建设”三大战略的原因之一。2008年，甘州区的城镇化率为36.96%，比全国平均水平低8.72个百分点。城镇化的较低水平将给服务业的发展带来严重的负面影响，同时也会制约工业发展水平的进一步提高。

（四）融资渠道狭窄

与东部地区相比，经济发展水平低，对外开放程度低，这使融资渠道相对狭窄成为西部地区县域的一大劣势，甘州区也不例外。地方财力薄弱就制约了地方可用于经济社会发展的投入，2008年，甘州区完成财政收入5.24亿元，一般预算收入1.51亿元，虽然增长速度较快，但财政收入规模仍然太小。在甘州区，财政收入主要用于支付党政机关和事业单位工作人员的工资，这是一个典型的“吃饭”财政。甘州区政府根本没有余力用当地财政支持经济发展，因此，甘州区项目建设的资金要么来自于贷款，要么来自于企业投资，还有就是来自于上级财政支持。至于银行贷款，政府因为有财政担保，相对容易，但对中小企业而言，要获得银行贷款难度就比较大了，一方面是中小企业自身信用度不高；另一方面是银行均为国有大银行，对中小企业惜贷。缺乏服务于中小企业的金融机构，是导致中小企业融资困难的重要原因。

（五）企业竞争力较弱

现代企业竞争力来源于若干方面，可能是成本控制，可能是管理科学，可能是核心技术，可能是市场营销。从这些角度看，甘州区企业拥有的充其量也就是当地资源优势所带来的成本控制，至于管理、技术、营销等，甘州区的企业在这些方面难以形成较强的竞争力。从目前看，甘州区的企业除了若干电力企业和农副产品加工企业外，缺乏规模化企业，企业绝大多数都是中小企业，技术含量低，所生产的产品附加值不高；至于管理，由于人才外流和缺乏对人才的吸引力，许多企业都没有真正建立科学的管理体制；关于市场营销，企业的营销手段落后，品牌创建力度不高，缺乏在全国范围内有一定影响力的拳头产品。综合上述分析，甘州区企业的竞争力可想而知，即使有所谓的竞争力，也是在一个非常小的地域范围内的，这样的竞争力其意义并不大。

第六章　甘州区要素禀赋与经济发展

要素禀赋作为世界经济分工的依据，是国家制定经济发展战略的基础，同样也是谋划县域经济发展的立足点。县域经济发展的长期规划、产业布局，县域内产业结构的选择、调整升级以及特色经济的发展，必须紧紧围绕县域内的要素禀赋特点来进行决策。许多地区在选择自己的发展道路时，都会根据要素禀赋理论，要么选择以当地特色富集资源开发为主的经济发展道路，要么选择依靠区位优势快速发展的道路，要么以市场导向确定发展道路。从甘州区所制定的发展战略来看，它选择的是一种以特殊优势资源开发为主的资源导向发展模式。

一、基于要素禀赋的县域经济发展战略

从资源禀赋角度看，任何一个县域都存在自身的某种优势。从宽泛的角度看，资源禀赋既包括有形的自然资源，也包括无形的区位优势、市场优势等。各县域的资源禀赋不同决定了各个县域将会采取不同的经济发展战略。

（一）要素禀赋的分类

在这里，我们将要素禀赋理解为传统的自然要素禀赋和可获得性要素禀赋两种，并分析了两者的主要特征①。

1. 自然要素禀赋

传统意义上所理解的要素禀赋主要是指由自然要素禀赋。所谓自然要素禀赋是指由自然资源和历史上所形成的特定的人文资源构成的，包括自然资源、气候、地理位置、自然环境、人文历史等。要根据自然要素禀赋来确定县域经济发展战略，必须清楚自然要素禀赋对县域经济的作用方式和贡献程度。这也意味着，必须对自然要素禀赋的主要特征有一个客观、科学的认识和把握。

---

① 周金堂. 要素禀赋与县域经济的又好又快发展. 农业考古，2007(3)：255－261.

自然要素禀赋的主要特征有：

（1）先天性。在自然要素禀赋构成中，自然资源、地理位置、环境、气候等是历经亿万年而自然形成的，而人文历史则是由长期的人类历史发展传承下来的。就目前而言，所有这些自然要素禀赋都是先天生成的。这种先天性也导致了不同县域的经济发展起点有巨大的差别。相对而言，自然要素禀赋好的县域具备了较强的经济发展物质基础，但这并不是县域经济发展的唯一条件。

（2）独特性。自然要素的构成千差万别，各县域的自然要素禀赋都由其独特的要素构成，这导致了这样一种现象：即使若干县域都号称自然要素禀赋丰富，其发展道路往往也有很大区别。自然要素禀赋的独特性构成了各县域发展特色经济的基础。

（3）不可复制性。上述自然要素禀赋的先天特性和独特性使得自然要素禀赋也具备了不可复制特性。由此，当某一县域基于特定自然要素禀赋建立特定产业时，这一产业在别的地区也将难以复制，从而使得该县域的特定产业能够维持相对长久的竞争力。

（4）相对稳定性。在一个较短的历史时期内，特定县域的自然要素及其构成一般不会发生变化，这就为县域经济发展过程中提高自然要素禀赋的开发利用率提供了可能。因此，自然要素禀赋的相对稳定性能够提供相对充足的时间使人们进行新产品开发和技术创新，从而也进一步增强了该特定产业的竞争力。

2. 可获得性要素禀赋

可获得性要素禀赋可通过市场交易获得，包括县域内可获得的人力资源、技术进步和制度创新等。在现代开放经济条件下，可获得性要素的作用大为增强，它们在很大程度上削弱了自然要素禀赋的重要性。因此，当前县域经济发展必须建立在自然要素禀赋和可获得性要素禀赋共同作用的基础上。在县域经济发展初期，自然要素禀赋是基础，但仅依赖于自然要素禀赋的县域经济增长往往难以持续，当可获得性要素禀赋不断向好的时候，县域生产力边界将会向上外移。因此，要使县域经济发展在开放经济条件下获得长足的发展动力，那就必须跳出单纯的依托自然要素禀赋来发展县域经济的传统思路。也就是说，提升县域内可获得性要素禀赋是当前县域经济发展的关键。

可获得性要素禀赋的主要特征包括：

（1）流动性。也可称为可获得性，是指特定县域可以通过市场交易来获取或通过某种优越的制度设计来吸引可获得性要素禀赋，使其聚集于县域范围之内，从而提升该县域内的人力资本、技术进步和制度创新等。

（2）可复制性。可获得性要素禀赋并非先天生成，可以通过特定的市场环境和制度环境培育或者交易获取。因此，当一县域认识到自身的不足时，可通过借鉴发达县域制定的有关政策、制度来培育类似的可获得性要素。从某种程度上说，可获得性要素是可以复制的。

（3）时效性。在可获得性要素中，无论是人力资源、技术进步，还是制度创新，其使用生命周期都比较短，并且处于不断变化的动态发展之中。当特定县域千方百计获取某种可获得性要素禀赋并将其运用于经济发展中时,说不定可获得性要素禀赋中的某些构成部分已经发生了变化。

(二)县域经济发展的资源导向战略

纵观中国县域经济发展历程,绝大多数县域在制定发展战略时,首先考虑的是自身的要素禀赋,其中又优先考虑自然要素禀赋,这也就形成了县域经济发展的资源导向战略。

1. 资源导向战略的内涵和特点

县域经济发展的资源导向战略指县域经济的发展主要立足于县域自然资源的转化,形成以资源开发转化为特色的主导产业,进而带动整个县域经济的发展。这里的资源主要是指矿产资源、动植物资源、人文旅游资源、水利河湖资源等自然要素禀赋。①

资源导向战略并非实用于所有县域,对不少自然要素禀赋缺乏的县域而言,这种战略毫无用武之处。因此,这种战略往往被那些自然资源丰富,但生产力水平又比较低的县域所采用。如果对中国县域经济发展现状作一深入思考的话,不难发现,这种战略为绝大多数县域所采用。这也从侧面说明了我国大多数县域的经济发展水平还处于比较低的层次。

一旦某个县域决定采用资源导向战略发展经济,最为重要的就是正确定位该县域的主导资源和主导产业。一种资源是不是主导资源并不是由这种资源量的多少来决定的,还必须考虑这种资源质的优劣,换句话说,这种资源在现代产业发展中居于一种什么样的地位。现实中经常出现的一种情况是,某些县域的某种资源有很大的拥有量,但由于这种资源的品位不高,或者是资源开发的市场容量很小,或者是这种资源在现代产业中已经没有什么重要意义,因而很难被确定为主导资源。某种资源要成为一个县域的主导资源,必须具备拥有量较大、较有特色,而且市场开发前景良好的特征。相应地,一旦确定了主导资源,就可以依此主导资源确定该县域的主导产业。

更进一步地讲,依据资源导向战略,县域一旦定位了主导资源和主导产业,就意味着该县域也确定了未来一段时期内的经济结构。因为,主导产业的发展必须有相应产业与之配套,这样才能保证主导产业的发展壮大。主导产业加上配套产业,这必然就决定了县域的经济结构。

根据上述论述,我们认为资源导向战略具有以下特点:第一,把县域内丰富的自然资源作为县域发展的主导优势条件,资源的储量、种类、品位、空间分布状况及开发利用难度等直接决定着县域主导资源乃至主导产业的选择以及产业结构和空间结构的形成,甚至决定县域在全国劳动地域分工中的地位;第二,资源导向战略往往是其他优势导向战略的最初存在形式,但不是最终存在形式。随着对县域内自然资源开发利用程度的加强,可供开发利用的自然资源逐渐枯竭,环境污染日益严重,资源导向战略将逐渐被其他优势导向战略所取代;

---

① 余隆海.县域经济发展论.成都:四川科学技术出版社,2006:95.

第三,特定县域自然资源空间分布的格局将决定资源导向战略应用范围的空间配置格局。也就是说,资源富集地区往往会成为资源导向战略存在并发挥作用的区域。

2. 资源导向战略模式的主要类型

我们可以将自然资源按照初始状态划分为绿色资源、无色资源和彩色资源,其中,绿色资源主要指森林、草地、经济作物等,无色资源主要指河流、湖泊、领海等水域,有色资源主要指矿产、原材料等。相应地,我们将以自然资源开发为主的资源导向战略分为绿色资源开发型、无色资源开发型和有色资源开发型三类。

(1)绿色资源开发型。我们通常所称的农业县、林业县、草原县以及有一定植被的山丘县就拥有可供开发的绿色资源,这类县域通常会采取绿色资源开发型战略。对这些县域而言,绿色资源开发的目标是发展特色高效农业①,经济发展重点则根据主导资源的不同而有所区别:以林业资源为主的县域,主要发展以木材利用为主体的建材、家具、造纸业;以农作物资源为主的县域,主要发展轻纺、烟草、花卉、药业等;以牧草资源为主的县域,发展以养殖和肉类加工为主的食品加工及皮革产业。

(2)无色资源开发型。水域资源通常被称为无色资源,因此,无色资源开发主要就是对水域资源的开发利用。在国民经济发展中,水域资源非常重要,其利用状况和丰度情况也能够影响到一地区的经济发展状况。如果一县域拥有丰富的水域资源,它就可以充分利用水域资源,发展高附加值的水产养殖业,以促进经济发展。开发利用水域资源的重点在于:对水域资源进行调查研究,兴修水利,搞好水域资源的保护管理;重视科研,大力发展水产养殖业及以水草资源利用为主的轻工业;发展水上交通、旅游业等,提高水资源综合利用率和其对经济增长的贡献率。

(3)有色资源开发型。所谓有色资源开发,通常指矿产资源的开发利用。矿产资源丰富的县域,其经济发展战略往往以工业为主导。这类县域会注重地方基础设施建设,改善投融资环境,大胆引进外资和先进实用技术,努力实现本地矿产资源向现实经济优势的迅速转变,形成县域地方工业体系。但不可否认的是,这类县域在经济快速发展的同时,生态环境的破坏较为严重,往往出现不可持续发展的问题。

3. 县域经济资源导向战略的典型方略

上文根据县域主导资源的不同论述了绿色资源开发型、无色资源开发型、有色资源开发型三种资源导向战略模式。在现实中,最为常见,也是最见成效的资源导向战略就是重化工型重工业化发展战略。这种战略是矿产资源富集县域的较佳选择。

对绝大多数矿产资源富集区而言,早期的开发使其步入了工业化发展阶段,但进一步的发展绝对不能停滞于之前的矿产资源的采掘,有条件的县域必须加快发展以矿产资源深加

---

① 这里的农业是宽泛意义上的大农业,包括林业、种植业、养殖业和农副产品加工业。

工为主的重化工产业的发展。纵向看，这种发展战略能够使县域逐渐形成由资源采掘到加工到综合利用的较为完整的产业链；横向看，这种发展战略能够使县域形成相关配套产业，形成以重化工行业为主导，产运销、贸易、金融、通讯服务、科技服务在空间上的有机结合，从而促进资源的更高效利用。

当然，县域选择这样一种发展道路时，也要注意对原有轻工业进行必要的调整。对于已有相当基础的轻工业，应稳定规模，调整原料结构，提高质量，打造品牌，走内涵发展之路；对于较有发展前景的轻工业，则可适当加大投资，推进其稳步发展。

通过重化工产业和轻工业的配合发展，最终形成以重化工为主体、轻重工业协调发展的县域经济发展格局。

（三）资源导向下西部县域经济发展的可选模式

结合上文论述，我们有必要进一步阐述资源导向战略县域经济发展的具体模式，毕竟，上述战略过于宽泛，缺乏实际应用意义。考虑到本书研究的对象处于西部内陆，下文将详细分析资源导向战略下可供西部县域选择的经济发展模式。

从本质上看，西部地区县域经济发展的理论模式有两种：自生型模式和推动型模式。相对应地，下文所要论述的五种模式中，自生型模式包括农业产业化、优势资源开发和劳务经济模式；推动型模式包括市场导向和边境贸易模式。

1.农业产业化模式

农业产业化是在特定区域内，农业生产经营者的多元主体以市场为导向，通过某种利益纽带，通过实行种养加、产供销、农工商一体化经营，将农业在生产过程的产前、产中、产后诸环节联结为一个完善的产业系统，使产业化的各个组成部分均有利可图。

现实中，西部地区县域经济发展常常面临如下困境：一是区位条件差，城市化水平低，距离中心城市较远，难以得到中心城市的辐射、带动；二是产业单一，分散经营，缺乏规模化生产，许多县域主要依赖于单一的种植业；三是资金缺乏，融资困难，也难以得到外来投资；四是人口素质较低，思想观念落后，缺乏商业意识。这些问题加起来，就导致了西部县域经济社会发展滞后的恶性循环。

结合这些现实情况，对矿产、旅游等资源大规模开发的可能性很小，但对农业发展自然条件相对较好的县域而言，通过农业产业化，将县域拥有的农业资源充分开发，是促进西部县域经济发展的一条可行路径。

2.优势资源开发模式

从全国能源、矿产和旅游资源的分布情况看，西部地区占据了相当大的部分，可谓是储量丰富，开发潜力巨大。从目前来看，西部大多数地区的经济发展也正是依托丰富的资源，属于优势资源开发型。因为能源矿产资源的开发与旅游资源的开发属于不同的行业，其发展模式有很大区别,因此,下文从矿产资源开发和旅游资源开发两个角度对优势资源开发模式进行阐述。

(1)矿产资源开发模式。依托丰富的矿产资源来发展工业经济,将资源优势转化为工业经济优势,这是许多县域在发展过程中所选择的道路。

选择矿产资源开发模式,就决定了县域主导产业是矿产资源开发。在这样的前提下,县域经济的发展必须依托矿产资源开发,提高工业产业的相关度,建立重化工业产业链,使得整个产业链实现规模效应。

在竞争日益激烈的市场,单靠几种传统产业、产品是不行的,即使是具有很大优势的传统产业,由于市场瞬息万变,其优势地位也不一定能够保持。采用矿产资源开发模式的县域要实现长远发展,必须依靠科技,实现矿产资源的深加工,实现由初级产品向高科技含量、高附加值产品的转变。同时,必须坚持市场导向,采取灵活多样的营销策略发展工业经济,从"找市场"转向"创造市场"。一是在产品开发上,瞄准市场的空当,适时开发满足市场需求的新产品;二是各个企业根据自己的产品定位,采取多种营销策略,挤占市场,开辟市场。

但选择矿产资源开发必须重视生态环境的保护。矿产资源开发必定对生态环境带来损害,这就要求思想上的高度重视和技术上的环保投入。因此,循环经济等新的工业形态就必须被引入矿产资源开发型县域中。

(2)旅游资源开发模式。西部地区地域辽阔,民族众多,地理环境复杂多样,再加上历史悠久,孕育了极其丰富的自然旅游资源和人文旅游资源。西部地区的不少县域或者是因为民族风情,或者是因为独特的自然景观,或者是因为悠久的历史文化,成为旅游胜地。因此,西部地区部分县域的主导产业就是旅游业。

旅游业发展能够带动县域多个产业的发展,如餐饮、住宿、交通、商品贸易等,同时,该行业的发展也不会像工业那样给地方生态环境带来大的损害。

3. 劳务经济模式

劳务经济是指劳动力要素通过提供规模化、技能性和组织化的商品性劳务,并以此获得相应的收入与回报,从而形成劳务关联性产业的经济活动。劳务经济的出现使得勤劳的农民可以直接利用自己的脑力和体力,主动地跨越地域空间,经交换得到自己所需的资金。从农民获得资金的交换链条来看,劳务经济的链条最短,相应的经济风险也就更小。同时,通过劳务交换的熏陶培养,他们之中的一些佼佼者便会脱颖而出,从"打工仔"转变为新的创业者或者成为带领更多农民从事劳务交换的"领头羊"。

对西部绝大多数地区而言,农业生产条件较差,农民往往缺乏收入来源,通过大力发展劳务经济,不仅使这部分闲置劳动力得到了充分利用,更为重要的是使农民获得了资金,这部分资金可以直接转化为农业投入,反哺农业,同时也能够支撑农村消费市场的扩张,促进交通运输、中介服务、教育培训、餐饮休闲等相关产业的发展。

注意,劳务经济模式不是简单的劳动输出,值得强调两点:第一,劳务输出是建立外出务工和返乡创业双向流动机制的劳务互动。也就是说,劳务输出的目的是返乡创业,从劳务输出开始,区域环境的再造就为输出劳务返乡埋下了伏笔,打造民工返乡创业的新平台;第二,劳务输出的发展将起到“一人创业带动一批人创业,一人富裕带动一批人致富”的带动效应,抓好组织化、技能化和专业化的输出劳务,带动群体性就业。因此劳务输出不仅可以将富余的劳动力从土地上解放出来,为农业产业化创造条件,更重要的是,它有助于解决西部地区工业化进程中的人才与资金匮乏问题,有助于以新的思路来推进城镇化进程,弱化城乡二元经济结构。

4. 市场导向模式

市场导向推动型是指以县域内的自然、社会人文资源以及历史特点为基础,以市场为导向,来发展贸工农、产供销、种养加一体化经营,从而推动县域经济整体发展的一种县域经济系统发展模式。从表面看,市场导向似乎称不上是资源导向战略模式,但实际上,市场优势如何而来?往往是由该县域的地理位置、社会人文传统决定的。因此,在这里我们也将市场导向模式归纳到资源导向模式中。

这种模式的最大特点是市场成为县域经济发展的桥梁和纽带,对系统的运行发挥着有效的调节和导向作用,在市场竞争中具有很强的应变力和自我发展能力。县域经济发展选择了市场导向,必然意味着县域经济具有开放性。尽管缺乏自然资源,但只要以市场为根本出发点,抓住市场需求和变化趋势,同样能够带动县域经济快速发展。

5. 边境贸易模式

西部12省市区与13个国家或地区相连,陆地边境线长达12747千米,沿边一线有多达15个的国家级贸易口岸。因此,开展边境贸易,西部县域就可以把地处内陆偏远地带这种劣势转变为优势,大大降低交易成本。而且,国家所提供的沿边开放和优惠的对外经贸政策,也为西部县域的边境贸易提供了难得的机遇。

边境贸易是一种特殊的县域经济发展模式,对其进行理论上的深入思考的话,可以将其归结为市场导向。其根本就在于地处边境的地缘优势,同时也可以充分利用县域内的资源优势,以边境贸易、出口加工等外向型产业为先导,带动县域内相关产业的发展。

优势的互补性是边境贸易形成的客观基础。边境贸易型县域应以邻国间的优势互补为基础,充分发挥和利用边境工业区的地缘优势和资源优势,积极开发以贸易为主,以边民互市贸易、边境民间贸易、边境地方贸易为基本形式的边境贸易。因此,应采取优势互补—市场—边境贸易—出口加工业—相关产业的运行机制,主要利用边贸及相关产业发展县域经济。根据国内外市场需求,开展边境贸易、出口加工业,从而促进本区域资源的综合开发利用。

二、甘州区的要素禀赋条件

县域的要素禀赋条件是县域确定经济发展战略的基础。甘州区独特的要素禀赋条件,决定了甘州区的经济发展模式与众不同。

(一)甘州区的自然要素禀赋条件

自然要素禀赋条件以其先天性、独特性、不可复制性和相对稳定性成为县域经济发展的重要支撑。甘州区的自然要素禀赋是决定其经济发展战略的根本条件。

1. 区位优势明显

甘州区位于东经100°6′至100°52′,北纬38°32′至39°24′之间,地处甘肃省西北部、河西走廊中段的黑河流域。兰新铁路贯穿甘州区全境,国道312线、GZ45线纵穿东西,227线、张平公路连通南北,使得这里南出扁都口与唐蕃古道相交,可达青藏高原;北出镇夷峡沿居延古道,可抵蒙古大漠;西通新疆,东连内地,历为兵家必争、商旅必经之地。

地处河西走廊中心位置的区位条件决定了甘州区有成为区域性商贸物流中心的潜力。

2. 农业资源丰富

甘州区土地总面积为4240平方千米,其中,耕地面积为713800亩,占总土地面积的11.18%;林地面积为562614亩,占总土地面积的8.81%;草地面积为1899000亩,占总土地面积的29.76%。丰富的耕地资源和草地资源,为甘州区发展农耕和畜牧业提供了得天独厚的条件。

甘州区深居欧亚大陆腹地,远离海洋,受大气控制及青藏高原、蒙古大漠的影响,气候干燥,雨量稀少,蒸发量大,多有风沙,为典型的温带大陆性气候。甘州区云量少,晴天多,光照充分,太阳辐射强度仅次于西藏和新疆的柴达木,年均日照时数城区为3085.1小时,浅山区为2932.3小时。甘州区水资源相对丰富,境内有5条长流小河和26条季节性小河,年径流量达25亿立方米(实用10.95亿立方米),加上湖泊、沼泽、湖滩及地下水,水资源总量达25.75亿立方米,人均2500多立方米,远远高于甘肃省平均水平(1500立方米)。其中黑河在甘州区境内流域面积为3663.8平方千米,干流长52千米,灌溉56万亩农田。总体而言,甘州区拥有平坦的地势、肥沃的土地、充足的日照、温和的气候,是典型的绿洲农业和大型灌溉农业区,盛产小麦、玉米、大米、红枣、苹果梨、苹果、发菜、黑瓜子、豆类及各种蔬菜,是全国重点商品粮基地县(市)和全国"西菜东运"五大基地之一。甘州区的农业整体发展水平处于全国一熟制地区的先进行列,已经初步建成了具有资源优势和规模效益的粮油、果蔬、草畜、制种、轻工原料等支柱产业,建成了甘绿、金象、有年金龙、屯河、张掖大业、中种等一批以农副产品加工为主的龙头企业。

3. 矿产资源相对贫乏

甘州区境内矿产资源相对贫乏。目前已勘探出并正在开发的主要是甘州区平山湖矿、平山湖窑泉锰铁矿以及部分非金属矿。

平山湖煤炭普查在张掖市市委、市政府的支持下，通过引进外资、申请国家资源补偿费和中央勘探基金、自筹等多种方式投入资金，于1992年开始施工。初步估算平山湖煤矿储量超过1亿吨，煤种为低灰低硫中高发热量长烟煤。平山湖煤矿距市区较近，且资源储量丰富，埋藏较浅，煤中全硫含量低，符合环保要求，具有一定的开发价值。

甘州区平山湖窑泉锰铁矿，在已经提交的5.32平方千米的详查地质报告中，共圈出16个矿体，矿石总储量为2103.2万吨，矿石主要品位指标为：锰9.7%，铁28.6%，铅0.86%，锌0.95%。该矿目前已进入矿山建设阶段，建成后将为40万吨富锰渣冶炼提供资源保障。

甘州区的非金属矿主要有已经开采的甘州区东大山大疙瘩矿，该矿储量为15000万吨，其二氧化硅含量在92%～96%，三氧化二铁含量在0.9%～1.93%。石英岩矿产是张掖市发展铁合金及开发多晶硅、单晶硅及太阳能光伏电池的最重要原料。

4. 旅游资源独特

甘州区自然景观独特，历史文化悠久，具有发展旅游业的巨大潜力。

甘州区地域辽阔，雪山、草原、绿洲、沙漠相间，自然风光旖旎，素有“塞上江南”之美誉。甘泉公园、黑河山庄、东大山风景区等绚丽的自然景观令人流连忘返。如今，国家黑河湿地公园正在建设之中，该项目位于甘州城区北郊，总面积约2.6万亩，核心区面积约8000亩，现主要为湿地、滩涂和鱼塘。寓生态保护与景观观赏为一体的湿地公园的建成，必将提升甘州区的城市品位，使其成为“金张掖”的新标志。

甘州区建制历史悠久，在夏商周时期，甘州区为羌戎居地，春秋至秦代为乌孙、月氏居地，西汉前期为匈奴居地。西汉武帝元鼎六年(公元前111年)，设张掖郡，辖10县。长时期以来，甘州为州郡治所。甘州区在历史长河中的逸闻趣事也是数不胜数。霍去病西征、张骞出使西域、法显和尚西行、隋炀帝西巡、唐玄奘取经、马可·波罗游历东方等均与甘州密不可分。中国工农红军第四方面军转战河西，浴血奋战，也在这里写下了可歌可泣、气壮山河的一页。如今，大佛寺、黑水国遗址、隋代木塔、唐代五松园遗址、西夏大佛寺、明代镇远楼、古汉墓群等历史文化遗存保护良好。

加上汉、蒙、裕固等多彩的少数民族风情，甘州区的旅游发展已具备了扎实的基础。

(二) 甘州区的可获得性要素禀赋条件

自然禀赋要素固然是县域经济发展不可或缺的条件，但绝不是唯一决定因素。可获得性要素禀赋以其流动性、可复制性、时效性特征日益成为县域经济发展中更为重要的条件。

要描述甘州区的可获得性要素禀赋情况，主要应从人力资源、技术进步和制度创新等方面进行。但实际上，这三者都没有现成的数据可供我们使用，尤其是制度创新。一般情况下，制度创新的情况取决于县域内的人力资源情况、思想开放情况等。因此，这里对甘州区可获得性要素禀赋条件的描述主要从人力资源和技术进步上进行。

1.人力资源情况

从人口总量上看，2008年底，甘州区的总人口为516338人，较1978年的364374人增长了151964人，增长了41.71%。如果作一个历史考察的话，甘州区人口增长还是比较快的。

从结构上看，2008年甘州区的城镇人口为190841人，占总人口的36.96%；乡村人口为325497人，占总人口的63.04%。其中男性人口为264531人，占51.23%；女性人口为251807人，占48.77%。从年龄结构上看，18岁以下人口为99235人，占总人口的19.22%；18~35岁人口为147360人，占总人口的28.54%；35~60岁人口为207769人，占总人口的40.24%；60岁及以上人口为61974人，占总人口的12.00%。也就是说，中青年人口所占比重较大。甘州区2008年人口构成见表6-1。

表6-1 甘州区2008年人口构成

指　标	年末数(人)	比重(%)
总人口	516338	100.00
其中：城镇	190841	36.96
乡村	325497	63.04
其中：男性	264531	51.23
女性	251807	48.77
其中：18岁以下	99235	19.22
18~35岁	147360	28.54
35~60岁	207769	40.24
60岁及以上	61974	12.00

资料来源：《甘州区统计年鉴2008》。

考察一个地区的人力资源情况，不仅仅是考察这个地区的人口多少，还需要对这个地区的人口素质，尤其是文化素质情况进行考察。从甘州区内的教育机构看，有普通高等院校2所，普通中专2所，职业学校8所，普通中学42所，小学113所，在校学生达到97570人；幼儿园133所，在园人数为11634人；特殊教育学校1所，在校学生201人。甘州区小学适龄儿童入学率和初中适龄少年入学率均达到100%。加之张掖市实施的30万农村劳动力技能培训工程，每年培训农村劳动力6万人，极大地改善了农村劳动力文化素质较低的状况。

整体而言，甘州区的人力资源相对丰裕。

2. 技术进步情况

应该说，技术进步对县域经济发展具有非常重要的促进作用。了解甘州区的技术进步情况能够为甘州区准确定位产业发展提供支撑，但很遗憾，这类情况也缺乏直接数据，因此，我们只能根据已有情况作一些概括的说明。

2008 年，甘州区共申报各类科技计划项目 11 项，争取立项 7 项，到位项目扶持资金 160 万元；建立区级科技示范点 47 个、乡级科技示范点 58 个，引进各类农业新品种 148 个，推广各类农业新技术 65 项，全区农作物良种覆盖率达到 95%，农机化综合水平达到 53%，农产品优质率达到 60%，认证无公害蔬菜品种 15 个，无公害农产品率达到 40%，标准化农业生产率达到 50%；培训专业技术人员 1.4 万多人次、星火科技带头人 286 名。此外，"沙荒地改造利用"、"河西一熟制灌区吨粮田栽培技术"、"黑河地区作物需水量及节水灌溉技术研究"、"轮回选择法培育玉米新品种"、"蔬菜商品产业化技术开发"等一批在国内、省内领先的农业科技成果已被大面积推广应用。

上述数据都表明，甘州区作为一个传统的农业发达县域，技术进步主要体现在农业领域，至于工业领域，由于起步较晚，缺乏积累，缺乏技术创新能力。

三、特定要素禀赋条件下甘州区的选择

地处河西走廊中心，坐拥明显的区位优势、农业发展优势和旅游资源优势，甘州区应该选择怎样的发展战略呢？

（一）甘州区的经济发展战略

甘州区的特定要素禀赋条件决定了其经济发展战略必须以农业为基础，但以农业为基础并不意味着仅仅关注农业发展。毕竟，农业作为基础产业，它能够为工业等提供原料，也就是说，以农业为基础的经济发展战略也可能重心在于工业。

基于这样一种考虑以及现代经济发展趋势，甘州区确定了这样的经济社会发展战略：坚持特色方向，坚持走好和拓展以建设生态张掖为引领的城市发展路子，以特色优势资源开发为重点的新型工业化路子，以发展节水、高效现代农业为支撑的新农村建设路子，推动"工业强区、产业富民、城镇化建设"三大战略，实施十大工程，优化经济结构，加快"一园四区"建设，大力构建工业主导型经济格局，扎实推进新农村建设，不断繁荣城乡经济，努力构建和谐社会，高度关注民生，推动经济社会又好又快发展。

其中，十大工程是指：

(1)以实施中国黑河流域湿地保护工程为契机，加快生态甘州建设进程。配合张掖市编制中国黑河流域湿地保护工程及张掖国家湿地公园修建性详细规划，完善水系疏浚方案，完成清污分流任务。坚持基础先行、绿化并进、加快开发的原则，加快推进滨河新区防洪堤

坝、黑河湿地水涵养工程、滨河大道、滨湖路、水韵街、城市西三环路、绿化灌溉工程、新区绿化一期工程和高档住宅小区开发等工程建设，努力打造新的城市景观。切实抓好张掖国家城市湿地公园项目，精心设计建设湿地公园到市区东环路沿线芦苇湿地栈道、非机动车道及观景平台，推进生态恢复、芦苇景观造景、绿化补植补造，加快水路疏通及污水治理，围堰堵坝，形成宽阔水面，进一步凸显城市湿地特色。

（2）以建设中国钨钼产业基地为核心，夯实工业发展基础。围绕打造“钨钼之都”，着力抓好 20 万吨硅铁合金项目，加快推进 5000 吨仲钨酸铵项目，加强与省内大型冶金集团的沟通联系，促进锰铁、硅铁、钨钼一体化开发。配套完善兔儿坝滩循环经济示范园道路、排水、供电、通讯等基础设施，把园区建成承载钨钼产业的重要基地。

（3）以推进河西风电走廊发电工程为支撑，不断壮大电力能源产业。抢抓国家实施“西电东送”和甘肃省“建设河西风电走廊、打造西部陆上三峡”战略机遇，充分利用水能、风能、太阳能、生物质能和煤炭资源，坚持火电、水电、风电开发建设并举，全力推进火电二期、平山湖煤田勘探开发、生物智能发电、热电联产、平山湖风电开发等项目前期工作。

（4）以打造中国金张掖玉米制种基地为目标，做大做强制种企业。整顿种子生产经营秩序，依法登记法人实体，注册申报种子商标，优化制种产业结构，稳定玉米制种 40 万亩，加快构建现代种业体系。

（5）以培育中国西部马铃薯加工及种薯繁育体系为突破，拓宽农民增收渠道。优化区域种植结构，扩大集约化种植水平，加快标准化生产进程，提高精深加工能力，将马铃薯种植面积扩大到 5 万亩，种薯繁育达到 300 万粒，马铃薯加工达到 15 万吨，使马铃薯种植成为甘州区农民增收的新亮点。

（6）以建设河西百万头肉牛基地为重点，大力发展畜牧产业。加快全区 60 万头河西肉牛基地建设步伐，着力打造河西肉牛品牌。按照集中建设、分户经营的模式，落实各项扶持政策，采取整村推进方式，建设肉牛产业示范乡、村，培育 5 万头以上养牛乡镇 5 个，鼓励发展养牛专业村 15 个，新建肉牛养殖小区 10 个，培育养殖专业大户 5000 户，使全区牛饲养量达到 45 万头，畜禽饲养总量达到 1200 万头（只）。

（7）以实施现代农业示范工程为先导，努力提高设施农业效益。按照高产、优质、高效、生态、安全的要求，以城郊和中部乡镇为重点，加快设施农业发展，建设高标准蔬菜科技示范园，大力发展日光温室，稳步发展钢屋架大棚，积极发展露地蔬菜，加快产品注册认证步伐，培育壮大蔬菜保鲜储运企业，建设优质蔬菜基地 17 万亩，提高蔬菜产业经济效益。

（8）以黑河流域综合治理工程为依托，着力改善农业基础设施。积极争取黑河二期治理项目，启动实施退耕还林替代灌区节水、中小型灌区节水改造、农田水利基本建设、水电农村电气化等项目。推广农业节水技术，发展高效节水农业，实现水资源与经济社会协调可持续发展。

（9）以农村劳动力技能培训工程为载体，全面提升劳动者综合素质。发挥区社会服务培训中心和乡镇农科教中心职能，以就业技能、实用技术培训为重点，进一步加大农民和外出务工人员技能培训力度，力争年培训农村劳动力2.5万人。完善劳务信息网络，培育劳务中介组织，拓宽输出输转渠道，健全维权服务机构，着力构建政府培训、中介输出、部门维权的劳务输出新格局。

(10)以推进社会保障一体化工程为基础，不断提高民生保障水平。扩大城镇职工基本养老、医疗和失业、工伤、生育保险覆盖面，强化社会保险费征缴和城乡低保管理，实现应保尽保。突出抓好城镇新增劳动力、国有企业下岗失业人员、大中专院校毕业生、农村富余劳动力转移就业工作。积极推动全民创业促就业工作。整合新型农村合作医疗和城镇居民基本医疗保险制度，逐步推行城乡居民医疗保险一体化，不断提高基金统筹能力和群众受益水平。加强住房公积金监管，确保资金安全运行。完善城乡救助体系，建立临时救助制度，保障因病因灾返贫、低保边缘人群基本生活。

"一区四园"所指的四个工业园区分别是东北郊生态科技产业园、西洞滩冶金建材工业园、兔儿坝滩循环经济示范园、石岗墩现代农业示范园。四个园区将分别定位，聚集相关产业实现集群发展。

(二)既定战略下甘州区经济发展的重点

从上述甘州区确定的经济发展战略看，其重心在于立足农业产业化基础，加快推进工业发展，带动第三产业发展。

1.大力发展现代农业，扎实推进新农村建设

在甘州区的经济结构中，农业占有重要地位；在人口结构中，农民占大多数。这样的背景决定了甘州区经济发展必须充分认识在新时期加强"三农"工作的紧迫性和艰巨性，致力于增加农民收入和提高农民素质，全面加快新农村建设步伐。

(1)加快农业产业化进程。按照"扶强龙头、壮大基地、扩大市场"的思路，在项目资金、贷款贴息、技术改造等方面，加大对龙头企业的支持力度，增强龙头企业对产业的辐射带动，增强企业加工能力，提高农产品加工转化率。按照"区域化布局、专业化生产、集约化经营"的要求，扩大主导产业基地规模，大力发展订单农业，形成布局合理、特色鲜明、规模较大的优势产业格局。以农产品生产、加工和销售为重点，培育发展农民专业合作经济组织，组建各类专业协会，发展各类中介组织，培育大量农民经纪人、运销大户，提高农民进入市场的组织化程度。

(2)大力发展特色农业。认真分析不同区域的产业特点，因地制宜发展特色农业。河西片乡镇重点发展制种产业，以打造金张掖玉米制种基地为目标，规范种子生产经营秩序，注册申报种子商标，强化玉米制种产业的优势地位，稳定提高玉米制种数量。城郊和中部乡镇重点发展蔬菜产业和猪、鸡养殖业，发展日光温室、钢架大棚和陆地蔬菜，带动全区蔬菜种植数量和猪、鸡饲养量的上升。中部乡镇和边缘乡镇重点发展轻工原料产业，引导开展规模化种植。

(3)推进农业标准化生产。加快农业标准化生产，是提高农产品市场竞争力的关键所在。要以标准化生产、品牌化经营为重点，制定玉米种子、蔬菜、畜禽等主要农产品的地方性生产标准，健全农产品质量检测体系，扩大无公害农产品申报认定范围，提高标准化生产基地建设规模，进一步提高甘州区农产品知名度和增强甘州区农产品市场竞争力。

(4)加快实施河西肉牛产业项目。按照"农户抓繁育、小区吊架子、大户抓育肥、站所抓防疫、协会抓流通、企业抓加工"的思路，以"拓展基地、扩大总量、提升档次、打造品牌"为目标，加快实施河西肉牛产业开发项目，整村推进，示范带动，大力培育5万头以上养牛乡镇、养牛专业村和肉牛养殖小区，把肉牛产业打造成甘州区农民增收的支柱产业。

(5)大力发展劳务经济。加快实施农村劳动力技能培训工程，以农村实用技术、就业技能培训为重点，多层次培训农村劳动力，全面提升劳动者综合素质，实现由体力型劳动力输出向技能型劳动力输出、由分散型劳动力输出向规模型劳动力输出的转变。充分发挥劳务机构、中介组织的作用，拓宽劳务输出输转渠道，兴建劳务输出基地，实现劳务收入大幅度提高。

2. 实施工业强区战略，走新型工业化道路

当前，工业是经济发展的主导。对甘州区来说，走好新型工业化之路是破解甘州区发展难题的关键所在。因此，甘州区必须在"工业强区"思路指导下，充分认识当前工业经济面临的严峻形势，立足甘州区的资源优势和产业基础，着力改变发展方式，调整优化经济结构，降低资源能源消耗，提高经济增长质量，加快新型工业化进程。

(1)培育壮大主导产业。要坚持水电、火电、风电建设并举，加快电力能源产业开发，重点支持张掖火电、黑河水电、河西水电等企业做强做大，提高电力能源产业规模和效益。积极与甘肃省大型冶金集团沟通联系，加快锰铁、硅铁、钨钼"三金"开发，力争将甘州区建成中国钨钼产业基地，推进有色冶金产业向规模化发展。积极做好煤化工基地建设工作，鼓励昆仑生化、有年金龙等企业挖潜改造，推动生物化工产业持续发展。扶持中种、甘绿、牧沅、屯河番茄等企业提速提质，培育玉米制种、脱水蔬菜、番茄加工、畜产品加工等产业集群，全面提升轻工食品产业的竞争力。

(2)加快"一区四园"建设。按照"一区四园"总体布局，从培育产业集群、发展循环经济的要求出发，科学制定园区产业规划，明确产业定位和发展重点，配套完善水、电、道路、通讯等基础设施，实现园区差别定位、错位发展。东北郊生态科技产业园要把规划建设与恢复湿地原貌、建设湿地公园、保护生态环境有机结合起来，加快发展轻工食品、商贸物流、职业教育、文化体育、娱乐旅游等项目，提高发展层次和水平；西洞滩冶金建材工业园要以冶金、建材产业为重点，加快建设硅铁合金生产线，促进产业升级；兔儿坝滩循环经济示范园要以电力能源、有色冶金和生物化工产业为重点，引导优势资源、优势产业、新办企业向园区集聚，形成产业特色，实现规模效益；石岗墩现代农业示范园要以农副产品精深加工产业为重点，创新经营管理模式，完善设施农业基础，建设农业产业化龙头企业和科技示范项目，带动

现代农业发展。

(3)深入推进节能减排。坚持政策引导和总量控制相结合，充分利用财政奖励补助政策，加快造纸、水泥、化工、冶炼等行业的结构调整，鼓励和支持企业实施节能降耗技术改造，加快实施重大技改和节能环保项目，逐步淘汰落后生产工业、技术和设备，不断延伸产业链条，走低投入、高产出、低消耗、少排放、能循环、可持续发展的路子，建立健全项目节能评估审查制度，严格执行环境影响评价和“三同时”制度①，坚决杜绝不符合国家产业政策的高耗能、高污染、低效益项目，确保完成节能减排任务。

(4)加大对中小企业的扶持力度。要引导中小企业深化改革，加强管理，适时调整经营策略，挖潜改造，降低成本，拓展市场，提高经济效益。全面落实甘肃省政府支持企业生产经营、促进工业稳定发展的16条意见，抓好重点行业、重点企业、重点产品的跟踪调度，做好中小企业融资及煤电油运等方面的协调服务。建立健全中小企业技术创新支持服务体系，促进各类技术创新服务机构的发展，行业协会、商会要重点针对中小企业技术创新能力不足等问题，建立相应的研发机构，充分发挥为中小企业提供技术创新服务的重要作用。进一步健全信用担保和再担保机制，积极探索信用担保运作模式，鼓励发展小额信贷公司，为中小企业提供融资支持。

3.配套完善基础设施，带动第三产业发展

基础设施建设是促进经济社会可持续发展的物质保证，而商贸、物流、旅游等第三产业是提升经济发展水平的重要支撑。甘州区农业产业化进程的加快，工业主导型经济格局的建立，都要依托第三产业的快速发展。

(1)以滨河新区建设引领城市发展。中国黑河湿地保护工程位居甘州区“十大工程”之首，滨河新区建设又是湿地保护工程的开篇之举，因此，要把滨河新区建设作为甘州区全部工作的重中之重，举全区智力推进工程建设。尽快保质完成黑河防洪大堤、滨河大道、栈道马道、人工湖、绿化造景、水系疏浚、清污分流等工程建设任务，开工建设会展中心及接待中心。以滨河新区建设引领城市建设，优化甘州区人居环境，提升甘州区城市品位和知名度。

(2)加快水利电力交通生态设施建设。抓好黑河治理近期应急项目，实施农村饮水安全建设项目。加快实施“百村万户农村沼气工程”。加强电力农网改造，进一步扩大电力输送和供给保障能力。加快公路等交通基础设施建设，构建完善交通网络体系。继续推进退耕还林等生态工程建设，努力改善甘州区生态环境质量。

(3)稳步推进城镇化进程。提高城镇化水平，可以改善城乡经济结构，拓展经济发展空间，有利于促进经济良性循环和社会协调发展，有利于构建和谐社会、解决“三农”问题和城镇就业。提高城镇化水平也是促进第三产业快速发展的重要基础。甘州区城镇化进程的稳

---

① “三同时”制度是指一切新建、改建和扩建的基本建设项目(包括小型建设项目)、技术改造项目、自然开发项目以及可能对环境造成损害的其他工程项目，其中防治污染、其他公害的设施和其他环境保护设施，必须与主体工程同时设计、同时施工、同时投产。这被简称为“三同时”制度。

步推进应科学规划，合理布局，强调规模适度，注重实效，不可贪大求洋。要通过农业产业化的快速发展繁荣农村经济，提高农民收入，并不断推进户籍制度改革，吸引符合条件的农民移居城镇。不断配套完善小城镇基础设施，增强城镇综合服务功能，使其发挥在甘州区地域性经济和文化中心的作用。

（4）积极发展商贸旅游产业。发挥甘州区位居河西走廊中心的优势，努力将其打造成河西商贸物流中心。抓好物流配送中心、保鲜库等物流项目建设，启动城乡专业市场项目建设，积极引进、发展连锁经营，精心策划各类展销活动，促进甘州区商贸行业的大发展。加快湿地公园、金佛街等景区景点建设和旅游资源开发，致力提高大佛寺、黑水国遗址、隋代木塔、西夏大佛寺、明代镇远楼等历史文化遗存的知名度，不断完善旅游设施，积极策划、推介旅游线路和产品，不断提升甘州区旅游业的整体水平。

第七章　甘州区农业产业化与经济发展

农业是我国绝大部分县域主要或重要的经济部门，是县域经济发展的现实起点和重要支柱。尤其对历史上农业发达的张掖市而言，甘州区的农业具有相当重要的地位。然而，在当前市场经济背景下，"人多地少"的现实状况和以家庭经营为生产单元的小生产方式越来越不能适应国民经济发展对农业的要求，制约着甘州区农业潜力的进一步发挥和农民收入的提高，也阻碍了甘州区城镇化步伐的快速推进。近年来，甘州区顺应市场经济的发展，致力于改造传统的农业生产经营方式，大力发展农业产业化，促成了农业增效和农民增收。

一、农业产业化的内涵与组织模式

理解农业产业化的内涵，进而对农业产业化的不同组织模式进行比较分析，这样才能够选择适合甘州区实际情况的农业产业化具体形式。

（一）农业产业化的内涵

在国际上，农业产业化被称为"农业产业一体化"或"农业一体化"，是"农工商、产供销一体化经营"的简称，是现代农业发展的方向和一般路径。它于20世纪50年代初期起源于美国，随后很快就传到西欧和日本。特别是近20年来，欧美国家在重建食品系统的过程中，把食品生产自下而上的垂直合并和生产、加工、销售一体化作为核心内容之一，农业产业一体化迅速向纵深发展。

我国改革开放以后，泰国正大饲料公司为了在中国开辟市场，采取了由公司向农户提供技术服务和种鸡、饲料等生产资料，带动农民家庭发展养鸡业的方式，这是中国较早的"公司＋农户"的例子。① 至今，中国农业产业也已有了20年的发展历程，但各界对农业产业化的概念仍未达成一致。代表性言论有：(1)中国农业产业化的发源地——山东诸城的观点。确立主导产业，实行区域化布局，依靠龙头企业，发展规模经济(林举奎，2005)。(2)政府权威的论述。1995年12月11日《人民日报》社论《论农业产业化》指出，农业产业化是以国内

① 杨荫凯，等. 中国县域经济发展论——县域经济发展的思路与出路. 北京：中国财政经济出版社，2005：62.

外市场为导向，以提高经济效益为中心，对当地农业的支柱产业和主导产品实行区域化布局、专业化生产、一体化经营、社会化服务、企业化管理，把产供销、贸工农、经科教紧密结合起来，形成“一条龙”的经营机制（人民日报社，1995）。（3）学术界的观点。代表性人物牛若峰认为，农业产业化经营是以市场为导向，以农户为基础，以龙头企业为依托，以经济效益为中心，以系列化服务为手段，通过实行种养加、产供销、农工商一体化经营，将农业再生产过程的产前、产中、产后诸环节联结为一个完整的产业系统。总之，农业产业化具有如下特点，即区域化布局、专业化生产、一体化经营、社会化服务和企业化管理（牛若峰，1999）。

近些年来，有些人结合农业产业化和生态农业的概念，提出了生态农业产业化的概念。不少论者对此概念作了阐述，虽然表述各有不同，但基本内涵近似。代表性人物张壬午和卢兵友（2003）认为，生态农业产业化是遵循农村经济发展与农业生态环境保护相协调、自然资源开发与保护增值相协调的原则，在确保生态系统承载能力的前提下，充分发挥当地生态、区位优势及产品的比较优势，在农业生产与生态良性循环基础上，开发优质、安全、无公害农产品，发展经济、环境效益高的现代化农业产业。它通过区域化布局、专业化生产、系列化加工、网络化链接、一体化经营、社会化服务、企业化管理，把农民（基地）、高附加值的加工企业（龙头企业）、大市场三者紧密、有机地结合起来，形成一个利益共享、风险共担、共同发展的实体，使农村经济走上自我发展、自我积累、自我约束、自我调节的良性循环轨道。

应该说，将生态农业与农业产业化结合起来是一种很有意义的进步，这种方式的推广将在促使农业增效和农民增收的基础上进一步保证农业和农村的可持续发展。

（二）农业产业化的特征

从上述对农业产业化概念的论述中，我们不难发现，不论是哪种论述，都蕴含着这些特征：

1. 专业化生产

专业化生产这个特征，可以从宏观和微观两个层次上看：宏观上，推进农业产业化经营的地区根据当地主导产业或优势产业的特点，形成地区专业化；微观上，实行产业化经营的农业生产单位在生产经营项目上由多到少，最终形成专门从事某种产品的生产。农业生产的专业化将带来农业生产的规模经济，从而有利于提高产业链的整体效率和经济效益。这种规模经济主要体现在三个方面：土地经营面积或养殖的规模经济；投资数量的规模经济；管理过程中各个生产环节上的规模经济，如统一种植、统一浇灌、统一施肥、统一收运等。同时，专业化生产往往能形成区域性的商品品牌。

2. 一体化经营

从本质上看，农业产业化经营就是把农业生产的产前、产中、产后诸环节有机地结合起来，实行农业生产、农产品加工和商品贸易的一体化经营。通过某种经济约束或者协议，一体化组织组成经济利益共同体,有计划、有步骤地安排生产经营,不仅从整体上提高了农业的比较效益,而且使各参与方获得合理份额的经济利益。与实施产业化经营之前相比,这种方式既能把千千万万的"小农户"、"小生产"和复杂多变的"大市场"、"大需求"联系起来,又能把城市和农村、现代工业和落后农业联系起来,可谓是一举多得。

3. 合理化分配

所谓合理化分配,实际上就是一体化经营组织内部的各方风险共担,利益均沾。在单纯的市场体制下,由于农户处于出卖原材料的地位,一般情况下只能作为价格的消极接受者,难以享受市场中的正常利润;同时,市场的供求关系一旦发生变化,市场价格的波动也将影响包括农产品生产、加工、贮运、销售等企业在内的各方利益。但农业产业化经营模式将农业与工商业结合起来,从根本上打破了传统农业生产要素的组合方式和产品的销售方式,使农业生产者有机会获得农产品的增值利润。而且,一体化经营组织内部各方之间不再是一般的市场关系,而是利益共同体与市场关系相结合、内部"非市场安排"与外部市场机制相结合的特殊利益关系。这种关系要求一体化组织各成员方风雨同舟、休戚与共。一体化组织中的"龙头"开拓市场,统一组织加工、运销,引导生产,可以最大限度地保证内部价格及收益的稳定性,实现各成员方收益的稳定增长。政府部门对农业产业化组织内部的利益分配也较为重视,有些政府还会通过给农民提供长期低息贷款、调整农产品价格等措施来协调各方利益。因此,产业化经营的多元参与主体之间是否结成"风险共担、利益均沾"的共同体,是产业化经营的重要特征,也是衡量经营实体是否为产业化经营的核心标准。

4. 企业化管理

既然农业产业化经营把农业生产的产前、产中、产后诸环节有机地结合起来,有计划、有步骤地安排生产经营活动,就必然意味着组织内部需要用现代企业模式进行管理。实际上,用企业模式经营和管理农业,将改变农产品生产、加工、贮运、销售各方各自为战的分散状况,将促使农产品逐步走向规范化和标准化,从根本上促进农业增长方式从粗放型向集约型转变。以市场需求为导向,一体化组织能够根据市场需求安排生产经营计划,就可以把农户生产当作农业产业链的第一环节来进行科学管理,这样,既能保证农产品加工原材料的保质保量供给,也能为分散的农户生产提供社会化服务,提高农户生产的效率,还能为农产品适时收获后及时安排分类筛选、妥善储存、精心加工提供便利,从而最终实现农业产品高产、优质、高效的目标。

5. 社会化服务

就农业产业化而言,农业的社会化服务应是题中之意。它一般表现为通过某种经济约束,一般是合同(契约),稳定一体化组织内部的一系列非市场安排。通过这种方式,一体化组织促使农业服务向规范化、综合化发展。将产前、产中和产后各环节服务统一起来,或者是自己提供,或者是外包,一体化组织为各环节提供规范化、综合化的生产服务,这样就形成了综合生产经营服务体系。在某些较为发达的紧密型一体化组织中,农业生产者一般仅从事某一项或几项农业生产作业,而其他工作均由一体化组织提供的服务来完成。中国的农业产业化程度还不算很高,但也普遍存在"龙头"企业从自身利益和长远目标出发,尽可能地为农户提供从种苗、生产机械、肥料、销售、资金到科技、加工、运输、仓储、销售等环节的配套性服务,从而做到基地农户与"龙头"企业互相促进、联动发展。因此,农业产业化经营的重要一环就是为一体化过程中的各个环节提供尽可能规范的社会化服务。

(三)农业产业化的组织模式

依据上述农业产业化的概念和特征,我们可以看出农业产业化的目的在于组织农户更好地进入市场,提高农户的经营规模,降低农产品的交易成本,从而提高农业的比较效益。然而,要实现上述目的,要求农业产业化采取恰当的组织模式。农业产业化经营的组织模式,是农业产业化的实现形式和资源配置手段,是指在农业产业一体化组织内,各参与主体之间相互联结和影响的一体化组织形态,也是联系各方应对市场竞争的纽带。企业、农户、合作社等各参与方在农业产业化组织模式中分别扮演不同角色,承担相应的责任,得到相应的收益。在中国农村,各地根据经济规律和当地农业经济特点,发展出了形式多样、各具特色的农业产业化组织模式。

由于划分标准的不同,学界对农业产业化组织模式的划分颇有分歧。这里,我们按照龙头组织类型的不同,把农业产业化组织模式划分为三种:"公司 + 农户"型、"专业市场 + 农户"型、"合作组织 + 农户"型组织模式。这里,"+"是带动者联结参与者的组织、制度和利益关系的代号。

1."公司 + 农户"型组织模式

这类组织模式在目前中国的农业产业化实践中最为常见。从国家农业部产业化办公室三次调查①的情况看,中国各地区农业产业化经营目前多以"公司 + 农户"型模式为主要发展模式(牛若峰,2002)。这里的"公司"指涉农企业,也即我们平常所熟悉的"龙头"企业,既包括从事农产品生产、加工、销售的企业,也包括原来从事非农产品生产经营的企业。这类企业可以是国有企业,也可以是私人企业、股份制企业等。公司与农户结成成文或不成文的契约关系,规定双方的权利与义务。公司的权利和义务是:向农户提供配套服务,如提供优良品种、先进技术和服务等;以事先规定的价格集中收购农户的初级产品,进行定价和销售。农户的权利和义务是:按照公司的技术要求进行生产,并把大部分产品交售给公司,承担生产风险,按照协定的价格取得收入。由此,企业和农户形成了一体化经营,在一定程度

① 三次调查对象范围不完全相同:1996 年为 29 个省、直辖市、自治区,1998 年为 28 个省、直辖市、自治区,2000 年为 31 个省、直辖市、自治区。各次调查遵循了大致统一的标准,但对部分指标(项目)作了若干调整,一些指标不完全可比。参见:牛若峰. 中国农业产业化经营的发展特点与方向. 中国农村经济,2002(5):4-12.

上改善了传统的农业生产组织方式,减小了农户面对的市场风险,提高了农民的收入和农业的比较收益。

"公司+农户"型组织模式根据参加组织的农户类型的不同以及农户与企业的联结方式和联结的紧密程度的差异,又可具体分为"公司+普通农户"型、"公司+基地+农户"型以及"公司+专业大户"型等多种形式。

在"公司+普通农户"型组织模式中,企业与农户之间基本上是一种自由买卖关系,企业随行就市收购原料,无需分担农户的经营风险,农户则借此将分散的市场交易集中到少数几家企业,一般情况下可增加农产品销售渠道,缓解"卖难"问题。在这种模式中,农户和企业的联结方式属于完全松散型。在"公司+专业大户"型组织模式中,公司为了解决农产品原料供应问题,同时又为了节省与众多分散农户发生的交易费用,就选择一些农产品种植大户,通过口头或订立简单的书面合同等方式与他们建立较为稳固的经济联系,公司有向专业大户收购农产品的义务,农户也有按照合同约定向公司出售农产品的义务。有些公司还会向农户提供技术、资金和生产管理等方面的支持。在这种模式中,农户和企业的联结方式属于半松散型。在"公司+基地+农户"型组织模式中,行政力量往往对基地的规划和建设具有直接的影响,并且在公司与农户建立契约关系中发挥着比较重要的作用。在这种模式中,企业通过健全的服务体系,向农户提供有偿或低偿服务,能够稳固地解决农民生产过程中的服务问题和产后产品的销售问题,把产供销较好地连接起来,降低了农业生产的市场风险,提高了双方的收益,有利于产业链中的所有主体,特别是企业和农户,将两者的利益紧密结合起来了。农户具有集中性和统一行动的特点,农户和企业的联结方式属于紧密型。这种模式强调以投资能力、市场开拓能力和产品开发能力强的公司形式作为产业的龙头和主导,主要适应于经济发展水平较低,农民的组织化程度较低的情况。

2."专业市场+农户"型组织模式

这种模式最大的特点在于,通过培育和发展农产品市场,特别是专业批发市场,带动特定区域的农业产业化经营。专业农产品市场作为一个市场组织,具有较强的价格发现功能,是信息交流中心和价格形成中心。这种市场与其周边的农户存在一个相对稳定的隐性契约,为供给和需求架起了桥梁,使农户可以更好地面向市场来组织生产,促进当地经济的发展和区域化、规模化、专业化生产;同时,通过健全市场功能和规范市场行为,又能较好地保护农户的利益。

"专业市场+农户"型组织模式的优点在于,专业市场与农产品产地相邻,这便于将产品与市场联系,便于农户和需求方及时了解相关信息,有利于解决农产品"卖难"问题。同时,这种模式也在一定程度上解决了家庭承包制与规模经营的矛盾,提高了农业生产的效益,增加了农户的收入。但其缺点也比较明显,即专业市场的自发带动作用有很大的盲目性,这将会导致农户承受较大的市场风险。

"专业市场+农户"型组织模式主要有两种:一种是通过在农业生产基地建立批发市

场，称为生产基地批发市场型。生产基地批发市场一方面向农民提供市场价格信息、品种供求信息、质量信息等市场信息，指导农民的生产活动；另一方面也方便了农民进入市场，降低运输成本。另一种是在集中的消费地建立农产品批发市场，称为消费地批发市场型。消费地批发市场一般通过专业物流组织提供贮运服务，建立农户与市场的联系。

3."合作组织＋农户"型组织模式

一般认为，合作组织即劳动作业的合作组织，是在家庭经营的基础上，通过组织手段，使全体合作成员在共同劳动的过程中紧密结合，使物力、财力、技术等得到合理使用，使合作生产经营活动按既定的目标协调连贯地发展。现阶段农村合作组织大多是民间流通组织，包括农民个体合作组织、运销联合体、专业协会、民间流通协会等，社员有自己独立的产权。

在这种组织模式中，合作组织表现出民办、民管、民受益的特征。即合作组织是以农户为主体，在自愿、互利、互惠原则的基础上兴办的，成员资格是自愿的、开放的，任何能够利用合作社服务并愿意履行社员义务、承担成员责任的农民或涉农个人都可以加入组织。合作组织由成员民主管理，方针和重大事项由成员积极参与决定。这种模式提高了农户进入市场的组织化程度，降低了农户进入市场的成本，在很大程度上保障了农户的利益。另外，农户通过合作组织，可以解决资金、技术和信息等生产要素匮乏的问题，提高农业生产的效率和效益，增加农业产业的抗风险能力，在一定条件下也可能发展成为一个现代农业企业组织。此外，农民合作组织还可以满足农业产业化发展所需的与龙头企业相联结的组织要求。因此，在我国大多数经济欠发达地区，合作经济组织应该是一种比较理想的模式。

如果将"合作组织＋农户"型组织模式进一步细分的话，可以分为"农村专业协会＋农户"型和"合作社＋农户"型组织模式。所谓"农村专业协会＋农户"型组织模式，是指在我国农业产业化过程中，一些比较有魄力、有技术的农业生产者利用自己的技术优势，带动周围农户，逐渐创立的自发的、民间的、以销售和农业技术服务为核心的合作组织。所谓"合作社＋农户"型组织模式，其实质是一种有资本合作的特殊企业。合作社与成员之间发生交易关系，成员入社的时候缴纳股金，盈余时二次分配。

二、甘州区农业产业化的现状

作为一个城乡结合型县域，农业发展至关重要，它不仅关系到农民收入水平的提高和新农村建设，也关系到城镇化步伐的推进。经过长时期的努力，甘州区农业发展取得了巨大的成就，农业产业化水平快速上升。

（一）甘州区农业发展的成就

改革开放以来，随着农村经济体制改革的不断深入，农民从事农业生产的积极性得到了提高，甘州区农村经济发生了翻天覆地的变化，农业产值大幅增长，粮食综合生产能力全面提升，畜牧业发展迅猛，农业综合开发项目进展顺利。甘州区农业发展可谓是实现了历史性大跨越。

1. 农业产值大幅增长

当农村经济体制改革的春风轻拂张掖市、轻拂甘州区之时，农村经济发展的活力逐渐被释放，农业总产值可谓是稳步攀升。甘州区历年农业产值见表 7－1。

表 7－1　甘州区历年农业产值表

单位：万元

年份	农业总产值	种植业产值	林业产值	牧业产值	渔业产值
1978	15096	12950	313	1833	0
1980	21997	19949	272	1776	0
1985	32899	23891	1784	7216	9
1990	48826	34434	1055	13287	50
1995	65088	40553	1007	23384	144
2000	98131	75019	1954	20788	370
2001	99640	74088	1819	23359	373
2002	115432	86162	2008	76870	392
2003	110793	77908	2663	29826	396
2004	114569	78676	1875	33618	400
2005	127160	86776	1377	38627	379
2006	134982	91264	1904	41438	376
2007	148168	103876	1741	42113	454
2008	166392	114224	2165	49575	428

注：表中产值数据按不变价格计算。

资料来源：《甘州区统计年鉴 2008》。

从表 7－1 可看出，甘州区农业产值大体呈增长趋势。按不变价格计算，农业总产值由 1978 年的 15096 万元增加至 2008 年的 166392 万元，增长了 10 倍；种植业产值由 1978 年的 12950 万元增加至 2008 年的 114224 万元，增长了接近 8 倍；牧业产值由 1978 年的 1833 万元增加至 2008 年的 49575 万元，增长了 26 倍。农业总产值、种植业产值和牧业产值的增长情况如图 7－1 所示。

甘州区的地理位置和气候条件决定了甘州区农业发展主要集中于种植业和牧业上，林业和渔业所占比重很小。尽管条件不利，林业产值和渔业产值还是有了较快增长。林业产值由 1978 年的 313 万元增加至 2008 年的 2165 万元，增长了近 6 倍；渔业发展则突破不利条件，几乎是从 0 开始，渔业产值在 2008 年达到了 428 万元的规模。

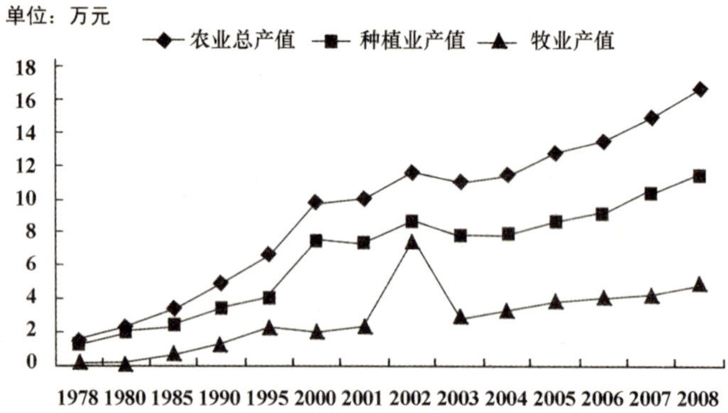

图 7-1 甘州区历年农业总产值、种植业产值和牧业产值

注:图中产值数据按不变价格计算。

资料来源:《甘州区统计年鉴 2008》。

2. 粮食综合生产能力全面提升

尽管受城市化、退耕还林等因素的影响,甘州区的粮食综合生产能力仍实现了全面提升。粮食播种面积稳定在 55 万亩之上,粮食总产量则呈现了逐年上升的态势。1978 年,甘州区粮食总产量为 183101 吨,2008 年则达到了 330158 吨,增长了接近 1 倍,而 1978 年和 2008 年的粮食播种面积相差无几(具体数据见表 7-2)。这充分说明了甘州区粮食生产能力的提高,这种提高可能表现在粮食种子的更新、肥料的使用和耕种技术的改进上。

表 7-2 甘州区历年粮食生产情况

年份	粮食播种面积(万亩)	粮食总产量(吨)	人均粮食产量(千克)
1978	57.98	183101	598
1980	58.14	203643	670
1985	51.69	213163	664
1990	54.65	266050	784
1995	54.68	300552	867
2000	51.85	316605	800
2001	49.64	298908	849
2002	52.15	287931	830
2003	51.31	285338	825
2004	52.05	290374	837
2005	57.10	312057	901
2006	54.76	306360	881
2007	56.62	323153	997
2008	57.70	330158	1014

资料来源:《甘州区统计年鉴 2008》。

由此，甘州区的粮食生产效率得到了大幅提高，数据可以说明这一点。甘州区粮食亩产量从 1978 年的 0.31 吨上升至 2008 年的 0.57 吨，而人均粮食产量则从 1978 年的 598 千克上升到了 2008 年的 1014 千克。

3. 畜牧业发展迅猛

甘州区有着发展畜牧业的优良传统。近年来，甘州区积极引进畜禽新品种，大力推广畜牧新技术，着力培养畜牧业龙头企业，这些措施推动了甘州区畜牧业的发展。

按不变价格计算，甘州区的牧业产值从 1978 年的 1833 万元增长至 2008 年的 49575 万元，增长了 26 倍；肉类总产量从 1978 年的 3148 吨增加至 37577 吨，增长了近 11 倍。甘州区历年畜牧业发展情况见表 7－3。

表 7－3 甘州区历年畜牧业发展情况

年份	大牲畜存栏（万头）	生猪存栏（万头）	羊只存栏（万只）	肉类总产量（吨）	牧业产值（万元）
1978	7.44	13.2	13.7	3148	1833
1980	7.99	10.15	20.31	3494	1776
1985	10.71	16.77	17.74	9054	7216
1990	10.71	18.75	25.19	13491	13287
1995	18.02	26.07	31.65	4373	23384
2000	17.07	19.9	34.07	28496	20788
2001	17.33	20.38	35.72	31508	23359
2002	18.7	22.76	40.02	37121	76870
2003	19.49	23.99	41.93	41238	29826
2004	21.67	26.87	47.24	46655	33618
2005	22.39	29.6	51.75	52637	38627
2006	24.1	32.41	56.13	56282	41438
2007	23.8	18.7	42.73	57654	42113
2008	25.97	20.57	47.37	37577	49575

注：表中牧业产值数据按不变价格计算。

资料来源：《甘州区统计年鉴 2008》。

4. 农业综合开发项目进展顺利

为了促进甘州区农业快速健康发展，甘州区积极向上争取项目资金，开展了农业综合开发项目，并且取得了巨大的成就。

如今，走进甘州区大满镇、沙井镇等农业综合开发项目区，田间美景随即映入眼帘：田间地头，漂亮的农田林网一改白杨树当家的局面，路边金丝柳柔软的枝条随风飘荡，高大的国槐和低矮的云杉错落有致，土壤改良的万亩庄稼长势喜人，一眼眼机井发挥着效益，一条条新修筑的"U"型防渗水泥渠道在延伸，构成了一幅"田成方、林成网"的美丽画卷。甘州区农业发展成就由此可见一斑。

自2005年以来，甘州区开展农业综合开发项目，紧紧围绕推进社会主义新农村建设的总体要求，以提高农业综合生产能力为目标，以增加农民收入为核心，大力支持农业产业化，推动特色优势产业发展，经过精心组织，在工程建设、规模养殖、产业化经营方面取得了显著成果。

四年来，甘州区累计投资17035.17万元，其中投资1962万元完成了3.24万亩中低产田改造任务，投资7073.17万元完成了有年金龙马铃薯雪花全粉食品工业有限责任公司6000吨雪花全粉生产线扩建，沅博农牧产业发展有限责任公司良种肉牛、肉羊引种繁育推广基地扩建，金鹰面粉有限公司10万吨优质面粉及深加工生产线扩建，华瑞麦芽有限责任公司6000吨小麦麦芽加工生产线扩建4个产业化经营项目的扩建任务，投资8000万元完成了石岗墩马铃薯全粉系列产品加工项目设备购置和土建工程。

同时，甘州区土地项目的实施也明显改善了项目区的基础设施条件。至目前，项目区新打机井1眼，维修旧井14眼，衬砌渠道117千米，埋设低压输水管道10.4千米，修建渠系建筑物1991座，新修机耕路58千米，营造农田防护林4100亩，改良土壤2.87万亩。农业基础设施明显改善，实现了渠、路、林、田相配套的格局，提高了水资源利用率。

甘州区产业化项目的实施，进一步完善了区"公司+基地+农户"的农业产业化经营模式。这种经营模式在甘州区的盛行，实现了工业对农业的辐射带动。根据《甘肃经济日报》报道，产业化项目实施后，项目区年新增产值12018.6万元，利税2558.98万元，并为1000多人提供了就业机会，带动了项目区周边乡镇农民增加收入6410多万元，创造了良好的经济和社会效益。①

（二）甘州区农业产业化的成就

在促进农村经济发展的长期实践中，甘州区大力发展特色优势产业，推进农业产业化经营。在具体措施上，把培育壮大龙头企业作为推进农业产业化经营，实现农业增效、农民增收的关键环节，不断增强龙头企业带动农民致富的能力，致力于打造"公司+基地+农户"、"公司+合作组织+农户"的一体化经营模式，全区农业龙头企业、示范园区、产业基地、中介组织迅速发展壮大，种养加、产供销、贸工农一体化的产业经营格局逐步形成。总体而言，甘州区农业产业化在以下方面实现了突破：

---

① 麻海燕，牛瑞晶，罗清英．甘州区农业综合开发项目建设纪实．甘肃经济日报，2009-09-24(11)．

1. 龙头企业实力明显增强

依托农产品资源优势，甘州区采取招商引资、企业自主创新、技术改造、政策资金帮扶等措施，大力推动龙头企业的发展，基本形成了玉米种子加工、麦芽生产、玉米淀粉生产、马铃薯全粉生产、脱水蔬菜生产、番茄酱生产、蔬菜贮藏保鲜、葡萄酒酿造、草产品加工、生猪屠宰、牛羊肉加工、奶制品生产等一批辐射带动作用较大、加工转化能力较强的农业产业化龙头企业群体。如今，甘州区的农产品加工龙头企业达 70 个，规模较大的有 34 个，已经形成了 105 万吨设计加工能力，年实际加工能力达到 75 万吨。在这些加工龙头企业的助力下，甘州区的农产品综合加工转化率已经达到了 63%。在这些龙头企业中，有 14 家龙头企业被列为市级龙头企业，其中 10 家龙头企业被列为省级农业产业化重点龙头企业，甘绿集团进入国家级行列。农业产业化经营中最为重要的一环——龙头企业的发展，在甘州区已经有了较为坚实的基础。

2. 特色产业规模不断扩大

依托上述龙头企业，甘州区不断扩大农产品生产基地，不断扩大特色产业规模。草畜、制种、果蔬、轻工原料是甘州区农业的四大主导产业，如今已经建成 42.8 万亩玉米杂交制种、3.5 万亩蔬菜制种、5.3 万亩设施蔬菜、3 万亩脱水蔬菜、5.8 万亩保鲜贮运蔬菜、2.5 万亩番茄加工、3 万亩马铃薯、2.68 万亩啤酒大麦、8.23 万亩加工型玉米、0.57 万亩甜菜、15.04 万亩优质小麦基地。这些农产品生产基地的建立和扩大，进一步巩固了甘州区农业产业化经营的成果，也进一步促进了龙头企业的发展壮大。总体上，甘州区已经形成了川区乡镇制种、城郊乡镇蔬菜、沿滩边缘乡镇草畜和轻工原料产业区的农业生产格局。

3. 科技应用水平逐步提高

农业产业化经营的重要环节就是在农业生产中加大科技应用的力度。近些年来，甘州区不断强化科技推广服务，通过实行科技特派员制度，结合种植结构调整和落实产业基地，积极开展“三下乡”活动和“科普之冬（春）”活动，加强农民培训工作，下派技术干部深入基层开展科技咨询服务、新品种引进推广、新技术应用培训等工作，建立农业科技示范点、示范园区和试验基地，展示农业科技研究成果，促进科技成果的转化。同时，大力推进农产品质量和无公害农产品产地认证，认证无公害农产品品种 14 个。农业标准化生产面积达 55 万亩，无公害生产面积达 20 万亩，分别占总播种面积的 31.6% 和 21%。这些措施极大地提高了甘州区农业生产中的科技含量。目前，甘州区已经建立大型农业科技示范园区 5 个，部省列乡镇企业东西合作示范区 1 个，各类试验示范点 108 个。农作物良种覆盖率达到 96%，农产品优质率达到 70%，无公害农产品率达到 30%，农业科技应用率达到 90%，农机化综合水平达 66%。

4.社会化服务体系日臻完善

农业产业化经营的重要标志之一就是社会化服务。甘州区主动商定各类措施促进社会化服务体系的完善，通过健全服务机构、扩大服务队伍、加强基础建设、落实服务经费等措施，基本形成了以科技、信息、流通为主的社会化服务体系和以乡村服务为基础、区级服务组织为骨干、农民自办联办的服务组织为补充的各种经济成分的服务网络。社会化服务网络为农户的产前、产中、产后提供了优质服务，在促进农民增收、推进农业产业化和市场化进程中发挥了重要作用。目前，甘州区已经建成各类科技推广服务机构134个，科技服务人员726人，建成各类市场40处，发展以各类专业协会、中介服务组织、运销大户为主的农民合作经济组织210个，建成信息服务机构10个。各类服务机构有力地促进了科技在农业生产中的运用，促进了商业信息的流通，促进了农产品的销售。甘州区的农产品商品率达到了80%以上。

5.农业产业化经营格局基本形成

龙头企业实力不断增强，特色产业规模日益扩大，科技应用水平日渐提高，社会化服务体系逐渐完善，这些都标志着甘州区的农业产业化经营格局基本形成。在甘州区，产业化经营各环节的利益联结机制不断完善并且得到创新，农户的生产活动也能够紧紧围绕着市场需求和农产品加工龙头企业对原料的需求而展开，农产品产销协会、合作组织也不断得到规范和发展，农业产业化活力日益增强。总体而言，甘州区已经基本形成了市场牵龙头、龙头带基地、基地连农户的农业产业化经营格局，龙头、基地、农户之间形成了风险共担、利益共享的联结关系。甘州区的订单农业面积已达75万亩，占总播种面积的78.9%；龙头企业带动农户7.4万户，占农户总数的82%；农民人均纯收入来自农业产业化经营的部分达2692元，占农民人均纯收入的62%。农业产业化经营在甘州区农业生产中已是举足轻重。

（三）甘州区农业产业化的瓶颈

纵向看，甘州区的农业产业化经营进展很快，但必须承认，甘州区目前的农业产业化经营水平还比较低，还处于初级阶段。要加快甘州区农业产业经营的发展速度，必须充分了解甘州区农业产业化经营面临的瓶颈。

第一，甘州区农村产业结构仍不尽合理，结构性矛盾比较突出。农业产业化经营需要第一、二、三产业的紧密合作，但甘州区的第二、三产业发展相对滞后，第二产业比重较低，工业主导型经济格局也是刚刚才见影子。在这样的背景下，农业产业化经营的快速发展就受到了制约。

第二，龙头企业的辐射带动能力不够强。尽管甘州区已经有了一定数量的龙头企业，但规模较大、从事精深加工的龙头企业较少，农产品精深加工能力较弱，产品附加值不高，产业链条偏短，这也在一定程度上制约了农业生产效益的提高。

第三，农业特色产业规模仍然很小。甘州区农业产业化经营的重点方向就是大力发展特色产业，但从目前看，甘州区农业发展仍然表现出“小而全”的特点，“一村一品”发展格局难以形成，农产品品牌尚未形成，这导致了甘州区的农业产业化经营抵御市场风险的能力较弱，农产品市场竞争力不强。

第四，农业产业化各环节之间的利益联结机制不够完善。尽管甘州区已经逐步形成了“公司 + 基地 + 农户”、“公司 + 合作组织 + 农户”的一体化经营格局，但仍然会出现企业和农户订单履约率较低的现象。这导致企业建立的原料基地不稳定，基地面积受农产品市场价格影响较大，企业和农户之间难以形成稳定的合作关系，双方的利益都得不到保障。

第五，农业科技推广服务体系有待进一步健全。尽管甘州区努力推进科技在农业生产中的运用，但受农民综合素质较低、农业合作经济组织发育程度低、农户的生产投入水平较低等因素的影响，甘州区的科技推广步伐缓慢，远远跟不上现代农业发展的步伐。

三、以农业产业化经营兴甘州区

传统上，甘州区的农业是优势产业，尽管当前的经济发展战略是突出工业，大力构建工业主导型经济格局，但工业发展也必须在符合要素禀赋条件之下，因此，甘州区的工业化在相当大的程度上与农业密切相关。进一步说，甘州区的农业产业化既是促进农业发展的主要方式，也是推动工业发展的重要途径。要兴甘州区，农业产业化经营必不可少。

要以农业产业化经营兴甘州区，必须坚持用现代发展理念引领农业，用现代科学技术发展农业，用现代产业体系提升农业，用现代经营形式推进农业，整合资源、技术、人才、资金等生产要素，加快发展农产品精深加工，促进生态农业产业化，合理配置经济资源，突出发展支柱产业，力求在产业布局、竞争能力、综合效益、机制创新方面实现新突破，逐步形成以农产品基地为基础、龙头企业为核心、主导产业和优势农产品为支撑、农民专业合作组织为纽带的农业产业体系，实现区域化布局、专业化生产、一体化经营、社会化服务、企业化管理、市场化运作的产业化经营格局。

（一）促进龙头企业规模化，提升农产品精深加工率

一是规模化龙头企业。要大力实施项目开发，建立龙头企业发展新机制，重点培植一批产业关联度大、带动能力强、有市场竞争力的大中型农产品加工龙头企业，不断扩大农产品加工企业的数量和规模，打造制种、草畜、果蔬、轻工原料四大企业群体。制种企业重点发展种子包衣及深加工项目建设，实行品牌生产，提高经营水平。果蔬企业重点发展蔬菜、果品分级分类包装、冷藏保鲜，开发果蔬鲜汁饮料、有机蔬菜产品深加工、蔬菜色素、果品加工项目，扩大生产规模。轻工原料企业重点发展啤酒原料加工、小麦面粉精制、玉米淀粉生产、马铃薯全粉生产、甜菜种植，开发玉米食用油、乳酸、谷氨酸、高麦芽糖、菊芋深加工项目。力争

使甘州区的龙头企业群体规模进一步壮大。

二是提升农产品的精深加工率。要不断完善农产品加工企业的经营管理机制，加大技术改造力度，提高企业的精深加工能力，增加农产品附加值。重点改善种子加工企业设备和基础设施，扩大果蔬企业生产规模，开发番茄粉、番茄红素、红枣系列产品加工项目，巩固和提升啤酒大麦加工企业经营水平，扩大马铃薯淀粉、膨化食品加工规模，开发菊芋深加工系列产品，积极发展甜菜种植，扩建改造粮食加工企业，大力发展谷朊粉、谷氨酸等产品的深加工。通过扩大龙头企业规模、完善企业经营管理机制和提升技术含量，增加甘州区农产品加工转换能力，提高农产品加工的转化率，尤其是精深加工率。

（二）加快特色产业发展，培育优势品牌

一是培育特色产业。以培育区域经济优势为目标，积极引导农民在确保粮食生产安全的前提下调整种植业结构、品种结构、农业内部结构，大力发展草畜、制种、果蔬、轻工原料产业，不断培育特色产业优势，重点建设以沿山沿滩乡镇、城郊乡镇为主，辐射全区的草畜产业带，以川区乡镇为主，辐射全区的制种产业带和优质果品产业带，以城郊乡镇为主，辐射全区的蔬菜产业带，以沿山沿滩乡镇为主，辐射全区的轻工原料产业带，实现与周边地区特色优势产业带的对接。

二是不断壮大基地规模。农产品基地是农业产业化经营的重要前提。甘州区应围绕壮大主导产业，以建立专业村社、专业乡镇为重点，突出特色，规模经营，不断培育农产品优势。草畜产业重点发展规模养殖场（户）、养殖小区、示范园区养殖模式，扩大总量，提升效益；制种产业围绕市场需求，兴建玉米制种、瓜菜制种基地，稳定制种面积；果蔬产业重点发展加工型蔬菜、反季节贮运型蔬菜和优质果品生产，引进推广温室果品生产技术，加快品种改良和新品种引进；轻工原料产业重点发展啤酒大麦、加工型番茄、加工型玉米、脱毒马铃薯、油料，使得轻工原料种植面积进一步扩大。通过基地规模的不断壮大，力争使甘州区成为全国一流的制种基地，全省一流的畜牧业生产基地，河西地区一流的蔬菜、轻工原料生产基地。

三是积极提升农产品质量，培育甘州区农产品优势品牌。加快农业标准化生产体系建设，严格按照国家制定的农产品生产技术标准、产品质量标准、卫生安全标准和农产品包装、贮运、营销标准，引导和组织农民生产，尽快做到与国际农业标准对接。大力推广无公害生产技术，兴建无公害农产品标准化生产示范区，积极开展生产环境、质量指标监测工作。做好无公害产品认证及基地认证工作，重点对脱水蔬菜、贮运蔬菜、农作物种子、优质牧草、啤酒大麦、红枣、畜禽产品等具有一定市场竞争优势的农产品实行标准化生产；注重品牌培育，重点在脱水蔬菜、保鲜蔬菜、农作物种子、番茄酱、麦芽、小麦面粉、玉米淀粉、马铃薯全粉、牛羊肉、果糖、谷氨酸、果蔬汁饮料等产品上求突破，创建甘州区地方名优新特产品，打造国优、省优品牌，推动甘州区龙头农产品加工企业挤入全国、全省重点企业行列。

（三）创新农业经营方式，规范利益分配机制

一是建立和发展多种形式的产业化组织模式。按照产加销一条龙、贸工农一体化的要

求,不断完善产业化经营形式,结合甘州区农业产业化实际,重点发展"龙头企业 + 专业协会 + 农户"、"龙头企业 + 合作经济组织 + 农户"、"龙头企业 + 中介组织 + 农户"等产业化组织模式,加快建立以合作经济组织、中介组织和专业协会为主的产业化经营组织,增强其联结作用。

二是建立科学合理的利益分配机制。农业产业化经营能够持续的关键就是要解决利益分配问题,因此,甘州区在探索农业产业化经营模式的同时,必须不断创新利益分配机制,建立和发展合同制、合作制、股份制、会员制等多种利益分配联结方式,逐步使公司、农户和产业化经营组织之间形成利益共享、风险共担的经济利益共同体。

三是政府要加强农业执法。尽管农业产业化经营从本质上说是市场行为,但由于市场机制存在失灵,政府必须从法律制定和法律执行上进一步规范农业执法,并对企业和农户的委托生产、订单农业等进行指导。根据法律政策要求,政府部门要监督企业、中介组织等产业化经营组织与农户制定合理、操作性强的合同,并加强对合同执行的监督管理,积极开展执法检查,依法管理和规范购销行为,使农业产业化经营所得利润在各成员间合理分配,使农业产业化经营步入规范化、法制化轨道。

(四)实现生态农业产业化,提高农业系统生态效益

如上文所述,当前一些人提出了生态农业产业化的概念。所谓生态农业,英国学者 M. K. Worthington(1981)将其定义为:生态上能自我维持,低输入的,经济上有生命力的,目标在于不产生大的和长远的环境方面或伦理方面和审美方面不可接受的变化的小型农业。Jackson 和 Benolen(1984)将生态农业定义为:生态农业在尽量减少人工管理的条件下进行农业生产,保护土壤肥力和生物种群的多样性,控制土壤侵蚀,少用或不用化肥、农药,减少环境压力,实现持久性发展。① 自生态农业概念引入中国以来,学界已逐步形成了具有中国特色的生态农业概念,总体而言就是要运用生态学原理,按照生态规律,用系统工程的方法,因地制宜地规划、组织和进行农业生产,通过提高太阳能的利用率、生物能的转化率和废弃物的再循环率,以提高农业生产力,从而取得更多的农产品,做到因地制宜地开发利用自然资源,使农、林、牧、副、渔各业得到综合发展,保护生态环境,维护良好的生态平衡,农业生产稳定持续发展。由此,也就必须将生态农业的产业化提上日程。

对甘州区而言,地处西北内陆,生态环境相对脆弱,农业又相对发达,这样的条件决定了甘州区的农业生产必须尽快向生态农业转化。这就提出了生态农业产业化的要求。对甘州区的生态农业产业化而言,有三个关键环节要做到:一是农业生产的生态化,即按照生态学原理和生态经济规律,运用现代科学技术手段所进行的农业生产。二是农产品加工的生态化。当然,这个过程采取的是生态工业的加工模式,即采用清洁生产方式对生态农业产品进行加工的过程。清洁生产不仅要实现生产过程的无污染和少污染,而且生产出来的产品在

---

① 李文祥,赵燕,毛昆明.论生态农业与农业可持续发展的关系.经济问题探索,2001(8):51 - 54.

使用和最终报废处理过程中也不能对环境造成损害，但这必须在技术上可行，在经济上可盈利。三是商业销售的生态化，就是按照绿色营销观念进行的绿色销售。要实现农业产业化经营的生态化，必须有政府的支持，政府通过建立有效的政策激励机制、保障体系以及相应的法律、法规，实现对农业产业化经营生态化的激励和规范；必须强化产业化各方利益契约机制的建设，通过利益分配的方式实现企业、中介组织、农户各方的生态化行为；必须加强社会化服务体系建设，通过为产业化各方提供生态化的服务促成整个农业产业化经营生态化的实现。

（五）完善社会化服务体系，创建农业发展优质服务平台

一要加强科技服务体系建设。根据甘州区目前农业产业化发展的情况，当前的关键任务是全面整合区、乡两级的农技服务机构，吸引科技人才加入，壮大科技队伍。重点是加强畜牧防疫体系建设，改善服务设施，提高快速反应能力；强化管理服务，提高农业科技服务水平；加强农业服务机构与龙头企业、乡村组织的合作，大力引进推广新品种、新技术和农业新机具，建设一批具有示范功能的科技实验场、示范园、试验培训基地，促进科技成果转化。

二要加强信息服务体系建设。当今世界，信息是最重要的资源，农业产业化经营能够取得成功的关键之一就是通过产业化组织实现信息共享，降低信息交流成本。因此，甘州区必须全面整合现有网络信息资源，不断延伸农业信息服务链，加强乡镇、村社、农民专业合作组织、专业批发市场、龙头企业信息基础建设，建立信息网（站）和信息网络终端。积极开展信息服务，及时收集、下载、整理、编印各类信息，指导农民生产和经营。

三要加强流通服务体系建设。农村市场网络建设非常关键，这是农产品销售的重要渠道，因此，甘州区应对现有农产品批发市场进行改造升级，扩建完善农村集贸市场，进一步完善基础设施，提高农村市场的集散功能。同时，要进一步拓展区外市场，扶持运销组织在区外发展营销网点。从流通主体看，应以龙头企业、村级基层组织、能人大户、供销系统等为依托，采取引导、鼓励和扶持等措施，大力培育和发展各种形式的农民专业合作经济组织，提高农民进入市场的组织化程度。

第八章　甘州区新型工业化与经济发展

工业化阶段是区域发展程度的重要标志，加快工业化步伐是促进就业、推动城镇化进程、提高人民收入的重要手段。因此，要实现甘州区的发展必然要重视工业发展。但历史已经告诉我们，不恰当的工业化道路将会导致严重的环境污染和资源耗竭，也有可能导致工业化进程停滞不前，因此甘州区的工业化应在充分认识甘州区工业基础和优势资源的基础上，采取恰当的模式。

一、新型工业化的内涵与典型模式

何谓新型工业化？甘州区所选择的工业化道路是否正确？这需要我们深入理解新型工业化的内涵，理解新型工业化与传统工业化之间的不同，充分了解新型工业化的典型模式及其特征。

（一）新型工业化的内涵

在经济全球化、信息化、生态化趋势日益明显，我国由计划经济向市场经济逐渐过渡的这样一种大背景下，新型工业化道路思想在我国诞生。那么，什么是新型工业化？它与传统的工业化有什么区别呢？

党的十六大报告提出："实现工业化仍然是我国现代化进程中艰巨的历史性任务。信息化是我国加快实现工业化和现代化的必然选择。坚持以信息化带动工业化，以工业化促进信息化，走出一条科技含量高、经济效益好、资源消耗低、环境污染少、人力资源优势得到充分发挥的新型工业化路子。"①这一新型工业化道路是在对当前我国经济发展阶段准确定位的基础上，总结我国经济建设的经验教训，结合我国实际国情提出的，体现了当代世界经济发展的时代特征。

---

① 江泽民. 全面建设小康社会　开创中国特色社会主义事业新局面. 北京：人民出版社，2002.

1. 新型工业化的核心

新型工业化的核心在于,以信息化带动工业化,以工业化促进信息化,实现加速发展的目标。

我国的工业化道路才走了半程,又迎来了信息化的挑战。因此,如何完成好信息化和工业化的双重任务,处理好信息化与工业化之间的关系,是我国经济发展战略中的一个重要课题。

发达国家已进入信息化的后工业社会,这些国家是在工业化完成之后推进信息化的。根据我国的国情,顺应当今世界发展的总趋势,我们就不应当照搬发达国家先实现工业化之后再发展信息化的模式,而应将信息化和工业化有机结合起来,将信息产业化与产业信息化有机结合起来,即实施以信息化带动工业化,以工业化促进信息化的发展战略。

信息化是一个在农业、工业、服务业和科学技术等社会生产和社会生活各个领域广泛应用现代信息技术,深入开发、广泛利用信息资源,加速现代化的过程。信息化是工业发展到一定阶段的产物。信息基础设施的建设、信息技术的研究和开发、信息产业的发展,都是以工业化的成果为基础的。工业化为信息化提供物质基础,又对信息化发展提出应用需求,信息化是通过工业化发展而不断深化和加速的。同时,信息化赋予工业化新的内容和现代化的意义,它是"现代化"的"工业化"或者说是"工业化"的"现代化"。在当今世界,信息技术已成为各个产业竞争力的基本支撑,不论是现代工业、现代农业,还是现代服务业,都离不开信息技术。在21世纪,我们必须走工业化与信息化相互补充、互为动力、同步推进的"现代工业化"道路,只有这样,我国才能加速发展,逐步缩小同发达国家的差距。

以信息化带动工业化,要优先发展信息产业,在经济和社会领域广泛应用信息技术。由于信息网络技术的迅速发展,产生了信息及通信设备制造业、软件业、信息网络服务业等诸多新兴产业。信息产业科技含量高,发展速度快,在传统产业中有广泛的市场需求。加快发展信息产业,要加强现代信息基础设施建设,重点推进超大规模集成电路、高性能计算机、大型软件、超高速网络系统等核心技术的产业化,要面向国内市场需求,推进体制创新,努力实现我国信息产业的跨越式发展。

工业化促进信息化的主要方式有:一是为信息化提供物资、能源、资金、人才以及市场。电子管、晶体管、集成电路、超大规模集成电路等都是在工业化过程中发生和形成产品及新兴产业的。二是促进信息技术企业的发展。工业化的发展为信息技术产业化提供了巨大的市场,从而促成了大批信息技术企业的建立,包括各种计算机辅助设计、企业资源规划、供需链和电子商务以及系统集成、系统服务的企业。三是为信息化的发展提供新的技术支持。例如设计中的智能化设计、协同化设计和虚拟化设计以及基于网络的异地互操作层次的协同设计等,这些对信息技术的发展也是直接的动力。

2. 新型工业化的重心

党的十六大报告指出:"走新型工业化道路,必须发挥科学技术作为第一生产力的重要作用,注重依靠科技进步和提高劳动者素质,改善经济增长质量和效益。”我国目前在工业化进程中所面临的环境与条件与英、德、美、日等先实现工业化的国家已经有了很大的不同,这需要我国走一条与发达国家不同的道路。纵观世界经济发展历程,我国只能依靠科技进步和创新,不断提高产品的技术含量,增强产品的竞争力,这是我国实现工业化的必然选择。这就意味着,中国新型工业化的重心在于走科技兴国之路,依靠科技进步和提高劳动者素质,改善经济增长的质量和效益。

以科学技术促进工业化,必须用高新技术和先进适用技术改造传统产业,实现我国产业结构的优化升级,特别是加快我国制造业的优化升级步伐。我国目前正处在工业化的中期阶段,在相当长的时期内,传统产业特别是工业制造业仍有广阔的市场需求和发展前景,仍是我国经济发展的主体力量。但总体上我国传统产业特别是工业摊子过大,产业集中度不高,工艺技术装备落后,资源利用率低,低水平生产能力过剩与高附加值产品短缺并存等问题仍很严重。因此必须用高新技术和先进适用技术改造传统产业,增加科技含量,这样才能促进产品更新换代,提高产品质量和经济效益。这是加快工业化、现代化的必然要求。

科技、经济的发展乃至经济增长质量和效益的改善,取决于劳动力素质的提高和大量科技、管理人才的培养。教育是发展科学技术和培养人才的基础。我国人力资源与发达国家相比还有很大差距。目前,我国人均受教育年限为 8 年,低于发达国家 11 ~ 14 年的水平;每 10 万人口中研发科学家和工程师仅为 454 人,而日本为 4909 人、美国为 3676 人、俄罗斯为 3587 人、韩国为 2193 人;在技术工人中,我国高级工仅占 3.5%,而发达国家为 40%。高层次的技术人才、管理人才和高素质技术工人严重不足,已成为制约许多行业发展的瓶颈。教育在现代化建设中具有先导性、全局性作用,因此必须贯彻科教兴国战略,把教育摆在优先发展的战略地位,不断提高教育的质量和水平,为现代化建设培养大批高层次人才和高素质的劳动者。

3. 新型工业化的实质

回顾早期欧美国家的工业化道路,我们会发现,他们的发展是以大量消耗资源和牺牲环境为代价的,走的是一条先发展经济、污染环境,后治理环境的道路。虽然后期的治理取得了一定成效,但发达国家为实现工业化而造成的资源的大量消耗和生态环境的严重破坏,已给全球带来了巨大的无法挽回的损失。

我国过去走的工业化道路也类似于发达国家,而且由于技术水平低下,造成了资源消耗巨大、环境污染严重的后果。因此,我们决不能再走这样的老路了。在工业化进程中,充分考虑我国人口众多、人均资源短缺、环境脆弱的基本特点,走一条循环经济之路,把可持续发展放在十分突出的地位,在发展工业的同时,搞好环境的保护和资源的合理开发利用,这是我国提出新型工业化的实质所在。

要充分发挥科学技术的作用,依靠科技进步,不断提高工业产品的科技含量,提高资源的综合利用率,降低资源消耗。开展清洁生产,提高生产过程和产品的绿色化程度,减少环境污染；提倡循环使用、回收再用、重复利用，发展循环经济和环保产业；健全环境法制和环境标准，加大执法力度，走出一条适合中国国情的资源节约型、环境友好型的新型工业化道路。

4. 新型工业化的关键

能够发挥比较优势，是一国经济发展的关键所在。在经济全球化的背景下，遵循比较优势原则是我国有效地推进工业化进程的关键环节。那么，我国的比较优势主要体现在哪里呢？毫无疑问，我国的比较优势仍然体现在劳动力资源上，而不是在资本或者技术上。人口众多，人力资源丰富，劳动力成本低，这是我国在国际竞争中的独特优势。从这一国情出发，我国在工业化过程中，既要不遗余力地发展资本和技术密集型产业，也要继续发展吸纳就业能力强的劳动力密集型产业。因此，中国新型工业化的关键就在于充分发挥比较优势，开发丰富的人力资源；充分发挥后发优势，实现跨越式发展。当然，在发展劳动力密集型产业的过程中，也要注重提高产品的技术含量，不要单纯为了“劳动力密集型”而发展劳动力密集型产业，毕竟发展劳动力密集型产业只是我国处于发展中阶段的手段。

走好新型工业化道路，很重要的一点就是发挥后发优势，从而实现跨越式发展。在工业化进程中，后发国家所具有的后发优势主要有这么几个方面：一是技术引进与创新方面的优势。落后国家可以引进全球最先进的技术成果，从而缩短漫长的探索过程和节省巨额的开发成本，径直与先进者处于同等水平，甚至可以通过自主创新走在先进者前面。二是制度借鉴与选择方面的优势。这是指发展中国家学习、效仿和借鉴发达国家的先进制度和管理经验，并经本土化改造所产生的效率和益处。一种有效制度的形成，是一个需要支付高额代价的不断试错的过程，经过反复、动荡、危机甚至战争等才能形成，而制度又是一种公共产品，一旦这种制度形成并行之有效，后来者就可以避免这种试错的高额代价，通过制度的移植、模仿和创新，节约经济发展的创新成本和时间成本，以相对较小的社会成本和代价取得相对较大的发展收益。发达国家的工业化，成功与失败兼有，合理与不合理皆在。发展中国家可以借鉴或汲取发达国家的经验教训，制定适合国情的更好的工业发展战略。我国这样一个发展中国家，在继续推进工业化方面，具有众多后发优势，譬如，先进的科学技术和工艺、科学的管理方法和理论、现代企业组织制度、外资、工业化模式等。

（二）新旧工业化目标模式比较

要进一步理解新型工业化，就要清楚其与旧型工业化的区别。而工业化目标模式的不同，将引起各区域工业化路径、具体操作等的巨大差异，因此，这里重点对新旧工业化目标模式进行比较。①

---

① 王德忠. 区域新型工业化目标模式及实现路径研究. 成都：西南交通大学，2006.

1. 旧型工业化目标模式

经典理论认为，工业化是指由传统的农业社会向现代工业社会转变的过程，是从农业占GDP比重较大阶段向工业占GDP比重不断提高阶段转变的过程（魏后凯，2000）。工业化不仅意味着产业结构的高度化，而且是整个国民经济不断地专业化、市场化、现代化和法制化的过程。工业化被认为是一国经济发展的“发动机”，是经济发展的核心，也是经济结构转变的主要驱动力（瑟尔瓦尔，1992）。

从上述工业化的内涵可以看出，旧型工业化的目标模式是：以工业增加值占GDP的比重不断提高以及工业部门就业人口比重不断增加为终极目标。结合欧美国家的工业化历程，我们可以将旧型工业化目标模式的特点归纳为：重视工业化速度与工业增加值占GDP的比重，但轻视工业化效率与环境代价。从各国实践看，虽然旧型工业化目标模式基本一致，但由于各国国情的区别，各国旧型工业化目标模式的实现路径出现了较大差异。

2. 新型工业化目标模式的基本特征

关于新型工业化特征，上文已经有所描述，这里结合两个参照系再作一说明。一个参照系是先行工业化国家的理论探索与实践，另一个参照系是中国过去的工业化理论探索与实践。由此，要是以先行工业化国家的工业化作为参照，中国的新型工业化道路目标模式之“新”体现在：一是速度要快，这是基于赶超的现实要求；二是效益要高，这里的效益包括经济、社会与生态效益，这是基于国际竞争的要求；三是产业演化顺序可以打破以往的农业—轻工业—重工业—信息产业这样一种经典演进路径，这是工业化起点高的好处，是后发优势；四是拥有“先污染后治理”的前车之鉴，因此更为强调环境保护。

与中国传统工业化相比，新型工业化的“新”主要体现在三个环节：第一，理论依据环节。旧型工业化道路以生产资料优先增长为理论依据，而新型工业化道路则以可持续发展理论与后发优势理论为理论依据。第二，实现路径环节。旧型工业化道路以工业重化为实现路径，而新型工业化道路以科技进步促进经济结构优化，通过科技进步效应与结构优化效应促进目标的实现。在国家功能方面，在旧型工业化实现过程中，国家完全掌控工业化节奏，而在新型工业化过程中，国家以市场为基础，适度掌控工业化节奏。第三，工业化后果环节。旧型工业化表现为高速、低效，是典型的粗放型增长方式，而新型工业化则表现为高速高效，是集约型工业经济增长方式。

因此，新型工业化道路与传统工业化道路相比，存在继承与超越的关系，在工业化目标环节主要体现为继承关系，二者都以工业产值与工业就业份额的迅速上升为目标；在理论依据、实现路径、政府功能及后果等环节则存在超越关系。这也是新型工业化“新”的主要体现。

（三）中国新型工业化的典型模式

自产业革命开始，全球开始了工业化进程，英国、美国、法国、德国、日本、韩国、新加坡等国先后实现了工业化。由于时代、所面对的环境等不同，这些国家在推进工业化过程中所采用的具体手段、措施等也有很大的区别。正是由于各国经济发展背景和工业化起始条件的不同，工业化道路和模式就有了一些独特性。综观世界各国的工业化进程，一般可以认为，典型的工业化模式包括英美模式、德日模式、新兴工业化模式。

其中，英美模式以英国、美国最为典型。尽管英、美两国在工业化进程的时间上并不一致，但两国工业化的动力机制类似，都主要依靠市场力量自发推进经济发展，两国产业结构演进顺序较为一致，都是从消费品工业起步，以轻工业带动重工业，从而促进整个社会的工业化进程。这种模式将市场作为资源配置的主要力量，因此，在经济发展的前期，必然要依赖轻工业的发展来实现早期的资本积累，也必然要推行高消费政策。并于长期发展过程中，在经济系统内生地实现技术进步和产业结构的转变。

德日模式以德国、日本最为典型。两国的工业化道路极其相似，都非常重视政府在工业化进程中的作用，通过国家的干预，政府制定一系列有利于国内工业发展的政策措施，倡导高积累、低消费，优先发展重工业，进而全面推动工业化进程。这种工业发展模式强调了政府在经济发展过程中的作用，主张依靠国家力量，集中调配资源，实行贸易保护主义政策，注重重工业在经济发展中的带动作用，希望以此实现赶超。

新兴工业化模式以亚洲"四小龙"、巴西等国为典型。所谓新兴工业化国家，就是指一些发展中国家（地区）在较短的历史时期内改变了社会经济的落后状态，迅速推进工业化，使工业化水平在一定程度上接近于发达国家。这类国家（地区）在相当短的时间内，结合政府指导作用和市场调节作用，充分挖掘本国资源、科技潜力，实施进口替代战略或出口导向战略，在实现自我发展的过程中迅速推进工业化进程。新兴工业化国家的工业发展模式就是在充分认识自身实际与国际环境的前提下，结合政府与市场作用，实施某种工业发展战略，以此推进工业化进程，最终实现工业化和经济赶超。

对于中国的传统工业化道路，我们也曾经归纳出一些典型模式，如苏南模式、温州模式、珠江模式、晋江模式等。就新型工业化而言，辜胜祖（2003）认为，中国新型工业化模式可分为技术推动或"内生"主导型、市场拉动或"外引"主导型、资本推动或产业升级主导型三种。三类模式在发动主体、领军人物、要素组合方式、主要技术路线、初始资本来源、政企关系、技术创新、创业文化和配套体系等方面具有较大差异。

1. 中关村模式

中关村模式是以技术驱动或"内生"为主的模式，其成功得益于雄厚的科教资源和"知识"优势。从发动主体看，中关村模式体现为科学家"下海"，利用科学家所掌握的先进知识聚集资本，是科学家主导型；从生成机制看，中关村依托的是本地的科技资源，利用本地科技资源推动产业发展；从创业文化看，中关村模式得益于雄厚的研发基础和校园文化，主要受学缘、业缘关系的制约；从产业方向看，中关村发展的主要是高技术产业，力争向世界先进水平靠近；从配套体系看，中关村体现出自给自足的特色；从技术创新看，中关村是自主创新与模仿相结合的“内生”型技术创新，其创新主体是大学和科研院所，创新主要由科学家来实现。

总体而言，中关村模式所代表的工业化是一种技术驱动的“内生”型模式。

2. 深圳模式

深圳模式是以市场驱动或“外生”为主的模式，其成功在于它的移民文化和市场优势。从发动主体看，深圳通过引进人才和资本来实现产业升级，体现出“外生”特征；从生成机制看，深圳是由空白起家，从一个小渔村发展成为大都市，是以“外引”为主导的模式；从创业文化看，深圳的成功关键之处是其移民城市所拥有的深厚的移民文化；从产业方向看，深圳“外引”的往往是高技术企业和金融、物流等现代服务业；从配套体系看，深圳通过高技术企业引进，高起点建设，形成了很好的产业配套体系；从技术创新看，深圳是引进与消化相结合的“外生”型技术创新，其创新主体是企业。

毫无疑问，深圳模式的核心在于“外引”。

3. 温州模式

温州模式是资本推动的产业升级主导型，其成功源于温州人具有强烈的致富欲望、坚韧不拔的创业精神和丰厚的资本优势。从发动主体看，温州是企业家（老板）“上山”，利用资本集聚技术，表现出企业家主导特征；从生成机制看，温州依托的是本地的产业资源，以此为基础形成产业集聚；从创业文化看，温州模式主要体现为温州人强烈的致富欲望和坚韧不拔的创业精神，其创业文化受血缘、亲缘和地缘的影响；从产业方向看，温州更多的是传统产业的升级，用先进适用技术提升传统产业，温州创业者的原始积累是通过做贸易实现的，传统温州模式的特点是“专业市场 + 家庭工场”，所谓“小企业、大市场”，走的是一条从贸易到制造业的发展路径；从配套体系看，温州通过自身的发展形成了一个特色产业集群，建立起了较为完善的配套产业体系；从技术创新看，温州是市场推动的产品集成创新，温州的技术创新是从简单修理到粗糙模仿，再到精细模仿，再到模仿和少量创新，最后到模仿和创新并重，在这种创业精神中，企业家是核心，企业和企业家成为创新的主体。

综合起来，温州模式是一种以民间资本驱动产业升级的工业化模式。

二、甘州区工业发展现状

甘州区近期的经济发展目标是成为一个工业主导型县域，“工业强区”战略的目的就在于此。“一区四园”建设为甘州区的工业发展愿景提供了基础，根据甘州区的思路，工业发展要用循环理念引领，按照“园区平台做优、工业企业做强、产业集群做大”的要求前行。毫无疑问，甘州区工业近年来的高速发展正是以此为前提的。

(一) 充满活力的甘州区工业

作为一个传统的农业发达县域,甘州区的工业发展可谓是从零开始。新中国刚成立之时,按照不变价格计算,甘州区的工业总产值仅为116万元,仅占工农业总产值的6%,在当时看来,工业可有可无。但随着改革开放的春风吹遍神州大地,甘州区的工业在20世纪80年代之后实现了加速发展。历年工业总产值的数据见表8-1。

表8-1 甘州区历年工业产值

单位:万元

年份	工业总产值	轻工业	重工业
1978	6163	3897	2266
1980	6536	4241	2295
1985	10614	6836	3778
1990	23482	14979	8503
1995	73114	48959	24155
2000	97035	66252	30784
2001	102621	72367	30254
2002	165268	11207	53061
2003	182547	113393	69154
2004	204978	135285	69693
2005	286265	186931	99334
2006	345880	195855	150025
2007	434074	230527	203547
2008	518284	260178	258106

注:产值数据按照不变价格计算。其中,2002年起工业总产值无不变价口径,按可比价口径。2002年起工业产值中包括中央、省属、市直在甘州区企业的数据。

资料来源:《甘州区统计年鉴2008》。

以不变价格计算,甘州区的工业总产值从1978年的6163万元增加至2008年的518284万元,增长了83倍。甘州区的工业总产值从千万元单位晋级到了十亿元单位,可谓是重大突破。在这期间,轻重工业都得到了长足发展。轻工业主要表现为农副产品加工工业,按不变价格计算,产值从1978年的3897万元上升至2008年的260178万元,增长了65.8倍;重工业主要表现为能源、矿产、化工工业,按不变价格计算,产值从1978年的2266万元增长至2008年的258106万元,增长了近113倍。

从增长率看,1980—1990 年期间,工业总产值的增速为 13.6%,其中,1981—1985 年期间的增长率为 9.9%,1986—1990 年期间的增长率为 17.5%;1991—1995 年,增速达到 25.5%的历史最高水平;1996—2000 年,工业总产值增速猛降至 5.82%的低水平;2001—2005 年间,增速又猛升至 23.5%的高水平;2008 年较 2007 年增长了 19.4%。尤其值得一提的是,2008 年 19.4%的增长率是在全球金融危机的背景下取得的,这充分说明了甘州区工业发展的活力。

(二)甘州区工业发展的主要特征

当前,甘州区的工业发展表现出了如下特征:

1. 工业企业产值集中度高

在甘州区的工业发展中,由于工业企业主要集中在能源、矿产、化工和农副产品加工等几个行业里,能源、矿产和化工企业的投资较大,而农副产品加工业则因为农业产业化壮大龙头企业的需要,形成了甘州区工业产值主要由规模化企业贡献的特征。

2008 年甘州区工业企业单位数为 2847 个,其中,规模以上企业数为 44 个,仅占 1.55%,但按现价计算的工业总产值为 397683 万元,占当年甘州区工业总产值的 69.28%;规模以下企业数量达到 2803 个,占总数量的 98.45%,工业总产值为 176299 万元,仅占当年甘州区工业总产值的 30.72%。具体数据见表 8-2。

表 8-2 甘州区工业总产值按规模分类

指标名称	企业单位数(个)	工业总产值(万元)	
		2008 年	2007 年
总计	2847	573982	469006
规模以上企业	44	397683	327383
规模以下企业	2803	176299	141623

资料来源:《甘州区统计年鉴 2008》。

进一步看,在 44 个规模以上工业企业中,甘肃电力公司张掖电力局的产值为 70934 万元,占到了当年甘州区工业总产值的 12.36%;甘肃电投张掖火电厂的产值为 72106 万元,占 12.56%;甘肃省张掖农友化工(集团)有限责任公司的产值为 5932 万元,占 1.03%;甘肃省黑河水电股份有限公司的产值为 35111 万元,占 6.12%;北京德农种业有限公司张掖分公司的产值为 21601 万元,占 3.76%;甘肃昆仑生化有限责任公司的产值为 18982 万元,占 3.31%。6 个规模以上工业企业的工业总产值为 224666 万元,占当年甘州区工业总产值的 39.14%。

这样一种高度集中的工业发展态势应该说对甘州区未来工业发展更为有利,因为在这

6个规模化企业中,既有国有企业,也有民营企业。民营企业的高速发展和迅速扩张将进一步释放甘州区工业发展的活力。

2. 非国有企业发展迅猛

在甘州区工业发展中,还有一个较为突出的特征,那就是非国有企业发展极为迅猛,这在西北内陆国有企业比重很高的地区是较为少见的。规模以下工业企业几乎都是非国有企业,因此,在这里我们将利用甘州区规模以上工业企业产值指标来分析。

2008年,在甘州区44个规模以上工业企业中,国有企业数量为8个,其总产值为134052万元,占规模以上工业企业总产值的23.35%;非国有企业数量为36个,总产值达263631万元,占规模以上工业企业总产值的76.65%。也就是说,在甘州区规模以上工业企业中,非国有企业产值占了绝大部分。进一步地,我们也可以说,甘州区工业发展的主要支撑力量为非国有企业。

3. 轻工业长期领先发展

尽管甘州区的能源工业、化工工业和矿产采掘工业依托能源矿产资源实现了快速发展,但依托甘州区的农业发展优势而迅速兴起的农业产业化决定了甘州区的农副产品加工业的高速发展态势。因此,在甘州区的工业发展中,轻工业长期以来都领先于重工业。

根据表8-1,长期以来,轻工业产值所占比重都要高于重工业,1978年轻工业产值所占比重为63.23%,直到2005年,轻工业产值所占比重都维持在60%以上。2006—2008年,重工业产值比重迅速提高,接近工业总产值的一半,2008年重工业产值所占比重为49.80%。

按照轻重工业产值历年来的比重变化趋势,似乎重工业很快就要超过轻工业了。但这里有一个数据值得我们注意,2008年,按现价计算的规模以上工业企业产值中,轻工业的增长率为44.06%,重工业的增长率仅为8.8%。而在规模以上工业企业中,重工业的产值比重是要高于轻工业的。这说明了规模以下工业企业主要为轻工业企业。只要规模以上工业企业的增长趋势维持,那么甘州区轻工业的领先地位就不会改变。

(三)甘州区工业发展面临的突出矛盾

在"工业强区"战略和构建工业主导型经济格局思路的指导下,近年来,甘州区相继颁布了许多优惠政策改善企业发展环境,促进工业经济发展。在多方的共同努力下,甘州区工业发展确实取得了巨大的成就,但仍面临着五大突出矛盾。

1. 人才短缺与工业快速发展之间的矛盾

人才是企业的核心竞争力,企业竞争在很大程度上是人才的竞争。甘州区地处西北内陆,远离人才培育中心,县域境内教育资源也较少,这些不利条件导致了甘州区工业发展中专业人才短缺,经营管理水平偏低,生产技术水平落后。

规模化企业在人才配置上的情况会稍微好一些，但占甘州区工业企业绝大多数的规模以下企业的人才状况堪忧。许多规模以下工业企业的管理者都是凭经验管理企业的，有的单位甚至没有完善的财务制度，更不用说现代化的管理方式了，而且职工大多为农民工，文化技术素质较低，导致企业生命力脆弱。据调查，规模以下工业企业60%的从业人员文化程度在初中左右，30%的企业没有技术人员，由于缺乏竞争和激励机制，难以吸引和留住人才，24%的企业技术人员在减少。由于人才缺乏，管理手段落后，管理制度不健全，再加上相当一部分企业仍习惯于传统生产型的经营管理模式，缺乏现代企业的管理理念和管理模式，缺乏对市场的适应和把握能力，因此生产的盲目性很大，短期行为严重，难以保证高质量的产品生产。尤其是私营个体工业经营户，大多数是刚脱离土地的农民，在经营管理中，以家族式管理、手工作坊式生产经营为主，疏于成本、营销和资产等方面的管理，信息闭塞，产品质量跟不上市场需求。

甘州区工业发展的快速扩张必定要求大量高素质人才与之相配套，甘州区目前的人才状况远远不能满足其工业快速发展的需要。

2. 环境污染与工业快速发展之间的矛盾

甘州区地处河西走廊腹地，四周山峦起伏，戈壁沙漠时有显现；降雨量少，蒸发量大，风力强劲，冬春季节，时有沙尘漫天而起。黑河、山凡河、酥油口河、大野口河等河流贯穿而过，但这些河流、湿地都面临着不断缩小或消失的危险。由于恶劣的周边生态环境和极少的降雨量，环境一旦遭到破坏，恢复起来极其困难，最终还会影响整个张掖的生存与发展。甘州区工业的主导产业为能源、矿产化工和农副产品加工，这些产业都会对环境造成较大的破坏。当前，中国对环境污染控制力度越来越大，节能减排压力也越来越重，甘州区工业的快速发展受到了严峻的环境制约。

因此，甘州区的工业发展必须以环境承载力为前提，在努力控制环境污染的前提下实现发展，这就要求其改进现有生产技术，大力发展循环经济。

3. 融资困难与工业快速发展之间的矛盾

虽然过去几年甘州区工业经济得到了长足发展，但由于基础薄弱、总量小，导致财政实力弱，无力扶持企业发展。不仅如此，银行贷款难以得到，资本市场融资能力较低，严重的资金瓶颈限制了中小企业的发展。一方面，缺乏完善的社会信用担保体系；另一方面，企业融资渠道狭窄。目前，甘州区还没有一家上市公司，项目、企业融资主要依靠招商引资、银行贷款和国家投入。没有资金投入，企业无法引进先进的生产工艺和招聘各类优秀人才，也就无法实现企业产品工艺水平的提高和产品竞争力的提升，最终无法发展壮大。

工业的快速发展在很大程度上要以雄厚的资金投入为支撑，资金瓶颈必将限制甘州区工业的进一步发展。

4. 水资源不足与工业快速发展之间的矛盾

甘州区属温带干旱气候,年均降水量仅有198毫米,四周均有戈壁沙漠。这样的条件注定了甘州区是一个水资源紧张的县域,加之发展高耗水的特色优势农业,甘州区的水资源利用情况更趋紧张。在国家对黑河水进行全流域调控后,下泄水量远超张掖实际用水量,致使水资源减少。虽然张掖在全国建起了第一个节水型示范市,但水资源的利用率还不是很高。工业发展不仅需要资金、电力等条件,也需要充足的水资源支撑,日趋紧张的水资源必然给甘州区工业发展带来很大限制。

“工业强区”战略的确定意味着工业要从农业用水和生活用水中抢食,但这两种用水都有较强的刚性,因此,短期内甘州区工业要实现快速扩张,首先就要解决水资源不足问题。

5. 产品附加值低与工业快速发展之间的矛盾

从产品结构上看,甘州区工业产品主要以农副产品加工类、矿产化工类和能源类产品为主。受人才和技术水平的限制,这些产品普遍存在质量一般、品种单一、产业链条短、高科技高附加值产品少的特征。在2847个工业企业中,相当一部分企业只能进行原料的粗加工或初加工,产业开发层次低,由龙头企业与专业化配套企业组成的集群少,下游终端产品不足,市场竞争力弱。尤为关键的是,工业企业品牌意识淡薄,没有在品牌打造上下大工夫,导致甘州区知名品牌数量稀少,特别是缺乏具有国际竞争力的知名品牌。

在甘州区工业发展中,下一步的方向应该是什么呢?是继续进行量上的扩张,还是着重于质的提高?这是一个艰难的选择。量上的扩张相对容易,而且也容易实现规模化生产;而质上的提高难度高,投资大,短期内也不利于工业企业整体规模的扩张。因此,起步之初所选择的初级加工产业严重制约了甘州区工业的进一步发展。

三、甘州区的新型工业化之路

将上文所论述的三种典型模式相比,甘州区的工业化似乎难以单纯采用其中任何一种模式。甘州区的工业化之路,应该是在深刻认识新型工业化内涵的基础上的新模式。首先,甘州区缺乏高密度的人才资源,难以出现技术驱动型的“内生”工业化;其次,甘州区地处西北内陆,缺乏像深圳那样的政策优势和移民文化,不太可能采取“外引”模式;最后,甘州区传统上以农业为主,缺乏资本积累,也缺乏创业精神,这就决定了甘州区不可能采用像温州那样的以民间资本驱动产业升级的工业化模式。也就是说,甘州区的新型工业化之路有其独特之处,这种独特之处必定立足甘州区的现实。

(一)甘州区工业发展的原则

立足甘州区工业的发展现状和甘州区的自然、社会现实,甘州区工业发展应遵循如下原则。

1. 工业经济生态化

所谓工业经济生态化是指，甘州区的工业经济发展必须坚持生态优先，转变重增长轻发展、重生产轻环境、重数量轻质量的发展思路，改变粗放型经济增长方式，加快淘汰落后生产能力和高耗能、高污染企业，大力开展资源节约综合利用，提高资源利用效率，推动循环经济发展，走出一条资源消耗低、环境污染少、经济发展与生态环境相和谐的新路子。

2. 主体经济特色化

所谓主体经济特色化是指，甘州区的工业经济发展要充分挖掘自然环境、社会人文历史等方面的深厚内涵，根据资源优势和区位条件，因地制宜，集中力量发展具有比较优势的特色工业产业，努力延伸产业链条，提高特色产品附加值，积极培育工业经济新的增长点。

3. 特色产业集聚化

所谓特色产业集聚化是指，甘州区的工业经济发展必须积极推进特色产业向重点区域和工业园区的建设和集聚，建立完善工业集中区域的社会化服务平台，依托重点产品、骨干企业和核心园区，逐步形成以具有较强市场竞争力的大型企业集团为龙头，带动中小企业协同发展的产业和企业集群。

4. 产品生产知识化

所谓产品生产知识化是指，甘州区的工业经济发展必须改变过去工业发展重规模轻技术的倾向，注重产品质量的提升，注重工业企业的技术改造升级，提高企业生产过程中的技术含量和经营管理过程中的科学性，培育一批拥有名牌产品或自主知识产权的优势企业或产业。

（二）甘州区新型工业化路径

在坚持上述原则的基础上，甘州区新型工业化道路的大跨步迈进应遵循这样一条发展路径，即坚持特色方向，突出三条主线，注重四个强化，创新五种模式，加快“一园四区”建设，大力构建工业主导型经济格局，不断繁荣城乡经济，推动经济社会又好又快发展。

坚持特色方向，就是要以保护生态为前提，创新发展理念，转变发展思路，优化产业结构，推进科技进步，转变发展方式，走出一条独具特色的新型工业化道路。坚持特色方向决定了甘州区的工业化道路会与别的地方有所不同，特色也是甘州区工业企业获得市场竞争力的根本前提。

三条主线是甘州区进一步推进工业化的重点任务：一是突出循环经济推广。树立循环经济理念，积极推广循环经济技术，建设“资源节约型、环境友好型工业”，这是甘州区工业可持续发展的关键。二是突出产业结构调整。大力发展特色优势产业，加速淘汰高投入、高消耗、高污染、低效益产业,延伸产业链条,增加高附加值、高技术含量的精深加工产品比重,实现资源开发向规模化、产业化、集约化、精细化方向发展。三是突出工业布局优化。调整完善现有工业园区,进一步明确功能定位和产业发展方向,引导相关企业适度聚集,提高产业竞争力,努力构建布局合理、重点突出、特色鲜明、协调发展的产业格局。

在突出三条主线的同时,甘州区的工业化绝不能忽视中小企业的成长、龙头企业的壮大、品牌的培育和工业园区的建设,即注重四个强化。第一,要强化中小企业的成长。上文的分析已经表明,甘州区工业经济中绝大多数企业属于规模以下企业,它们的成长对甘州区工业的进一步发展至关重要。因此,必须从政府服务、金融服务、产业政策等方面为中小企业的成长壮大创造良好环境,在税收、用地等方面给予支持。第二,要强化龙头企业的壮大。龙头企业是工业经济发展的领头羊,其在农业产业化中的带动辐射作用尤为引人注目,龙头企业的发展壮大将是甘州区工业经济乃至农业经济发展的关键力量。因此,应从人才、资金、技术等方面给予龙头企业配套服务,在税收、用地等政策上给予支持,促使其进一步做大做强,更好地发挥辐射带动作用。第三,要强化品牌的培育。如今,品牌已经成为市场竞争中最锋利的武器,它已成为企业扩大市场占有率、赢得长期竞争优势的主要手段。甘州区工业企业,尤其是龙头企业要做大做强,培育自己的品牌迫在眉睫。因此,当地有关部门应提醒企业重视知识产权,鼓励和支持企业在品牌培育上加大投入,打造甘州区自己的知名品牌。第四,要强化工业园区的建设。工业园区是工业经济发展的重要载体,在甘州区"一区四园"的工业发展战略中,工业企业将根据产业特征主要集聚于东北郊生态科技产业园、西洞滩冶金建材工业园、兔儿坝滩循环经济示范园、石岗墩现代农业示范园四个园区中,实现特色化发展。因此,要求甘州区科学规划四个园区的发展,为其建立科学管理制度,促进四个园区有序开发,将其打造为甘州区工业发展的"绿巢"。

进一步讲,在日后的发展中,甘州区应在招商引资、市场营销、技术创新、城乡统筹和生态经济发展等方面实现突破。一要创新招商引资模式。作为一个地处内陆,生态环境脆弱的县域,甘州区要与其他拥有更强的地域等优势的地区相竞争,就必须在招商引资模式上进行创新。不仅要从政策方面创造良好条件,更要从政府服务方面营造良好的招商引资环境,构建招商引资的"环境高地",把甘州区打造成为聚集资本、人才、技术等生产要素的"经济洼地",还要从原来注重引资的招商方式向注重"招智引新"的招商方式转变,这里的"智"即高素质人才,"新"主要指先进的适用技术。二要创新市场营销模式。对于甘州区这样的西北内陆地区,企业竞争力偏弱的主要原因之一就是缺乏有效的市场营销手段。要提高甘州区工业企业的竞争力,在打造知名品牌的同时,必须依托特色优势产业,积极引进营销人才,多渠道进行产品推广,努力提高特色优势产品的市场占有率。三要创新技术创新模式。技术创新在工业发展中的重要性不言而喻,但甘州区这样没有什么技术存储量的县域要如何提高自身的技术创新能力呢?引进、培养技术人才,增加技术研发投入是一个方面,但更重要的则是要懂得如何有效地引进技术,并对引进的技术进行消化吸收和再创新,这才是甘州区工业企业提高技术创新能力的有效途径。四要创新城乡统筹模式。成渝被批准为统筹城乡综合配套改革试验区，它们走在了全国统筹城乡的前列。甘州区农业人口众多，工农发展密不可分，应坚持以工带农，以农促工，工农互动，并借鉴成渝统筹城乡的方法，走出一条城乡统筹发展的新路子。五要创新生态经济发展模式。在甘州区境内，黑河贯穿而过，节水型社会的建立、黑河流域湿地保护工程和黑河流域综合治理工程为甘州区塑造生态文明新理念，推行循环经济，建设生态工业提供了千载难逢的好机会。甘州区应该在节水、保护生态环境和发展工业之间探索出一条实现生态效益和经济效益双赢的新路子来。

（三）促进甘州区工业经济发展的主要措施

在明确了甘州区工业发展战略的基础上，依据外部环境和竞争态势的变化，甘州区应在下述方面有所作为，以不断提高甘州区综合竞争力，实现甘州区经济社会的可持续发展。

1. 转变工业发展理念，探索生态工业发展模式

在新一轮发展中，拥有科学的发展理念，率先转变经济发展方式，就能赢得发展的先机。探索和发展生态工业，必须从转变发展观念入手，凝心聚力，逐步推进。

第一，树立可持续发展观。生态环境是经济社会可持续发展的依托和保障。对甘州区而言，生态环境是一个发展问题，更是一个生存问题。发展工业经济，必须以生态改善、环境友好为前提，立足当前，着眼未来，站在全局和战略的高度，谋划工业发展，既注重眼前利益，也考虑长远利益；既看到局部利益，也看到整体利益。决不能以牺牲生态环境为代价，换取一时的利益，也不能为了甘州区的一时发展，牺牲河西走廊乃至全省和全国的永续发展。

第二，创新工业发展模式。不同地区发展工业的基础条件不同，选择的发展模式也有所不同。甘州区的工业发展，不能简单套用其他地区工业经济发展的传统经验和模式，必须立足实际，充分发挥资源特色优势，积极探索符合实际的生态工业发展模式，将其打造成为生态工业发展典范，变资源优势为产业优势，化生态优势为发展优势，逐步实现工业的持续快速发展和工业文明向生态文明的转变。

第三，树立生态工业理念。要转变甘州区的工业发展模式，首先要在甘州区人民心中树立生态工业理念。首先要引导人民从重经济增长轻环境保护转变为保护环境与经济增长并重，在保护环境中求发展；其次要坚持把节约放在首位，以提高资源利用效率为核心，逐步形成节约型的发展机制和发展方式；最后要实现资源开发向规模化、产业化、集约化、精细化方向发展的工业发展理念。

第四，探索节水工业新路。张掖的节水型社会已成为今日张掖的“金”字招牌，甘州区作为甘州区市政府所在地，更是要将节水型社会建设坚持到底。要做好节水文章，工业发展是关键。因此，甘州区工业发展应主动顺应国家产业政策和宏观调控要求，大力发展节水型产业，积极推广重水利用和水资源循环利用技术，探索建立节水型工业发展新路，最大限度地保护和利用好赖以生存的母亲河。

2. 大力发展循环经济，切实转变经济发展方式

转变经济发展方式，从当前看，必须坚持以循环经济理念为指导。甘州区的工业经济发展，应以提高资源转化利用率为核心，以建设清洁生产企业、生态工业园区和资源循环型社会为重点，努力实现经济发展方式转变，建设生态文明新甘州。

第一，建立水资源循环利用体系。甘州区的水资源严重紧缺，必须加快节水型社会建设步伐，积极推进水资源节约使用和污水处理，把工业污水处理和循环利用摆在经济社会发展的首位，建设多层次的节水和污水处理系统，形成企业、区域、社会和区、乡（镇）统一的水资源循环利用体系。

第二，积极推进循环经济试点。在这过程中，积极主动地与金川公司、银川北美循环经济工业园区、武威国家循环经济示范市等与甘州区发展条件相似的国家循环经济首批试点单位建立合作关系，学习借鉴这些地区在循环经济发展中的先进经验，依托甘州区四个园区较好的基础和实力，探索工业园区的循环经济发展方向，搞好循环经济试点工作。

第三，引进推广节能减排技术。建立节能减排目标管理和责任考核体系，加快传统企业技术改造步伐，引进推广节能减排技术，特别对新建项目要坚决采用节能减排技术，对能耗高、污染严重且技术改造难度较大的企业要强制关停，突出抓好火电、水泥、冶金、造纸 4 类重点企业的节能减排工作。

第四，鼓励废旧物资再生利用。培育专业的废旧物资回收企业和废旧物资交易市场网络，重点发展废塑料、废纸、废木料、废金属等再生利用企业，对于需要建立专门企业回收利用且成本较高的废旧物资，可将其出售给外地相关企业进行集中处理，形成废旧物资产生、回收、利用的循环机制。

3. 发展特色工业园区，促进产业集群规模发展

甘州区工业发展应以“一区四园”为依托，致力于搭建聚集产业要素的平台。坚持把工业园区作为项目建设的载体、产业集聚的洼地和招商引资的名片，科学制定“一区四园”产业规划，加快特色工业园区建设步伐，促进产业集群规模发展。

第一，合理确定四个园区产业分工。东北郊生态科技产业园以恢复湿地原貌、建设湿地公园、保护生态环境为重点，形成轻工食品、商贸物流、职业教育、文化体育、娱乐旅游等产业的聚集地；西洞滩冶金建材工业园以冶炼、建材产业为重点，形成硅铁合金生产加工的产业聚集地；兔儿坝滩循环经济示范园以电力能源、有色冶金和生物化工产业为重点，形成优势资源产业和新兴企业的聚集地；石岗墩现代农业示范园以农副产品精深加工产业为重点，形成现代农业产业化生产地聚集地。要进一步明确产业定位和发展重点，实现园区差别定位、错位发展，形成带动经济发展的生产要素聚集地。

第二，建立高效便捷的园区管理体制。理顺工业园区管理体制，加强对园区的管理和组织领导，形成高效便捷的管理体制。按照特事特办、急事急办的原则，简化程序，提高效率，

帮助企业办理项目建设审批手续,形成主动为客商服务的良好氛围。使甘州区四个园区从河西众多工业园区中脱颖而出,成为甘州区招商引资的“金”字招牌。

第三,培育优势产业集群。以优势产业和工业园区为基础,引进和创新先进生产技术,重点抓好延伸产业链的重大投资项目,促成优势产业的集聚发展。根据甘州区现有工业基础、工业园区定位和未来发展预期,应主要集中培育农产品加工产业集群、冶金产业集群、基础能源产业集群、矿产化工产业集群。

4.依托自然人文特色,努力开发全国驰名品牌

优势产业的发展只有依赖品牌培育,才能够在市场中获取较强竞争力和长期竞争优势。独特的自然人文特色是甘州区特色优势产业发展的基础,甘州区工业品牌的开发也必定源于此。进一步讲,可以充分发挥品牌对甘州区产业和企业发展的带动作用,促进甘州区产品结构和产业结构的优化升级。

第一,深入开展“争创甘州名牌产品”活动。切实贯彻落实国家和省上有关实施名牌战略的各项部署,广泛学习借鉴国内外创立名牌的成功经验,积极引导工业企业实施ISO9000质量管理和质量保证国际系列标准。围绕名牌战略的实施,在政策上予以倾斜,在资金上予以支持,鼓励和扶持企业创建名牌。

第二,积极创建地方驰名品牌。充分依托自然人文特色和现有产业优势,研究和把握消费者的习惯和心理,开发具有浓郁特色的全国性名牌产品。做好发展绿洲农业文章,重新确立“乌江大米”、甘绿脱水菜和玉米种子等一批特色农产品的市场定位,开发高品质的深加工名牌产品;挖掘丝绸古道的人文内涵和浓厚的历史文化积淀,做强丝路花雨等名牌。

第三,营造创建名优品牌的浓厚氛围。加大品牌宣传力度,针对不同品牌邀请专业机构制定广告宣传策略;充分利用电视、报纸等新闻媒体,通过大型宣传广告、电话宣传彩铃等,广泛宣传地方名优产品和知名品牌。

5.积极构筑人才高地,突破企业技术创新瓶颈

大力营造吸引、集聚高素质人才的政策环境,形成有利于优秀人才脱颖而出、人尽其才的用人机制,重点培育和引进紧缺的生态保护、项目策划和企业生产经营管理等领域的专业人才,突破甘州区企业技术创新瓶颈,全面夯实社会智力支撑。

第一,制定优惠政策支持人才培养和引进。凡企业引进外部智力来甘州区进行科研项目和新产品开发项目研究的,项目完成后政府给予一定的补助或奖励;建立培训经费政府补助机制,根据职工参加项目培训的不同等级,实行不同的经费补助标准,对参加高级工、技师、高级技师培训并取得相应等级职业资格证书的,分别给予不同数额的培训费用补助;对于企业因生产经营需要而招聘的技术优秀的企业职工,经用人单位推荐,可破格进行技术等级考核鉴定。

第二,多种渠道做好人才引进和培训工作。将政府订单式培养和企业自主委培相结合,

重点加强企业管理和工业技术方面人才的培训培养；落实政府津贴制度，大胆引进职业经理人，提升企业经营管理水平；瞄准高等院校、科研院所和大中型企业的中高级专家，采取提供兼职岗位、长短期聘用、项目合作、技术顾问等多种形式，柔性引进企业急需人才。

第三，努力提高企业技术创新能力。坚持以企业为主体，以市场为导向，产学研相结合，引进和培养高素质科技人才，开展人才储备工程，促进企业技术升级。围绕资源高效循环利用，积极开展替代技术、减量技术、再利用技术、资源化技术、系统化技术等关键技术研究，使新技术产品发展、技术攻关和企业信息化建设成为企业的内在要求和应对市场竞争的诉求。积极引进、吸收和创新技术，鼓励企业运用高新技术和先进实用技术，改造提升传统产业，加快淘汰落后生产能力、工艺、技术和设备，不断提高资源利用率，提高甘州区自主创新能力，突破制约循环经济发展的技术瓶颈。

第九章　甘州区服务业创新与经济发展

服务业的迅速兴起是当今世界经济发展的一个重要趋势。自20世纪60年代以来,服务业比重不仅在发达国家越来越大,而且在发展中国家也迅速提高。服务业的迅速发展是经济信息化、人口城市化、生产服务化、生活现代化等多种因素共同作用的结果。对甘州区这样一个城乡结合型县域而言,加快城市化步伐迫在眉睫,这必然要求服务业创新与之相适应。

一、服务业发展趋势

现代文明以服务业的发展为重要标志,而且,从长远来看,服务业在现代经济中的地位将进一步上升。因此,对任何县域经济而言,服务业不可或缺。当前,随着世界经济的千变万化,服务业发展也呈现出新的趋势。

(一)服务业发展的原因

回顾世界经济发展历史,服务业的产生与发展是建立在生产力发展基础上的。再细致一些,服务业发展主要归结于下述原因。①

1. 前提:社会分工

服务业的出现源于生产力发展,是社会分工不断深化的结果。纵观人类发展历史,任何新兴产业的独立与发展均是社会分工不断深化的产物。进一步分析,任何产业独立发展的前提条件都是生产的社会化程度和经济的发展规模。只有生产的社会化程度提高了,企业才可能将其运营活动的一部分职能外部化,这样才可能有新的产业的诞生。例如,工业分工的细化使得商业、运输业分离出来,形成了专门从事商品交换和商品运输的行业;过去会计属于企业内部的工作,现在有专业承办会计业务的会计师事务所和财务公司;过去企业自行

① 关于服务业发展的原因,许多学者进行了论述。此处行文主要参考了以下文献:黄维兵.现代服务经济理论与中国服务业发展.成都:西南财经大学出版社,2003.晁钢令.服务产业与现代服务业.上海:上海财经大学出版社,2004.

制订规划,设计经营与管理方案,进行市场预测,现在有专门的咨询公司提供此类服务。

同时,得益于社会分工,工农业劳动生产率得以迅速提高,使许多人从直接生产过程中分离出来,这就为服务业的发展提供了强大的物质基础和丰富的劳动力资源。

随着生产力的发展,社会分工越来越细,专业化水平不断提高;同时,随着科技水平和组织管理水平的不断提高,市场交易成本大为降低,这样就促使生产和生活过程中的自我服务转化为社会服务。因为社会服务比自我服务效率更高,更节约时间成本。由此,服务产业就得到了迅速的发展。

2.源泉:市场发育

从各国服务业发展情况看,一国服务业的发展在很大程度上取决于其市场发育状况。在自然经济占主导地位的社会中,经济主体的社会依赖性很低,服务业不可能得到发展。在计划经济的条件下,经济活动的许多社会化功能又往往是以计划的方式安排运行的,现代服务业也难以发挥作用。只有在市场经济条件下,经济主体的社会化活动必须以交换的方式(即有偿委托的方式)通过服务业的部门和机构来完成,从而才能促进服务业迅速发展。因此,市场化发育程度越高,服务业数量扩张与质量提高就越快。

如上所述,随着社会分工的不断细化,服务业才出现并获得长足发展。服务业作为社会化服务,只有通过交换才可能产业化,因此,随着市场经济体制的形成和不断完善,大批专门从事服务业的劳动者和组织就应运而生。同时,市场经济的竞争特征也会促使服务行业不断产生新形态,这促成了服务业的繁荣。

3.拉力:社会需求

若没有需求,服务业就不可能成长壮大。随着生产性行业的发展、城市化的推进、人们生活水平的提高,服务业得到了巨大的发展助推力。

这种助推力首先体现为生产性服务的需求。随着生产力的发展,生产的专业化使工农业体系内部许多环节独立出来,由此,许多新型的为生产服务的行业就形成了。这些行业包括生产技术服务、信息咨询服务、生产设备维修安装服务、计算机中心、通信服务、设计勘探、技术鉴定服务等。同时,工农业的快速发展和对效率的高追求也创造了巨大的服务业需求,这为服务业的发展创造了条件。

城市化进程的快速推进也为服务业的发展创造了重要的条件。服务业有一个非常重要的特点,就是要求最低的"入门人口",即人口集中必须达到一定规模,服务业才能赢利,才可能被作为产业来经营,也才可能有供给。不论是高度密集的人口,还是大量集中的工业,都决定了城市必定会成为服务业发展最为重要的空间载体。因此,城市化水平越高的地区,服务业发展水平往往也越高。

随着生活水平的提高,人们对物质以外的追求,特别是对自身发展的需求,促使为提高人的价值服务的各种服务行业产生。比如形象设计服务、发展预测和咨询服务、各类教育服务、艺术技艺和文学欣赏服务、文艺体育技能的指导和培训服务、职业选择的咨询和信息服务等。而且,随着生产的不断发展,人们的生活需求不断变化,新的服务行业也将适应这些新需求不断产生,进而推动整个服务业的发展。

4.保障:政策支持

尽管服务业的产生和发展有其必然性,主要受社会分工和生产力发展的制约,但政府政策也会对服务业的发展产生重大影响。从现代经济发展特征看,政府往往会对一个国家和地区的产业发展制定鼓励或限制政策,这就会对投资流向、产业发展成本等带来较大影响。而且,服务业产业由于其内容的宽包容性和难管理性,更易受政府政策影响。

服务业发展受政府政策影响的程度与政府在经济发展中的角色地位密切相关。如果政府主要通过行政手段来调节市场,甚至直接介入市场经济活动,其对服务业发展的重视程度就会较低,因为其行为本身已经部分替代了服务业的功能,从而会给服务业发展带来不小的负面影响;如果政府主要通过市场杠杆来调节市场和经济活动,其对服务业发展就会比较重视,因为现实中的很多杠杆作用需要通过服务业来体现,这样的话,政府政策往往有利于服务业的发展。

(二)服务业发展阶段

如上所述,服务业的产生和发展是社会分工不断细化的结果,生产力发展和社会分工细化的渐进过程使服务业发展分为不同阶段。①

1.第一阶段:以传统服务行业为主

此阶段服务业发展表现出如下特点:旅馆业、饮食业、修理业、理发业、医疗卫生业等几个传统服务业在服务业总体结构中占据主导地位,其他一些服务业或是很薄弱,仅为零星经济活动,或是尚未出现。从产业形态上看,此时的服务业非常单调。而且,服务业在国民经济构成中的地位无足轻重,仅仅是一个必要行业,无论是从财富提供量上,还是从它在就业结构中的地位上考察,此时的服务业都远远逊色于工业和农业。

2.第二阶段:规模扩大,结构初步转换

与第一阶段相比,这一阶段的服务业发展明显增快。此时表现出五大特征:第一,从就业人员结构看,服务业从业人员占社会总就业人员的比重有所上升。特别是生活服务业,就业人数增长幅度较大,而且呈连续上升状态。第二,从资金流量上看,服务业资金量开始增加。其中,流动资金的增长规模较大,周转速度也明显加快。第三,从技术水平上看,服务产品生产的技术水平和技术结构发生了可喜的变动。这一方面与消费结构的变动有关,另一方面与服务产品提供者主动改进技术以节约劳动消耗和物质消费有关。第四,从服务产品

① 黄维兵.现代服务经济理论与中国服务业发展.成都:西南财经大学出版社,2003.

提供源上看,规模化服务企业开始出现。这是一种初期的大中型服务企业,其内部分工已开始复杂化,管理活动正逐步程序化、制度化。第五,从产业形态上看,新兴服务行业不断出现。尽管这些新行业在刚出现时并没有很快显示出明确的独立性和发展前景,但它们已经表现出了与众不同之处,表现出了其他已有经济活动无法取代的经济功效和社会功效。

3. 第三阶段:服务业发生质变

在第三阶段,服务业发展表现出了质的变化,其特征表现为:首先,服务业规模急剧扩张。从服务需求较大的城市到服务需求分散的农村,服务业都呈现出了快速增长趋势。其次,服务业结构变换空前激烈且持续时间较长。这不仅表现在各服务行业在经济领域中所处地位的变动上,而且表现在服务行业产值结构的变动上,表现在劳务供给结构的变动和各服务行业相互关联的结构变动上。第三,服务业内部结构更为合理化。大中型企业在服务企业总量中所占比重上升是其突出表现。此时,大中型企业已经成为左右服务业经营趋势和服务业产业结构变化的主导力量。同时,服务企业的组织形式也开始复杂化和多样化,出现了连锁企业这种跨区域经营的组织形式。以上特点的出现表明,服务业发展已经进入了一个新的历史阶段。

4. 第四阶段:服务业日益举足轻重

在第四阶段,服务业的地位和作用更加突出。服务业产值占国民生产总值的比重迅速上升,超过了工、农业,甚至超过它们的总和。服务业从业人数占总就业人数的比重也迅速增加,服务业成为国民经济中吸收就业人数最多的产业。从事服务业的人员素质也大大提高,不少文化程度较高、专业素质较好的人员进入服务业。与此同时,向服务业的投资也迅速增加,服务业有向资本密集型产业转变的趋势。新兴服务业,如旅游业、咨询业等不断成长壮大,成为许多地区的主导产业。服务业组织结构也出现了较大变化,大型服务企业在服务市场上占据了主导地位,但中小型服务企业并没有被挤出这个市场,而是渗透到了社会消费的各个角落。服务业的生产力也有了突破性进展,许多服务领域都已经实现了自动化、机械化和智能化,知识在服务业中的地位越来越重要。

(三) 服务业发展趋势

在经济全球化、经济结构升级和服务业创新等因素的影响下,服务业发展呈现出了新的趋势。这主要表现在整个经济的服务化与服务业的知识化、制造业的服务化、服务的外包化和服务业绿色化上。

1. 经济服务化与服务业知识化

随着生产力的发展和科学技术的日新月异、发达国家向知识经济的转型、发展中国家工业化和城市化的加速推进,经济结构中服务业所占比重不断提高。尽管并不是所有国家都如此，但总体上确实是各国的经济呈现服务化趋势。第一、二产业比重下降，服务业比重日益上升，这种现象在全世界出现。横向看，在经济越发达、居民越富裕的国家和地区，服务业所占产值比重就越大；纵向看，随着经济发展和社会进步，不论是发达国家还是发展中国家，服务业比重都在不断上升。

在全球呈现经济服务化现象的同时，服务业也呈现出了不断知识化的趋势。从全球范围来看，知识密集型服务行业呈现加快发展的态势，如目前兴起的科技服务业、网络服务业、创意文化产业等。而且，基于知识的新的服务业态也不断涌现，如电子商务服务业、金融中介服务业、各类外包服务业等。总体而言，在所有区域中，知识密集型产业占经济总量的比重越来越大，服务业产值中基于知识的份额也越来越高。衡量服务业发展程度的一个标准就是知识化的程度。

2. 制造业服务化

做一个形象的比喻，制造业和服务业的关系就像是计算机和软件的关系一样，软件的发展，推动了计算机技术的进步，反过来，计算机技术的进步，又极大地带动了软件技术的发展。服务业的发展促进了制造业的改造升级，而制造业的竞争和创新又对服务业的发展提出了更高的要求，这为服务业的发展提供了巨大的动力。服务业与制造业相互推动、相互融合的现象随处可见。甚至许多地区和企业的经济活动已经实现了从以制造为中心向以服务为中心的转变。

因此，我们经常能够看到，制造企业为了保持核心竞争力，逐渐将非核心业务外包出去，同时也越来越多地利用分工更为专业、功能更为强大的服务性企业来整合自身的技术平台和服务平台，以进一步做强自己的核心业务。许多企业的例子可以说明这一点。由这些例子还可以看到，当制造业发展到其附加值和市场竞争力的提升要更多地依靠生产性服务业来支撑时，现代服务业就会获得巨大的发展动力，从而使其成为经济中最具发展活力和最具增长潜力的部门。

3. 服务外包化

作为经济全球化的内容之一，同时也作为经济全球化深化的一个表现，近年来，服务外包得到了巨大的发展。所谓服务外包，指的是企业从专业化的角度出发，将一些原来属于企业内部的智能部门转移出去，使其成为独立经营单位的行为，或者是取消使用原来由企业内部所提供的资源或服务，转向使用由企业外部更加专业化的企业单位所提供的资源或服务的行为。

21 世纪以来，经济全球化趋势进一步增强，发达国家的制造业不断向低成本国家转移，与之相对应，服务业也开始向发展中国家转移，特别是软件服务外包、金融后台服务、医药研发服务、现代物流服务等高端服务业开始加快转移。社会分工细化催生了服务业，同样，服务业内部分工的广泛发展也推进了全球经济分工的不断深化，并使全球经济分工出现了新的变化,传统的产业间分工在相当大程度上已经被产业内部分工所取代。跨国公司以世界为工厂,以标准为纽带,以各国为车间,以创新为枢纽,以效率为依据在世界全方位进行产业重组,这客观上形成了包括先进技术和先进经营方式在内的现代生产力在全球的扩散(唐杰,2007)。

实质上,服务外包是以外包形式实现了产业的内部分工,即服务业在更大范围内实现了生产、经营与研发等产业内各环节的分离,使外包双方的生产效率都得到了明显提升。因此,服务外包本身作为一种服务业的生产和经营方式的创新,进一步提高了生产效率。

4.服务业绿色化

可持续发展、绿色经济等思想越来越深入人心,也越来越成为全球经济发展的指导思想。尽管服务业在GDP中比例的提高总体上有利于节能降耗,有利于保护生态环境,但这并不是说服务业发展就不存在环保问题。实际上,服务业的生产、消费过程,同样会因为必不可少的有形物的参与而对环境造成污染,同时,由于服务政策、服务设计、服务提供、消费导向的缺陷,有可能导致大量的浪费(白长虹,武永红,2001)。例如,饭店的饭菜、汽车修理行的备用件、医院的药物、运输服务所依赖的运输工具的排放物等,这些服务行业在生产经营过程中都会带来各种有形或无形的污染。

从世界经济发展趋势看,服务业在社会经济中所占的比重将会越来越大,那么,服务业所带来的污染以及资源浪费也将会成为严重的社会问题。因此,必须及早改变服务业不会对环境带来严重污染的看法,重视对服务业的环境污染控制。事实上,已经有大量负责任的国内外服务企业开始顺应环保要求,在服务业的绿色化方面作出积极努力,通过减排、回收、回用等途径,力争实现服务企业的绿色化,以达到减少环境污染的目的。

二、服务业创新对县域经济发展的重要意义

从当前中国经济发展情况看,我国的服务业发展水平还比较低,服务业结构不合理和服务业竞争力较差已经成为制约经济和社会发展的瓶颈。在中国经济发展中出现的劳动力就业不足、制造业缺乏核心竞争力、生态环境恶化等问题都与服务业发展缓慢和发展质量低有着直接和间接的联系。因此,要保证我国经济的持续增长和社会的和谐发展,必须加快服务业的发展。从县域经济这一层次看,服务业的快速发展和积极创新是转变产业结构,促进经济发展与环境、社会协调发展的需要;是人们消费重心变化和提高生活质量的需要;是建立县域创新体系,提高创新能力的需要;是推进产业集群,增强县域竞争力的需要。

因此,对县域经济发展而言,服务业创新有着极其重要的意义。这种重要性主要表现在以下几点:

(一)促进县域经济有序运行,提供新的增长点

如上所述,服务业产值所占比重超过工业和农业是经济发展的重要趋势。同时,与工业和农业相比,较低的环境污染也使服务业成为县域经济协调发展下的必然选择。长期以来,中国县域经济发展特征表现为粗放型,资源被大量耗竭,生态环境被严重破坏,这导致了资源、环境、生态的正常循环模式被打断,县域经济难以实现可持续发展。要实现县域层次经济发展的集约、协调和可持续,保障经济的有序运行,必然要优化产业结构,进一步提高服务业在 GDP 中的比重。

同时,我们要注意,县域经济发展也表现出了新的变化,这要求服务业积极创新以适应新的变化。随着产业结构转变,县域工农业分工进一步细化,而这种细化必然要求社会化服务与之相适应,譬如农业产业化服务、融资服务、物流服务、IT 服务、电子商务等。社会化服务的大量产生以及与县域经济发展特点相适应的服务业创新,将保障整个经济有序运行,也使得服务业成为县域经济发展的新增长点。

(二)符合消费重心变化,提高人们生活质量

中国的改革开放使县域经济有了长足发展,人们的收入水平不断提高,这引起了人们消费重心的变化。从早期的生活必需品,到近期的耐用消费品和服务消费品,人们的消费方式和消费对象已经发生了翻天覆地的变化。大家应该还记得早期曾流传的这么一句话:"楼上楼下,电灯电话。"这反映了当时人们的生活需求。如今呢,尽管物质消费仍然占据重要位置,但越来越多的人开始重视精神消费。消费重心的改变必然要求与之相对应的生产方式,有了新的需求,必然会有供给。我们可以看到,电影院、茶座、酒吧、书店、KTV 等精神消费场所如雨后春笋,纷纷大量出现。

因此,服务业的创新和扩张是提高人们生活质量的关键。缺乏服务业的支撑,人们越来越高的生活需求就难以得到满足,县域经济发展的成果也难以体现。

(三)建立县域创新体系,提高县域创新能力

在现代经济发展中,创新能力日益受到重视,而创新能力的提高往往以创新体系的建立和完善为前提。事实上,创新体系的重要组成部分之一就是服务业创新本身。同时,创新的很大范畴都体现在服务业的内涵之中。对县域经济而言,服务业是县域创新体系的重要组成部分,其在创新体系中发挥着中介和纽带作用。一个良好的金融系统、物流系统、技术服务系统,对县域创新能力的提升,乃至一切商务服务系统的正常稳健和高效运行都发挥着重要的作用。缺少这些服务功能,农业和制造业也会失去竞争力,难以持续发展。正是由于服务业在创新体系中具有的多种功能,特别是知识密集型服务业在知识流动中的多种作用,其与创新系统的关联性就成为服务业创新研究的一个重要方向。

以知识密集型服务业为例,知识密集型服务业主要包括:工程设计、管理咨询、IT 技术

服务、数据库服务、金融服务、软件服务、营销广告、教育培训、R&D 服务、技术中介、法律和人才招聘等,它们本身担负着县域生产者、消费者、流通者等经济角色,不仅在服务业产业升级中发挥着重要作用,而且在县域创新系统中发挥着极其重要的作用。可以将其在创新体系中的作用归纳为四点(刘顺忠,2005):一是知识密集型服务业促进了新技术的开发。二是促进了知识流动。三是改变了创新的方式。知识密集型服务业在创新网络内部和创新网络之间传递知识,成为创新过程中知识传递的重要节点。四是丰富了创新的组合。在技术创新过程中,产品创新、工艺创新、市场创新、组织创新和人员开发同样重要,知识密集型服务业促进了用户交互作用,对用户的组织、关系和市场都产生了重要影响。

至于建立和完善县域创新体系,怎么强调服务业在其中的作用也不会过分。而服务业创新将为县域创新能力的提升提供更为坚实的平台和更为广阔的空间。

(四)推进县域产业集群,增强县域竞争力

众所周知,当产业集群在某地形成,它就能够以多种途径,如降低成本、刺激创新、提高效率、资源共享、有效合作、加剧竞争等,提升整个区域的竞争力。因此,对县域经济发展而言,重要的途径之一就是推进产业集群的形成。就目前的实际操作看,许多县域都以工业园区规划和招商引资的方式推进县域内产业集群。

服务业发展和创新在产业集群发展中扮演了极为重要的角色,但是一点往往为世人所忽视。产业集群中成本的降低、资源的共享、知识的转移和扩散、企业之间的紧密合作……这些都依赖于服务业的桥梁和纽带作用。产业集群的发展,尤其是产业链各环节之间的分工合作,必须由服务业来衔接。金融、保险、物流、教育培训、科研等服务业与制造业,甚至农业紧密结合,组成了一种行之有效的生产组织方式。同时,企业生产性服务功能的分拆或者外包,也会吸引和衍生出众多的服务企业。因此,从另一个角度看,产业集群必定会推动服务业的发展和创新。

毫无疑问,服务业,特别是生产性服务业的发达程度,是影响县域竞争力的重要因素。同时,产业竞争力是县域竞争力的重要组成部分,而服务业的发展和创新是形成县域产业集群、构建县域产业竞争力的重要基础条件。综合而言,服务业的发展和创新是增强县域竞争力的必经途径。

三、甘州区服务业发展现状

工业化进程的不断推进、城镇化规模的不断扩张、人民收入水平的不断提高,为甘州区服务业的发展带来了巨大的推力。在这些推力的作用下,甘州区服务业积极创新,得到了快速发展,总量规模不断扩大,增长维持高速,内部结构日趋优化,对就业的带动力日益增强。

（一）总量分析

1978 年以来，甘州区的服务业实现了快速发展（见表 9－1 和图 9－1），其增速远远高于地区生产总值增速。2008 年，甘州区服务业增加值达到 303728 万元，按照当年价计算，是 1978 年 2264 万元的 134.2 倍；而 2008 年的地区生产总值仅为 1978 年的 71.6 倍。甘州区服务业增加值快速从千万元级别踏入亿元、十亿元级别，直至现在的三十亿元级别。

表 9－1　甘州区历年服务业增长情况

年份	服务业增加值（万元）	地区生产总值（万元）	服务业所占比重（%）
1978	2264	10717	21.13
1980	3305	13255	24.93
1985	7808	24793	31.49
1990	20566	57544	35.74
1995	47141	140892	33.46
2000	99288	266987	37.19
2001	115157	298597	38.57
2002	129958	337979	38.45
2003	148377	378785	39.17
2004	172978	448682	38.55
2005	202030	501522	40.28
2006	232114	572994	40.51
2007	261512	666326	39.25
2008	303728	767347	39.58

资料来源：《甘州区统计年鉴 2008》。

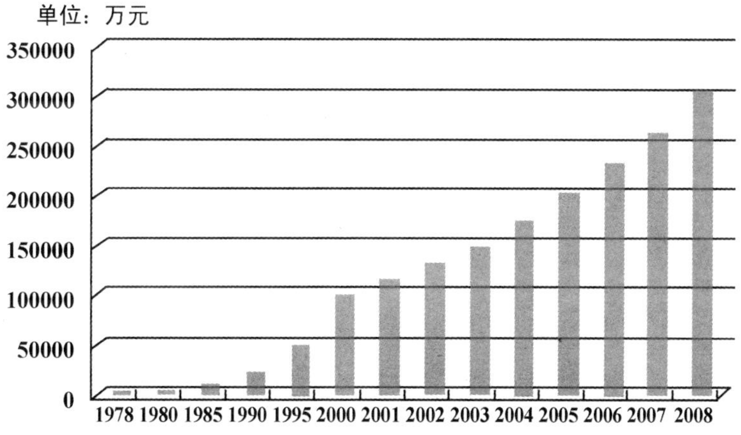

图 9－1　甘州区历年服务业增加值

资料来源：《甘州区统计年鉴 2008》。

从甘州区服务业增加值占地区生产总值的比重也可以看出，服务业增长速度明显高于地区生产总值增速。1978 年，服务业增加值仅为地区生产总值的 21.13%，1985 年超过了 30%，到 2005 年这一比重则超过了 40%，尽管在 2007 和 2008 年略有回落，仍稳定在 39%以上，这种增长趋势可由图 9－2 明显看出。服务业所占比重在三大产业结构中已经多年位居第一，这也就意味着，服务业在甘州区国民经济中的重要地位已经确立，并且不断得到强化。从长远看，服务业增加值在地区生产总值中的比重上升是符合经济发展规律的。再结合甘州区未来的发展前景，工业主导型经济逐步建立，农业产业化不断发展，人民生活水平日益提高，这些都必然催生新型服务业，并进一步促进服务业的发展。相比之下，甘州区服务业增加值占地区生产总值的比重与全国相当，在 2000 年之前是甘州区略高于全国水平，2000 年之后则是全国略高于甘州区水平。

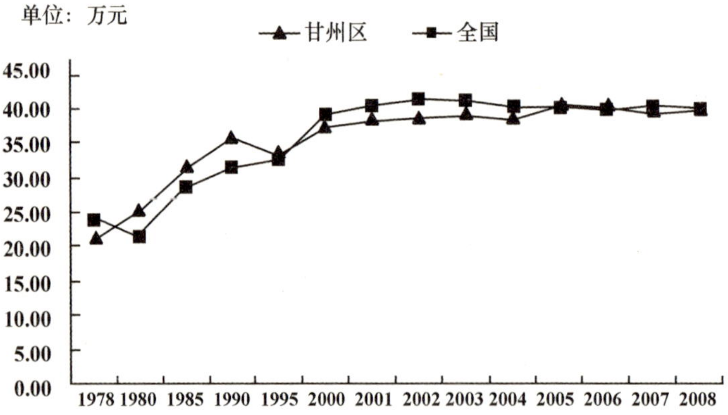

图 9－2 甘州区和全国历年服务业增加值占地区生产总值比重对比

资料来源：《甘州区统计年鉴 2008》。

（二）结构分析

自 1978 年以来，甘州区服务业增长迅猛，上文分析已经清晰地告诉了我们这一点。但服务业的发展不仅包括总量上的增加，还有另外一个重要方面，那就是内部结构上的优化。世界经济发展实践已经证明，随着经济的发展，服务业内部结构演变具有两个明显的趋势：一是随着服务业在国民经济中比重的提高，流通部门在服务业中的比重会不断降低，生活服务和生产服务部门比重会不断上升；二是服务业中现代服务业所占比重会上升，传统服务业所占比重趋于下降。①

上述分析已经表明，甘州区近年来得到了快速发展，服务业增加值所占比重已经从 1978 年的 21.13% 上升到 2008 年的 39.58%，已经超越了第一产业和第二产业，符合产业发

① 李江帆．产业结构高级化与第三产业现代化．中山大学学报：社会科学版，2005(4)：124－130.

展规律。现在我们需要考虑的是，服务业内部结构是否也符合发展规律呢？由于对传统服务业和现代服务业的界定是在动态变化的，传统服务业以新技术、新管理方法改造后可以转化为现代服务业；旧时代的“现代服务业”因历史推移而落伍也可以蜕变为新时代的“传统服务业”；一个服务行业中同时存在着传统服务部门与现代服务部门。因此，现代服务业与传统服务业没有一成不变的界线。试图按国民经济行业分类标准对现代服务业作一成不变的界定是不可能的。所以，我们的分析将根据《甘州区统计年鉴》和《中国统计年鉴》的分类进行。详细数据见表 9－2 和 9－3。

表 9－2　甘州区服务业分行业增加值及比重

行业	2008 年		2007 年	
	绝对值（万元）	比重（%）	绝对值（万元）	比重（%）
总计	303728	100	261512	100
交通运输、仓储及邮政业	48000	15.80	41000	15.68
信息传输、计算机服务和软件业	12083	3.98	11904	4.55
批发和零售业	55000	18.11	45587	17.43
住宿和餐饮业	21565	7.10	16530	6.32
金融业	15087	4.97	13450	5.14
房地产业	21597	7.11	19310	7.38
租赁和商务服务业	2448	0.81	2151	0.82
科学研究、技术服务和地质勘察业	16721	5.51	14100	5.39
水利环境和公共设施管理业	6194	2.04	5543	2.12
居民服务和其他服务业	9753	3.21	9357	3.58
教育	35027	11.53	31316	11.97
卫生、社会保障和社会福利业	15175	5.00	12262	4.69
文化、体育和娱乐业	3590	1.18	3230	1.24
公共管理和社会组织	41488	13.66	35772	13.68

资料来源：根据《甘州区统计年鉴 2008》数据计算。

表9-3 全国服务业分行业增加值及比重

行业	2006		2007	
	绝对值(亿元)	比重(%)	绝对值(亿元)	比重(%)
总计	84721.43	100	103879.6	100
交通运输、仓储和邮政业	12481.14	14.73	14805.88	14.25
信息传输、计算机服务和软件业	5329.227	6.29	5999.682	5.78
批发和零售业	15471.1	18.26	18866.05	18.16
住宿和餐饮业	4792.136	5.66	5547.161	5.34
金融业	8490.314	10.02	13331.98	12.83
房地产业	9664.046	11.41	12277.5	11.82
租赁和商务服务业	3279.966	3.87	3771.591	3.63
科学研究、技术服务和地质勘察业	2409.338	2.84	2925.84	2.82
水利、环境和公共设施管理业	944.1913	1.11	1105.328	1.06
居民服务和其他服务业	3541.529	4.18	3997.838	3.85
教育	6179.004	7.29	7286.273	7.01
卫生、社会保障和社会福利业	3209.595	3.79	3804.498	3.66
文化、体育和娱乐业	1325.213	1.56	1513.629	1.46
公共管理和社会组织	7604.635	8.98	8646.333	8.32

资料来源:根据《中国统计年鉴2009》数据计算。

从表9-2可看出,在统计年鉴所分的14个行业中,甘州区的批发和零售业所占比重最高,2008年达到18.11%;而租赁和商务服务业所占比重最低,仅为0.81%;交通运输、仓储及邮政业所占比重排名第二,达到15.80%;位列第三的是公共管理和社会组织,达到13.66%。按照产业分类,公共管理和社会组织包括中国共产党机关、国家机构、人民政协和民主党派、群众团体、社会团体和宗教组织、基层群众自治组织,也就是说,在服务业中,甘州区的党政机关和社会团体比重较高。下文将会把甘州区与全国进行对比,可以很明显地看出这一点。从现代服务业的角度看,信息传输、计算机服务和软件业,租赁和商务服务业,文化、体育和娱乐业等在甘州区服务业中所占比重偏低。

从表9-2和表9-3可以看到,对生产有较大促进作用的生产性服务业所占比重,全国比重几乎都高于甘州区比重,如金融业比重,全国2007年这一比重达到12.83%,甘州区仅为5.14%,2008年还有所下降;租赁和商务服务业比重,全国2007年这一比重达到3.63%,甘州区仅为0.82%,相差甚远。而在行政管理等费用上,甘州区比重则远远高于全国水平。2007年,全国公共管理和社会组织所占比重为8.32%,甘州区则达到13.68%,甘州区较全国水平高出了5.36个百分点。

根据上述分析,甘州区服务业的内部结构并不合理,生产性服务业比重偏低,而党政机构和社会组织的比重则偏高。结合甘州区未来发展看,工业扩张速度不断加快,人民生活水平不断提高,现代服务业的发展空间还很大。

(三)竞争力分析

毫无疑问,改革开放以来,甘州区的服务业确实发展很快。但从上面的分析中,我们也发现了一些问题,如服务业内部结构调整滞后等。问题的出现并不意味着否定,那么,甘州区服务业是否具有较强的竞争力呢?下面,我们将采用显示比较优势系数(*RCA*)来衡量甘州区服务业在全国、全省的竞争力。

显示比较优势系数(*RCA*)是巴雷萨(Balassa,1965)提出的关于比较优势学说的度量方法,又被称为巴雷萨系数,根据巴雷萨的说法,*RCA*"适合揭示一国特定商品的相对贸易绩效(优势)"。显示比较优势系数主要用于研究在国际贸易中国与国之间的比较优势,可以将其简单定义为"一个国家某种商品占其出口总值的份额与世界该类商品占世界出口份额的比率",它主要是对贸易进行之后的数据分析计算,当值大于1,则说明某国该种商品具有显示比较优势;如果*RCA*值小于1,则说明该国在该种商品生产上没有显示比较优势。巴雷萨的显示比较优势系数有3个基本意义:第一,该系数对国家进行划分,显示出国家在特定产品上的比较优、劣势;第二,它定量分析某地区在某种产品上的比较优势程度;第三,该系数反映出跨国(国际比较)或跨产品(国内比较)的优先次序。

显示比较优势系数是用来衡量在国际市场上一国的竞争力,但许多学者将该指数运用到区域产业竞争力分析中来,提出了区域显示比较优势系数(*RRCA*)。我们在这里就采用了这种分析方法。

*RCA*指数,是指某一地区某产业增加值占该地区生产总值的份额与全国该产业增加值占全国GDP的份额的比例。公式为:

$$RCA_{ij} = (X_{ij}/X_{ig})/(X_{nj}/X_{ng})$$

式中RCA_{ij}为i地区j产业的显示比较优势指数;X_{ij}为i地区j产业增加值;X_{ig}为i地区GDP总量;X_{nj}为全国j产业的增加值;X_{ng}为全国GDP总量。如果$RCA_{ij} > 1$,则说明i地区j产业具有比较优势,具有较强的竞争力;如果$RCA_{ij} < 1$,则说明i地区j产业不具备比较优势,竞争力较弱。

根据显示比较优势指数法,我们计算了甘州区1978—2008年服务业*RCA*指数(见表9-4和图9-3)。这里我们计算了甘州区服务业的两个*RCA*指数值,一个是相对于全国的*RCA*指数值,一个是相对于甘肃省的*RCA*指数值。从表中可以看出,无论是相对于全国,还是相对于甘肃省,甘州区的服务业*RCA*指数值都曾有过波动,部分时间表现为大于1,但相当部分时间又表现为小于1。也就是说,甘州区服务业从全国或者甘肃省内来看,都没有明显表现出较强的竞争力。

表 9－4　甘州区服务业 *RCA* 指数

年份	甘州区服务业增加值比重	全国服务业增加值比重	对全国的 *RCA*	甘肃省服务业增加比重	对甘肃省的 *RCA*
1978	21.13	23.94	0.88	19.28	1.10
1980	24.93	21.60	1.15	23.80	1.05
1985	31.49	28.67	1.10	25.53	1.23
1990	35.74	31.55	1.13	33.12	1.08
1995	33.46	32.86	1.02	34.12	0.98
2000	37.19	39.02	0.95	41.52	0.90
2001	38.57	40.46	0.95	40.82	0.94
2002	38.45	41.47	0.93	41.79	0.92
2003	39.17	41.23	0.95	42.14	0.93
2004	38.55	40.38	0.95	40.77	0.95
2005	40.28	40.10	1.00	40.71	0.99
2006	40.51	40.00	1.01	39.54	1.02
2007	39.25	40.37	0.97	38.40	1.02
2008	39.58	40.07	0.99	39.12	1.01

资料来源:根据《甘州区统计年鉴2008》、《中国统计年鉴2009》和《甘肃统计年鉴2009》计算。

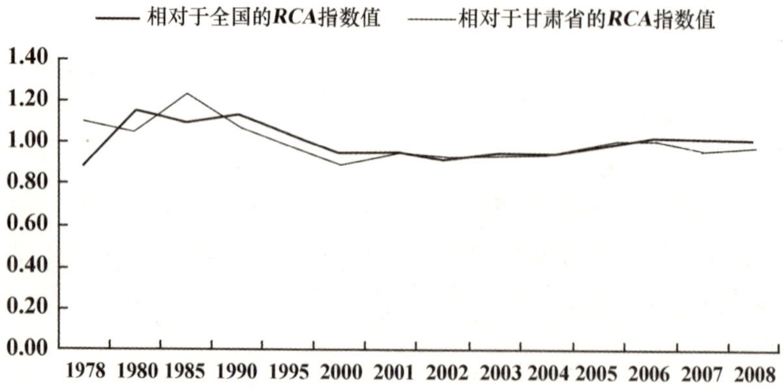

图 9－3　甘州区历年 *RCA* 指数图

资料来源:根据表 9－4 数据做出。

进一步地,我们计算了甘州区服务业内部各行业相对于全国和甘肃省的 *RCA* 指数值(见表 9－5)。相对于全国而言,甘州区的交通运输、仓储及邮政业,住宿和餐饮业,科学研究、技术服务和地质勘察业，水利环境和公共设施管理业，教育，卫生、社会保障和社会福利业的 *RCA* 指数值大于 1，而信息传输、计算机服务和软件业，批发和零售业，金融业，房地产业的 *RCA* 指数值小于 1。可以看出，在更接近现代服务业内涵的行业，甘州区的竞争力明显偏弱。相对于甘肃省而言，甘州区在除了交通运输、仓储及邮政业和金融业的 *RCA* 指数值小于 1 以外，其余行业的 *RCA* 指数值都大于 1，而且信息传输、计算机服务和软件业，住宿和餐饮业，房地产业，水利环境和公共设施管理业，卫生、社会保障和社会福利业的 *RCA* 指数值要远远大于 10。这似乎表明甘州区在这些行业较具竞争力，但结合上文与全国水平的比较，我们只能得出这样一个结论：总体上甘肃省的服务业相当落后，以至于甘州区的服务业在甘肃省境内还能表现出较强的竞争优势来。

表 9 - 5　2007 年甘州区服务业内部各行业 *RCA* 指数值

行业	相对全国的 *RCA*	相对甘肃的 *RCA*
交通运输、仓储及邮政业	1.07	0.91
信息传输、计算机服务和软件业	0.76	29.95
批发和零售业	0.93	1.10
住宿和餐饮业	1.15	45.43
金融业	0.39	0.88
房地产业	0.61	19.58
科学研究、技术服务和地质勘察业	1.85	1.35
水利环境和公共设施管理业	1.93	432.40
教育	1.65	1.29
卫生、社会保障和社会福利业	1.24	69.50

注：按照新的国民经济行业划分标准，服务业包括 14 个主要行业，但由于《甘肃统计年鉴 2008》中有些数据缺失，因此，这里只计算了 10 个行业。

资料来源：根据《甘州区统计年鉴 2008》、《中国统计年鉴 2009》和《甘肃统计年鉴 2008》计算。

从服务业内部结构的角度看，由于节水型社会的构建，甘州区在水利环境和公共设施管理业上的 *RCA* 指数值最大，但这个行业并没有多大的发展空间。至于科学研究、技术服务和地质勘察业，甘州区能够体现出竞争力，在相当大程度上是因为甘州区是张掖市市级政府所在地以及近年来张掖市在资源勘探上的大力投入。现代服务业的重要组成部分——金融业在甘州区的表现可以说明甘州区服务业内部结构不合理。要从总体上增强甘州区服务业竞争力，当务之急是加快结构调整。

（四）凸显的问题

从上述分析看出，甘州区服务业发展迅猛，但从长远来看，甘州区服务业要进一步发展，还存在下列值得重视的问题。

第一，在产业规划上一直未受重视。经济发展战略的选择是和产业政策的制定紧密联系在一起的，近年来甘州区提出坚持特色方向，走好和拓展以建设生态张掖为引领的城市发展路子，以特色优势资源开发为重点的新型工业化路子，以发展节水、高效现代农业为支撑的新农村建设路子，推动"工业强区、产业富民、城镇化建设"三大战略，加快"一园四区"建设，大力构建工业主导型经济格局的经济发展战略。从这个发展战略看，甘州区所谓的产业主要是指农业产业化和工业，对于服务业，虽然在推进旅游业、物流业等方面有些举措，但这些远远不够。

第二，城市化程度低。服务业的显著特点就是规模效益强，即只有服务半径内的人口达到一定规模才会有盈利，所以城市化是服务业发展的前提，城市越大服务业越发达。大量的事实和研究都表明，服务业的发展速度与城市化发展程度呈正相关关系，服务业的从业人员比重和产值比重与城市规模呈正相关关系。与全国 45.68% 的城市化率相比，甘州区的城市化率仅为 36.96%，相差近 10 个百分点。考虑到甘州区是张掖市政府所在地，事实上，甘州区的城市化水平还需要打一折扣。尽管近年来甘州区提出了加快城镇化建设的战略思路，但受制于经济发展水平，进展不是很大。城市化进程推进缓慢严重制约了甘州区服务业的进一步发展。

第三，缺乏新的增长点。长期以来，甘州区服务业中的交通运输、商贸餐饮等传统行业比重较高，但这类行业发展缺乏后劲；信息、社会服务等新兴行业起步较晚，基础薄弱，规模不大；为农村、农业和农民的生产和生活服务的服务业发展缓慢，难以适应当前农村经济快速发展的需要。这种不合理的行业结构造成了服务业内部发展的不平衡，也导致了服务业内部难以出现具有较强辐射带动作用的新的增长点，这对甘州区服务业的快速发展造成了严重的负面影响。

第四，服务业内部制度变迁跟不上改革形势的发展。这主要体现在两个方面：一是服务业的管理体制不顺。一般县市级政府都设有管理服务业的职能机构，但其设置和管理却沿用着计划经济体制下的模式，其管理效能被部门分割、政出多门等弊病大大削弱。二是服务业中还有相当多的行业市场程度比较低。像金融、保险、电信、铁路运输、教育、文化传媒、体育、烟草等行业基本上还处于垄断经营、管制经营的状态，市场准入障碍重重，这严重影响了这些行业资源的有效配置，从而牵制着服务业内在层次的提高和发展。这种状况实际上也制约了农业和工业的进一步发展。如现有的金融体制就与甘州区的经济主体格局不相适应。在甘州区经济发展中，中小企业数量众多，扮演着重要的角色，但它们长期以来却缺乏相应和必要的金融体系支持，技术创新和更新改造所必需的资金难以得到满足，导致这些中小企业难以发展壮大。

四、甘州区服务业创新方向

甘州区服务业发展的滞后性，既说明了不足，也意味着甘州区服务业未来发展的潜力巨大。考虑到甘州区农业和工业的快速发展，工业主导型经济格局的逐步确立，人民生活水平的不断提高，没有服务业的同步发展，甘州区的经济可持续发展就难以为继。但是，甘州区服务业的发展不应该只局限在投资的扩大、规模的提升上，更应该注重服务业创新发展。

（一）服务业创新类型

将服务业视为一个整体，服务业创新涉及微观企业、中观产业或行业、宏观经济社会环境等因素，从这个角度看，服务业创新类型是多种多样的。从不同标准出发，我们可以对服务业创新作出众多划分。这里，我们从技术和非技术创新的视角，将服务业创新划分为技术创新和非技术创新两大类型①。

1. 技术性创新

技术性创新也被称为硬技术创新，是指服务业领域对现代自然科学技术的开发或应用而出现的创新。服务业技术性创新的特点是创新的结果多为有形产物，如计算机应用芯片、软件和系统等。它包括开发技术性的服务新产品、服务新技术工艺、服务新设备或新手段、服务新方法、服务新系统等。

对甘州区而言，技术基础薄弱，在服务业技术方面实现突破的可能性比较小，因此，这里不再多作论述。

2. 非技术性创新

就甘州区实际情况而言，非技术创新显得更为现实，也更为重要。

非技术性创新也被称为软创新，是指技术性创新之外的所有创新活动，是与技术性创新相对应的管理、组织创新等形式的创新。其特点是创新的结果表现为一种无形的新概念、方法、制度、思维方式。具体而言，非技术性创新主要包括以下具体形式：

（1）管理创新。所谓管理创新，是指服务企业管理的重要改变，如采用先进的管理技术（像全面质量管理TQM），采用全新或重大改变的企业战略等。这更多的是在微观企业层次的体现。

（2）组织创新。通俗地讲，就是企业组织机构和组织制度的显著变革。现代企业（无论是制造业企业还是服务业企业）要维持生存和持续发展，适应快速变化的外部环境和条件，就必须不断调整组织结构及相应的制度。许多企业正是通过对组织机构和组织制度的变革

① 李春成．区域服务业创新的影响因素、创新能力与创新方式研究．天津：天津大学，2008．

重新焕发了活力，并成为标准的制定者，成为行业的领先者。

（3）功能创新。我们可以把功能创新通俗理解为服务业务变化与创新和服务范围变化与创新。功能创新伴随着企业的成长壮大而生生不息。在与一个区域的服务功能直接相关的服务业行业，如港口、机场、公用服务等企业中，功能创新具有特殊意义。功能创新一旦出现，涉及的将是整个行业的剧变。

（4）市场创新。所谓市场创新，就是企业通过引入并实现各种新市场要素的商品化与市场化，以开辟新的市场，促进企业生存和发展的新市场研究、开发、组织与管理的活动。包括推出新技术、新产品、新品牌、新包装、新广告创意，提供新的市场服务、新的原材料，制定新的价格，采用新的市场营销途径和方式，开辟产品的新用途、新的市场领域、新的客户群，等等。市场创新是当代服务企业运作的重要条件，在某种程度上来讲，它是服务企业竞争力的反映。例如，戴尔的崛起事实上是以直销形式战胜传统个人电脑销售形式的市场创新的典型例子。

（5）模式创新。主要涉及微观运行主体（机构）的产权模式、运行模式、业务模式等方面，对服务机构的发展起着至关重要的作用。同时，与其他服务业的创新形式存在复杂的联系，乃至交叉。

（6）非技术性产品与过程创新。由于服务产品和服务过程的特殊性，许多时候服务产品和服务过程或流程（技术性创新为工艺）是非技术性的，且由于服务过程或流程和服务产品很难完全分离，所以将二者合并在一起。

（7）业态创新。业态一词来源于日本零售业，定义为营业的形态，是零售店向确定的顾客群提供确定的商品和服务的具体形态，是零售活动的具体形式。零售业的业态主要有以下几种：百货店、超级市场、大型综合超市、便利店、仓储式商场、专业市场、专卖店、购物中心等。所以，广义上的业态是指行业的经营形态，业态创新就是行业经营形态的改变与创新。

（8）体制创新。这里主要指中观和宏观的管理体制创新和政府规制及政策的创新与改变。体制创新对我国服务业整体创新发展具有更为重要的意义。常修泽认为，为适应经济全球化和深度市场化的要求，中国的现代服务业应着力推进以下五个服务业领域的体制创新（常修泽，2005）：一是打破电信、民航、铁路等行业的垄断，推进国有资本的置换和民营资本进入；二是推进城市公用事业的体制创新；三是按照营利性和非营利性区别对待的原则，分类推进社会事业领域的体制创新；四是推进银行、证券、保险行业的改革，发展现代金融服务业；五是推进涉外体制创新，加快中国服务业融入全球化的进程。有时候，体制的力量是无与伦比的，某些体制发生改变，就会催生某些行业，并使这些行业发生革命性的变化。

（二）甘州区服务业创新的重点领域

上文将服务业创新划分为技术性创新和非技术性创新，其中又对非技术性创新作了较为详细的分类描述。考虑到甘州区的实际情况，技术基础薄弱，科研力量缺乏，而服务业的技术性创新往往来源于前沿自然科学技术的突破，因此，甘州区服务业的技术性创新实现的可能性非常小，也就是说，甘州区服务业创新的重点在于非技术性创新。但如上文所述，非技术性创新被分为8类，当前甘州区服务业创新应该有所侧重。结合甘州区经济社会发展实际，我们认为，目前甘州区服务业创新的重点应该是下列几个方面：

第一，体制创新。前面的分析已经提到，制约甘州区服务业发展的重要原因之一就是服务业内部制度变迁跟不上改革形势的发展，这就意味着，甘州区服务业创新首先要进一步深化体制改革，普及服务业的市场化行为，从而达到促进服务业内部结构升级的目标。相对而言，甘州区服务业中的商业、汽车运输、部分生活服务业体制改革较早，市场化程度也较高，发展也较为迅速。但其他一些行业，如金融业、电水气供应业、文化传媒业等，体制改革滞后，市场化程度非常低，发展十分缓慢。因此，甘州区要在国家政策允许的前提下，加快服务业管理体制改革，创造条件使服务业从福利型、事业型转向经营型和企业型，制定得力措施打破行业垄断和管制，改变政企不分的局面，提高服务业的市场化程度，让服务业企业在市场竞争中发展壮大。

第二，市场创新。甘州区服务业与其他地区相比并不具有竞争优势，这意味着甘州区服务业企业更需要在市场开拓上有所创新。虽然服务业企业市场创新的主要目的是扩大市场份额、占领市场，但并不是说去抢现有的“市场蛋糕”，跟别的企业拼个你死我活，而是去做新的“蛋糕”。服务消费者的多层性及其需求的多样性为服务业市场创新提供了广阔的空间，如新的区间市场、新的专业市场、新的群体市场等。甘州区目前的农业产业化和工业扩张正如火如荼，如何拓展这一块市场是甘州区服务业发展的关键。此外，甘州区的文化市场如何定位？旅游市场如何创新？只要考虑好这类问题，能够恰当开发，就能够带来甘州区服务业市场的井喷式发展。

第三，管理创新。管理创新的目的在于利用新的管理方法、管理手段、管理模式等，以更有效地实现组织目标。同样的服务业企业，从事同样的业务，面对同样的市场，由于管理效率的巨大差别，某些企业可能获得成功，而另外一些企业只能出局。甘州区服务业企业绝大多数规模较小，没有建立科学的管理制度，也缺乏管理人才。因此，甘州区的服务业企业要想具备更强的竞争力，必须提高自身的效率，而这就需要从管理上着手。管理创新目标可能要借助职业经理人来实现，或者是培育本土的企业家。创造培育本土企业家、管理者，或者吸引外来企业家、管理者的土壤，这是甘州区服务业企业实现管理创新的当务之急。

第四，业态创新。业态创新的前提是深入分析市场需求，从中寻找机会，可能是创造新的“蛋糕”，也有可能是对现有市场的进一步细分。如商业，既可以是实体商铺，也可以是电子商城；既可以是大型综合超市，也可以是专卖店……相应地，对甘州区来说，也应该结合实际情况进行服务业的业态创新。譬如旅游业，现在甘州区主要推行的还是自然景观欣赏、历史文化体验和民族风情感受，是否可以结合新趋势推出新的旅游业态呢？如红色旅游、主题旅游、探险旅游等。新的业态的出现，不仅提高了市场占有率，更为关键的是它能够起到宣传作用，使该地区成为新业态的先导区。

五、壮大甘州区商贸物流经济

商贸物流经济是现代社会的先导产业，也是衡量现代经济繁荣程度的重要标志之一。甘州区地处河西中段，是张掖市市政府所在地，加之商品资源相对富集，拥有发展商贸物流业的先天优势。从目前情况看，商贸物流业也是甘州区服务业的主导产业。因此，我们在这里特别对甘州区商贸物流业的发展情况进行分析。

（一）发展条件和优势

随着市场经济体制的不断完善，商贸物流业在国民经济发展中发挥着日益重要的作用。基于众多有利条件，建设流通中心是加快甘州区经济发展的现实选择。

（1）交通条件较为便利。兰新铁路贯穿全境，国道312线、GZ45线纵穿东西，227线、张平公路连通南北，使甘州区成为东连内地、西通新疆、南达青海、北接内蒙的交通要道，境内区乡公路四通八达，公路网密度达到25.9 km/100 km^2。在以市区为中心的100千米半径区域范围内，有100多万人口，市场潜力尚未得到系统开发，为发展大流通提供了广阔的空间。

（2）商品资源相对富集。甘州区是全国著名的商品粮基地、西北最大的种子生产基地、甘肃省重点无公害蔬菜生产基地。近年来，通过实施工业强区战略和产业富民战略，初步形成了以电力能源、有色冶金、轻工食品、生物化工为主导的工业经济体系和以草畜、制种、果蔬、轻工原料为支柱的四大产业，全区完成工业增加值19.83亿元，全区规模以上工业企业达到44家，实现工业增加值15.75亿元，年生产种子超过14万吨、瓜果蔬菜近60万吨、肉蛋奶10多万吨，各类商品年外运量达200万吨以上。

（3）基础设施日臻完善。截至2007年底，甘州区建成各类商业网点12730个，各类市场33个。技术、人才、劳动力、房地产等生产要素市场较快发展，仓储运输条件逐步改善，商品集散和吞吐能力不断增强，为商品在周边地区流通打下了一定基础。

（二）发展现状

甘州区地处河西走廊中心位置，是河西地区重要的商品物流集散地。这样有利的先天条件促进了甘州区商贸物流业的快速发展，但发展过程中也存在不少问题，下面我们就甘州区商贸物流业发展的特点和问题进行分析。

1. 商贸物流业发展特点

在甘州区区委、区政府的高度重视下，甘州区商贸物流业充分发挥自身拥有的有利条件和优势，不断壮大规模，现代化水平不断提高，在经济社会发展中的作用日益显著。

（1）对经济社会的拉动作用不断增强。2007年，全区社会消费品零售总额达到23.2亿元，同比增长13.8%，其中，批发零售贸易业完成19.24亿元，同比增长13.3%；住宿和餐饮业完成4亿元,同比增长15.3%;提供就业岗位4万个,三次产业比重调整为24.9:34.5:40.6。商贸物流业占GDP的比重逐年增大,对经济的贡献日趋突出,已成为地方财政收入的重要支柱和扩大就业、再就业的重要载体。

(2)市场体系日益完善。截至2007年底,全区共发展各类商业网点12370个,大型超市24个,连锁店120个,专业市场18个,农村集贸市场9个,大型批发市场6处,先后建成了鸿宇商贸广场、金张掖钢材批发市场、机动车维修救援中心、万佳家具市场、泰真建材市场、华辰建材市场、马可波罗商业街、金脉商业步行街等一批专业批发市场和特色街区,初步形成了适应城乡居民生产、生活需要,门类齐全、覆盖全区的商贸流通网络。

(3)物流配送迅速崛起。立足突出的交通和区位优势,大力推进仓储、装卸、运输、销售、信息的一体化经营,甘州区已建成43个货运信息配载站,年完成交易量40万吨;拥有道路搬运装卸企业6个,年装卸作业量6.8万吨;拥有营运装货汽车2606辆,总吨位9071吨,年货运量141.6万吨,带动商贸流通业由服务地方经济、满足本地居民需求逐步向开拓区外市场需求和服务毗邻地区的功能转变。

(4)新型业态蓬勃发展。以连锁经营为代表的新型经营方式迅速发展,各种连锁店、商业步行街、精品专卖店不断涌现,新乐、西部、鸿隆、新大新超市等一批新型业态企业以其经营方式活、产品质量优、销售价格低、经营范围宽、网络遍布广的优势迅速成长。截至2007年底,全区共发展超市215个,专卖店66个,实现销售收入2.9亿元,占全区社会消费品零售总额的12.6%。全区商业网点布局日趋合理,购物环境明显改善,在满足群众需求、拓宽就业渠道、繁荣城乡市场等方面起到了不可替代的作用。

(5)农村市场规模扩大。随着农民收入的逐年提高和购买力的稳步增强,农村市场流通规模迅速增长,市场规模不断扩大,市场交易额逐年递增,2007年,全区各类涉农市场商品交易额达9.88亿元。同时,充分利用农村现有土地、商铺、资产等资源,通过商务部"双百市场工程"、"万村千乡工程"、"退市还路"、"信福工程"等项目的实施,扶持南关蔬菜果品批发市场、大满镇集贸市场、沙井镇农贸市场、平原堡集贸市场、新墩镇韭菜市场、双华畜禽皮毛交易市场等乡镇农副产品批发市场,特色市场发展壮大,形成了结构相对完善的市场网络,使农产品的购销渠道不断拓宽,农民进入市场的组织化程度进一步提高,农村集贸市场日趋规范,交易日趋活跃,农村市场进一步繁荣。

2. 商贸物流业发展中存在的问题

不可否认,甘州区的商贸物流业呈现出快速发展态势,但其间存在的问题也不容忽视,主要表现为:

(1)思想认识不够解放。受传统经营模式、消费理念和管理方式的影响,人们对加快流通服务业发展的重要性和紧迫性认识不足,重生产、轻流通的倾向依然存在,商贸流通基本处于自我满足和自我服务水平上,商贸流通对整个产业的拉动作用不是很明显,许多优势未能得到充分发挥。

(2)发展基础相对薄弱。主要表现为工业化进程缓慢,城市化水平较低,城乡居民收入水平不高,农民收入增长缓慢,流动人口总量不大,整体市场需求水平低,各种消费能力有限,市场布局不尽合理。

(3)各类市场过于分散,形式类同。主要表现为零售市场多,批发市场少;综合市场多,专业市场少;生活消费品市场多,生产资料市场少。市场布局层次性差,不能适应"大商贸、大流通、大市场"的发展需要。

(4)现代流通发展缓慢。一方面,企业自办物流体系成本高、规模小、效率低,全区还没有建立社会化的现代物流体系,许多仓库设施落后,设备老化,物流企业信息化建设还是空白。另一方面,物流中介服务不发达,还未建成区域性的物流配送体系。此外,现代电子计算机技术、网络技术在商贸流通交易中应用极少,各类商品市场监管技术水平低,交易非现金结算比重小,整体上仍以传统的粗放管理为主。

(5)农村市场有待拓展。经过多年的发展,全区农村市场体系虽然在深度和广度上都取得了长足进步,但在"重城市、轻农村"、"重生产、轻流通"等思想观念的影响下,农村市场体系在建设的层次、交易的方式和市场的监管上还存在差距。农村有市无场、沿街叫卖、以路代市、占道经营现象普遍存在,运输、包装、加工、配送等市场的辅助性服务功能还比较薄弱,制约了农村市场的发展。

(三)壮大甘州区商贸物流经济的重点环节

针对上述甘州区商贸物流业发展的特点和存在的问题,要按照做强商贸业、做活物流业的要求,以打造河西商贸物流中心为目标,以重点商贸物流项目建设为突破口,以创新务实的甘州精神为动力,坚持发展商贸流通与推进工业化、农业产业化和城镇化相结合,建设有形市场与发展无形市场相结合,培育大型商贸流通企业与搞活中小商贸流通企业相结合,推进传统商业经营方式向现代流通方式转变,传统流通格局向大市场、大贸易、大流通转变,逐步形成功能齐全、结构合理、机制优化、服务一流的商贸物流业发展格局,必须抓好以下环节:

(1)开拓城乡市场,扩大消费需求。按照"构建大商贸、创建大市场、搞活大流通"的总体思路,统筹城乡,协调并进,大力实施工业强区、产业富民、加快城镇化建设三大战略,逐步增强经济活力,提高经济总量,千方百计增加城乡居民收入,扩大消费需求,提高消费的品位和档次。一是培育农村市场。依托党寨、沙井、甘浚等小城镇建设,抓好集贸市场、批发市场和专业交易市场建设,以投资促消费、以集市活流通。认真开展"万村千乡市场工程"和"信福工程"试点工作,争取国家政策扶持,加快农村商贸流通体系和商务信息服务体系建设。二是优化市场结构。在改造提升原有市场的基础上,重点完善区域性工业品、农畜产品大型综合市场,拓建新型专业批发市场,发展品牌专营店、大型超市和连锁店,完善具有地方特色的餐饮服务业市场,建设土地、劳动力和技术等生产要素市场,形成内外结合、功能完备、结构合理的现代市场体系。三是扩大即期消费。及时研究城乡居民消费的制约因素,鼓励和引导住房、汽车、通信产品消费，积极培育教育、体育、文化、旅游等新的消费热点；倡导健康、环保、可持续消费，发展消费信贷，加快消费升级步伐；充分利用“假日经济”商机，提升旅游、餐饮、文化娱乐等服务行业，引导消费结构由商品消费向商品和服务消费并重转移。

(2)科学规划布局，整合商流资源。在符合城市建设整体规划的前提下，按照“大商贸、大流通、大市场”的理念和打造河西商贸物流中心的要求，坚持适度、超强、可持续发展的原则，科学规划论证，合理配置资源，规划建设一批特色鲜明、功能完备、管理规范、辐射带动能力强的专业市场、综合市场及物流配送中心。支持和鼓励市区市场逐步向二环路以外搬迁，促使其逐步成为高标准、高档次，高品位的商贸物流中心，全面提升甘州区商贸物流业的服务功能和城市形象及品位。

(3)依托区位优势，发展现代流通。按照总量实现倍增、布局相对集中、结构明显优化、功能全面提升的要求，依托兰新铁路，发挥西运集团作用，积极建设铁路物流中心和大型公路物流中心，培育区域经济新的增长极。一是大力推进连锁经营的发展。鼓励新乐、新大新等市区内经济实力和经营能力强的工商企业，以资产为纽带，组建跨地区、跨县(市)的连锁经营企业。二是积极探索物流配送发展路子。充分利用商贸、交通、邮政企业现有的仓储、运输、营销网络，引导企业整合社会资源，以信息化改造传统储运企业，逐步实现物流产业化。三是积极推进流通企业信息化、商务标准化工作，实现流通领域的标准化，提高流通过程的现代化程度。

(4)拓宽融资渠道，加快市场建设。创新市场建设机制，坚持“政府引导、政策扶持、企业投资、市场化运作”的建设思路，走投资主体多元化道路，坚持“谁投资、谁所有、谁经营、谁受益”的原则，调动社会各方面的力量，共建商贸流通市场。认真落实招商引资优惠政策，引导及鼓励省内外大型商流企业到区内设立分支机构和兴办合资、合作商流企业，激发市场活力，逐步形成开发业主、个体经营户、外商联合投资的新型格局。借鉴东南沿海和周边地区市场建设的成功经验，发挥区位优势和区域优势，加大在政策、资金、环境、服务等方面的支持力度，大力培育一批起点高、规模大、专业化程度强、辐射面广的市场品牌，逐步提高甘州区作为商贸中心的知名度和影响力。

第十章　甘州区经济结构优化与经济发展

经济发展一方面表现为量的扩张,即国民收入和国民生产总值的增长;另一方面表现为质的改善,即经济结构由低级阶段向高级阶段的演变。经济增长到一定水平,就要求经济结构发生相应变化。而经济结构的演进,则会推动经济增长至一个更高的水平。因此,经济增长往往伴随着结构的演化,调整经济结构是促进经济发展的重要内容。

一、经济结构的内涵

经济结构是人类社会经济生活中的一种极为多元复杂的社会经济现象,自身蕴含着极为深刻和丰富的内涵。

(一)经济结构的含义及分类

经济结构是指社会经济各种成分、国民经济各个部门以及社会再生产各个环节的构成及相互关系,是一个由许多系统构成的多层次、多因素的复合体。经济结构有广义与狭义之分。广义的经济结构指生产方式的结构,包括生产力结构和生产关系结构。狭义的经济结构单指生产力或生产关系结构。

依据不同的划分标准,可以将经济结构分为不同的种类。从构成经济系统的因素来考察,经济结构主要包括生产力结构和生产关系结构,而生产力结构又主要包含生产力的产业构成和生产力的空间构成,生产关系结构则主要包含正式制度安排和非正式制度安排;从国民经济各部门和社会再生产的各个方面的组成和构造考察,经济结构则包括产业结构(如第一、二、三产业的构成,农业、轻工业、重工业的构成等)、分配结构(如积累与消费的比例及其内部的结构等)、交换结构(如价格结构、进出口结构等)、消费结构、技术结构、劳动力结构等;从所包含的范围来考察,经济结构则可分为国民经济总体结构、部门结构、地区结构以及企业结构等;从不同角度进行专门研究的需要来考察,经济结构又可分为经济组织结构、产品结构、人员结构、就业结构、投资结构、能源结构等。

（二）经济结构的特征与变化趋势

经济结构一般具有四个基本特征：整体性、转换性、自身调整性和自身矛盾性。首先，经济结构是作为一个整体存在和运行的，因而具有整体性；其次，经济结构经历着从低级到高级、从简单到复杂、从一种形态到另一种形态的转变，因此经济结构又具有转换性；再次，经济结构在转换的同时发生着自身调整，即利用理性原则和利益杠杆，调节人们的行为和资源的分配，把追求个人利益的行为优化为促进社会利益的行为，把无数分散的个别经济活动整合为统一的社会经济运动，所以经济结构又具有自身调整性；当然，部分与整体之间，特殊性与共同性之间的矛盾又形成了经济结构自身运动的永不衰竭的源泉，从而决定了经济结构的自身矛盾性。经济结构的整体性、转换性和自身调整性均决定于结构内部的矛盾性，它们之间的有机联系是经济结构整体性的基础，其差异性则成为转换性和自身调整性的动因。

一般而言，经济结构有以下变化规律与发展趋势：

1. 经济结构日益复杂

社会分工越来越细，组成国民经济体系的部门与行业越来越多，经济结构日益由简单变得复杂，经济关系也变得更加错综复杂。

2. 经济结构持续改善

分工的不断发展、经济结构的日益复杂推动着资源利用效益与效率的逐渐提高，也就是经济效益的不断提高，从而使经济结构得到持续改善，社会资源利用更加组织化。

3. 经济结构越来越脆弱

经济结构的演变过程，是社会生产各部门、各地区、各企业之间经济联系更加紧密化的过程，也是它们之间相互依赖关系日益加深的过程。这意味着随着经济结构的日益复杂，社会的经济活动更加脆弱了。社会生产的任何一个环节或部分出现了异常的变化，都可能引起整个社会经济体系的震荡，甚至导致整个经济的崩溃。

4. 经济结构变化不断加速

新科学技术成果的不断涌现和工业体系的不断完善促进了生产力的飞速发展，而生产力水平的提高又是经济结构变化的根本原因。正是生产力的加速发展，使经济结构的变化呈现出加速变化的特点与趋势。

（三）影响经济结构变动的主要因素

既然经济结构在经济发展中有着如此重要的作用，那么影响经济结构变动的因素有哪些呢？一般来说，主要有以下四个方面的因素影响着经济结构的演进。

1. 生产要素

按照国际通行的标准,生产要素一般包括自然资源、劳动力、资本、技术等内容。

(1)自然资源。自然资源的分布对产业布局有重要影响,当某类企业以某种自然资源作为重要的投入要素时,该类企业往往会聚集在该种资源的集中地,以降低运输成本。自然资源的丰裕程度还会影响国际分工,各国往往发展集中使用本国丰裕要素的产业,以获得比较优势。当新的自然资源出现或原有自然资源衰竭时,必然引起产业结构的相应变动。随着交通运输条件的改善,自然资源的流动性大大增强了,运输成本大大降低,使得自然资源对产业布局的作用有所降低。当然这并不意味着自然资源不再是地域分工的重要因素,只是与以前相比,其重要性相对降低。而且一部分自然资源是无法移动的,比如自然风光,这部分自然资源对某些地域分工仍然起着决定性作用。科学技术的发展在一定程度上打破了人类生活和生产对自然资源的依赖,对原子能、太阳能的开发利用,新材料的广泛应用,使自然资源的重要性进一步下降,但目前自然资源仍然是经济发展的基础条件。

(2)劳动力。劳动力因素对经济结构有着重要影响,庞大的人口意味着巨大的现实的或潜在的市场和充足的劳动力供给,从而有利于规模经济的发展,并能提供廉价劳动力,具有劳动力资源的比较优势。但人口过多可能会使人均收入增长缓慢,消费水平偏低,产生大量的剩余劳动力,造成对产业结构高级化的严重制约。

(3)资本。资本是生产要素中流动性最强的部分。资本通过流动,使资源在各地区、各部门间优化配置。比如资本在地区、国际的流动和跨国直接投资,都会对经济结构产生巨大影响。

(4)知识。过去并没有把知识作为一个独立的要素来看待,而是从知识对其他要素的影响的角度来考察知识对经济的作用。但是随着经济的发展,知识在经济中的作用越来越明显,专门生产知识的产业在经济中的比重越来越大,也就有必要把知识作为一个独立要素加以考察。知识充足的国家和地区在分工中会主要发展知识密集型的产业和产品生产中的知识密集型环节,而知识贫乏的国家和地区只能从事资源密集型、劳动密集型或资本密集型的生产和环节。再加上市场结构因素,知识还会对分配和消费结构产生影响。比如发达国家往往利用其对尖端科技知识的垄断,在国际交换中获取高额垄断利润,一部分落后地区由于知识的缺乏,无法有效使用信息技术产品。

2. 技术创新

随着科技时代的到来,科技发展与创新已经成为经济结构变动的先导和关键因素。它的作用主要表现在以下几个方面:

(1)科技发展和创新催生出新产业,并改变人们的生活观念和生活方式。卫星和网络通信的应用使现代通信产业得以诞生和壮大,计算机和网络技术的发展催生出一个庞大的信息产业,空间技术的发展产生了新型的航空航天产业。新产业的产生和壮大极大地改变了社会的产业结构。每一个重大发明的应用都会对人们的生活观念和生活方式产生巨大影响,从而改变人们的消费方式与消费结构。

(2)科技创新使各产业非均衡发展。创新是不连续、不和谐的,它并非均匀地分布在整个经济系统中,而是集中在某些产业,这些产业也就是人们所说的领先产业。创新在不同部门间的非均衡发展,使各个部门在经济结构中的比重发生变化,进而改变整个社会的经济结构。

(3)高新科技不断改造传统产业,改变产业组织方式以及经济的地区结构。新技术的应用改造了传统产业的技术装备,使传统产业建立在新的技术基础之上,焕发出新的活力。技术条件的改变往往使新的产业组织方式、企业组织方式得以诞生。比如卫星通信、网络通信和现代交通运输技术的发展使跨国经营成为可能,跨国公司大量涌现,使企业生产经营在全球范围内进行,跨国公司在全球范围内进行生产经营的分布,并使价值分配在全球范围内进行。

(4)推动社会分工在深度和广度上的新发展。科技创新使生产社会化程度不断提高,社会分工不断深化,从产业间分工到产业内分工,再到生产环节和生产工序的分工。同时,在广度上表现为由一国范围内的分工向国际范围内的多方面、多层次分工方向发展。

3.制度与政府干预

不合理的经济制度往往会导致经济结构的僵化与失衡,只有合理的经济制度才能促进经济效益的提高,形成合理的经济结构。现代经济已经离不开政府的宏观调控,政府通过产业政策、财政预算、社会保障、收入政策等一系列政策手段,对经济结构调整发挥着不可替代的作用。

经济制度与政策对经济结构的影响主要表现在三个方面:第一,确定产业发展方向,倾斜配置资源。国家通过制定各种经济规划和发展计划预测产业发展前景,用宏观政策手段来刺激有限资源配置于目标产业,以促使产业结构向政府认为有利的方向变动。第二,完善产业自我调整机制。政府主要做两方面的工作,一方面,通过反垄断,提高市场竞争力,确保生产要素自由流动;另一方面,通过健全市场制度,加强市场管理,防止市场失控而引起的经济混乱。第三,保护和促进民族工业、新兴产业的发展。通过贸易壁垒和非贸易壁垒阻止国外产品对本国某一新兴产业的竞争和冲击;通过发展高新技术产业和社会服务产业,增强本国综合国力,以求在国际分工中占据新的有利位置。

4.市场条件与区际、国际经济联系

市场条件对产业组织结构起着决定性的作用,广阔的市场有利于形成规模经济。世界经济的联系越来越紧密,国内市场与国际市场日益结合为一个整体,产业的发展空间不再局限于国内,有竞争力的产业会向国际市场扩展。通过商品和要素在国际上的流动,产业会在国际上扩散、转移,从而引起世界产业结构的变动,并使整个世界经济结合为一个整体,共同

运动。整个世界经济结合为一个整体之后，就表现出世界性、周期性的经济波动，即世界经济长波。

以上各种因素并不是孤立地起作用，而是紧密联系、相互作用，通过各种因素间的作用推动整个经济结构的变迁。

二、甘州区的经济结构

改革开放30年来，甘州区以发展为主题，以结构调整为主线，在发展中促进结构调整，以结构调整促进经济发展，实现了经济增长与结构调整良性互动。三次产业结构不断优化，工业和农业结构明显升级，所有制结构发生重大变革，城乡和区域结构逐步趋向协调，收入分配结构打破了平均主义的传统格局，经济结构调整取得了明显的成效，实现了在不断优化升级中的重大调整。

（一）所有制结构

——国有经济战略性调整取得了重大进展，基本实现了由单一的公有制经济向多种所有制经济共同发展的转变。

所有制结构调整既是经济结构调整的重要内容，又是产业结构调整的重要推动力量。改革开放初期，甘州基本上是单一的公有制经济。30年来，为适应甘州仍处于社会主义初级阶段的现状以及解放和发展生产力的要求，不断调整和改革所有制结构，逐步形成了以公有制为主体、多种所有制经济共同发展的新局面。

公有经济的主体地位进一步得到巩固，控制力、影响力和带动力不断增强。1978年，工业企业所有制结构为全民所有制企业和集体所有制企业构成的单一公有制结构。随着国有经济布局的战略性调整，国有经济逐步从制造业等一般竞争性领域退出，进一步向关系国家命脉的重要行业和关键领域集中。一批长期亏损、资不抵债、扭亏无望的企业被关闭，公有制企业面多量广、过于分散的状况得到很大改观，在工业经济中的数量和产值比重均明显下降。2008年，全区实现工业总产值397683万元，其中，国有及国有控股企业数量仅占18.2%，工业总产值占33.7%。

非公有制经济快速发展，在促进经济增长、扩大就业和活跃市场等方面，发挥着越来越大的作用。非公有制经济是社会主义市场经济的重要组成部分，是坚持和完善社会主义基本经济制度的重要内容。改革开放以来，在各项政策的扶持、引导和促进下，非公有制经济从无到有，飞速发展。在2008年的全区工业总产值中，股份制企业数量占75%，工业总产值占64.2%。

（二）产业结构

——三次产业结构不断优化升级，基本实现了由以工农业为主向第一、二、三产业协同发展的转变。

30年来,甘州坚持巩固和加强第一产业、提高和改造第二产业、积极发展第三产业,促进了三次产业结构不断优化升级。在三次产业中,1978—2008年第一产业年均增长12.4%,第二产业增长16.5%,第三产业增长17.7%。从构成看,第一产业所占比重明显下降,第二产业所占比重显著爬升,第三产业所占比重大幅上升。其中,第一产业所占的比重从1978年的53.1%下降到2008年的25.0%,下降了28.1个百分点;第二产业所占比重由25.8%上升为35.4%,上升了9.6个百分点;第三产业所占比重由21.1%上升为39.6%,上升了18.5个百分点。现代经济的结构性特征越来越明显。1978—2008年甘州区三次产业增加值比重变化情况如图10-1所示。

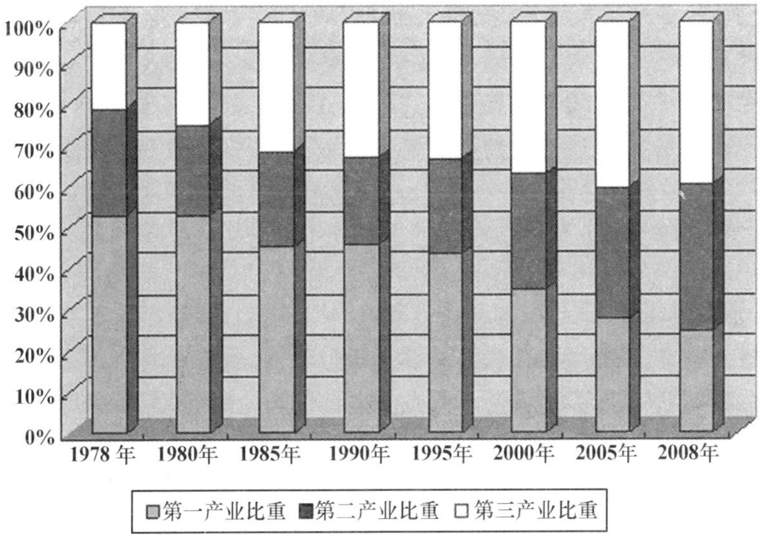

图10-1　1978—2008年甘州区三次产业增加值比重变化情况

资料来源:《甘州区统计年鉴2008》。

——农业内部结构明显得到改善,基本实现了由以粮为纲的单一结构向农林牧渔业全面发展的转变。

改革开放前,农村实行高度集中统一的管理体制,农民无权决定种什么、怎么种、种多少,农业产业结构长期处于"农业以种植业为主、种植业以粮食生产为主"的"以粮为纲"的状况。随着中央方针政策的调整,由"以粮为纲"转为"决不放松粮食生产,积极发展多种经营",农民根据当地实际和市场需求开展多种经营的积极性得到了充分发挥。在农业总产值中,种植业比重明显下降,林、牧、渔业比重显著提高。种植业由1978年的85.8%下降为2008年的68.6%,下降了17.2个百分点。林、牧、渔业所占比重分别由1978年的2.1%、12.1%和0%变为2008年的1.3%、29.8%和0.3%,分别变动了0.8、17.7和0.3个百分点。1978—2008年甘州区农林牧渔业产值比重变化情况如图10-2所示。

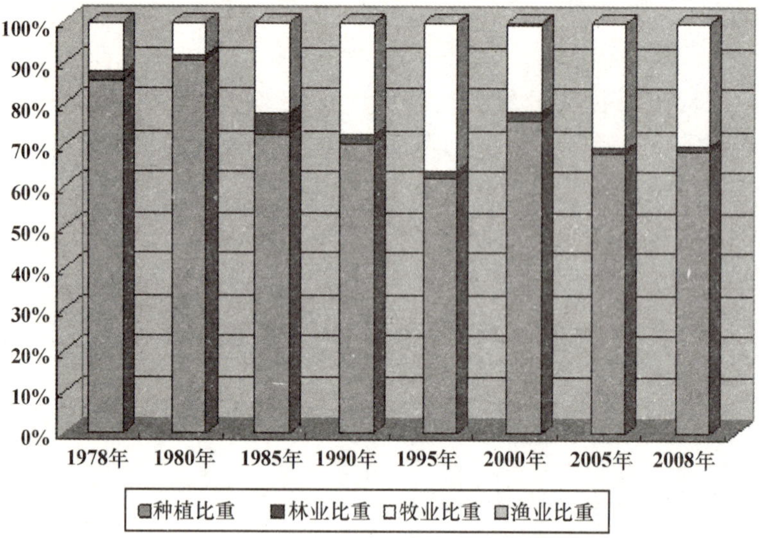

图 10－2　1978—2008 年甘州区农林牧渔业产值比重变化情况

资料来源：《甘州区统计年鉴 2008》。

农产品品质结构大为改善，由单纯追求数量的增加逐步向优质高效方向发展，主要农产品良种覆盖率和优质化水平进一步提高。农业生产更加注重生态产品的开发，初步形成了无公害农产品、绿色食品和有机食品“三位一体、整体推进”的发展格局。在林业生产方面，全面启动水土保持工程，既注重经济效益，又注重生态效益，努力实现山川秀美。在渔业方面，精养以及高附加值海淡水产品养殖得到较大发展。

农业生产布局调整取得重大进展，主要农产品生产向优势产区集中的格局逐步形成。目前全区已经形成以小麦、玉米等粮食作物为主，以油菜籽、甜菜等经济作物和蔬菜等其他农作物为辅的发展格局。

农业产业化经营得到快速发展。“公司＋农户”、订单农业等经营形式不断发展，涌现出一大批农产品生产和加工的骨干龙头企业和专业乡、专业村，有效地提高了初级产品的附加值，延长了农业产业链，增加了农民收入，提高了农业的整体效益。

——工业经济结构明显升级，基本实现了由技术含量低、劳动密集程度高的结构向劳动密集、技术密集的发展格局转变。

改革开放以来，国家制定和实施了一系列产业政策和专项规划，鼓励用新技术和先进的适用技术改造传统产业，大力培育发展高新技术产业。同时，甘州加强对工业组织结构调整的引导和促进，工业经济结构调整取得明显成效，整体工业逐渐变大变强。

传统工业的改造振兴取得了突破性进展。传统产业在国民经济中占据重要地位，传统产业结构的调整改造，是整个工业结构优化升级的关键。改革开放以来，通过体制创新、技术引进、自主创新、淘汰落后等方式，有力地推动传统产业结构调整与升级。

支柱行业对工业增长的拉动作用明显。2008 年，电力生产及供应业、农副产品加工业、饮料制造业、化学原料及化学制品制造业、黑色金属冶炼及压延加工业、造纸及纸制品业、非金属矿物品制造业、塑料制品业八个支柱行业完成工业增加值 153038 万元，同比 2007 年增长 18.76%，拉动全区工业增长 15 个百分点，占全区规模以上工业增加值的 97.18%。

企业组织结构进一步优化。改革开放初期，企业组织结构不合理的问题十分突出。经济规模普遍偏小，产业集中度低，缺乏市场竞争力，企业"大而全"、"小而全"，专业化水平低。20 世纪 90 年代以来，通过实施"抓大放小"的战略，制定了一系列促进企业集团发展的政策措施，促使行业集中度进一步提高，形成了一批有带动力、影响力的大企业集团，有力地促进了甘州工业企业组织结构的完善。2008 年，规模以上工业实现增加值 157476 万元，同比 2007 年增长 18%，实施节能减排项目 14 项，万元生产总值能耗下降 5.2%。同时，全区采取了"放小"、"扶小"政策，通过改组、联合、兼并、租赁、承包经营和股份合作等多种形式，大大增强了中小企业的活力。

——服务业结构明显升级，基本实现了由以传统服务业为主向新兴和现代服务业快速发展、多种经济成分并存的转变。

服务业的大发展，是改革开放 30 年来甘州产业结构调整最鲜明的特征。交通运输、批零贸易、餐饮等传统服务业得到了长足的发展，为增加就业、方便群众生活发挥了重要作用。2008 年，交通运输、仓储和邮政业增加值达到 48000 万元，同比 2007 年增长 9.4%；批发零售贸易业零售额达到 53572 万元，同比 2007 年增长 22.4%，餐饮业零售额达到 46614 万元，同比 2007 年增长 21.2%。为适应工业化、城镇化、信息化、全球化等的需要，金融、保险、旅游等一大批现代服务业呈加速发展态势，大大提高了服务业的整体质量和水平。2008 年，全区金融机构各项存款余额达到 881965 万元，同比 2007 年增长 18.3%，各项贷款余额达到 569938 万元，同比 2007 年增长 9.9%；保险业保费收入达到 26468 万元，同比 2007 年增长 11.4%；旅游业收入达到 1.51 亿元，同比 2007 年增长 5.6%。

（三）分配结构

——分配结构明显调整，基本实现了由收入渠道单一向以劳动报酬为主、资本和技术等收入为辅的多种分配方式并存的转变。

收入分配牵动各方利益，收入分配结构调整不仅是经济结构调整的重要组成部分，更是根本动力。30 年来，通过不断完善分配制度，规范分配秩序，合理调节收入分配，国家、集体、个人三者分配关系得以改善，居民收入分配不合理现象有所缓解，社会保障体系建设得以快速推进，适应甘州生产力发展水平和社会主义市场经济要求的分配体制正在逐步形成。

国家、企业和个人三者所得均呈大幅增长趋势。改革开放 30 年，经济的快速发展使国民财富显著增加。财政收入从 1978 年的 1213.8 万元增加到 2008 年的 52402 万元，增长了 43.2 倍，大大增强了宏观管理能力。城镇居民人均可支配收入、农民人均纯收入分别增长了 48.8 倍和 38.4 倍，人民普遍得到了较多实惠，生活大幅度改善。

多种分配方式并存，居民收入来源趋于多元化。改革开放以来，适应社会主义初级阶段的基本要求,甘州不断调整和完善收入分配制度,坚决打破了高度集中的平均主义“大锅饭”,把按劳分配和按生产要素分配结合起来,确立了劳动、资本、技术和管理等生产要素按贡献参与分配的原则,进一步完善了以按劳分配为主体、多种分配方式并存的分配制度,极大地调动了广大人民群众创业的积极性,极大地解放和发展了社会生产力。

在城镇地区,随着经济体制、企业制度、就业渠道等多方面的改革和变化,居民收入来源由单一的工薪收入转为工薪收入、经营收入、财产性收入和转移性收入等多种报酬形式共存。在农村地区,农村居民收入结构也发生了历史性变化。由于农村经济中第二、三产业比重的提高,以及大量外出务工人数的增加,工资性收入增长较快。

社会保障体系不断完善。30 年来,社会保障体系从无到有,范围和领域不断扩大,改变了改革开放初期城镇居民养老、医疗等各项保障都主要由企业负担,农村居民的各项保障则由家庭承担的局面。

(四)城乡结构

——城镇化步伐明显加快,基本实现了由城乡分割向城乡协调共同发展的转变。

提高城镇化水平是优化城乡经济结构、推进产业结构调整的重要因素。30 年来,随着农业生产力水平的提高和工业化的快速推进,甘州城镇化步伐明显加快,城乡关系渐趋协调,逐步实现了由城乡分割向城乡一体化发展的转变。

城镇化水平持续提高。城镇人口占总人口的比重由 1978 年的 16.0% 上升到 2008 年的 37.0%,提高了 21 个百分点。乡村人口所占比重由 84.0% 下降到 63%。1978—2008 年甘州区城乡人口比重变化情况如图 10-3 所示。

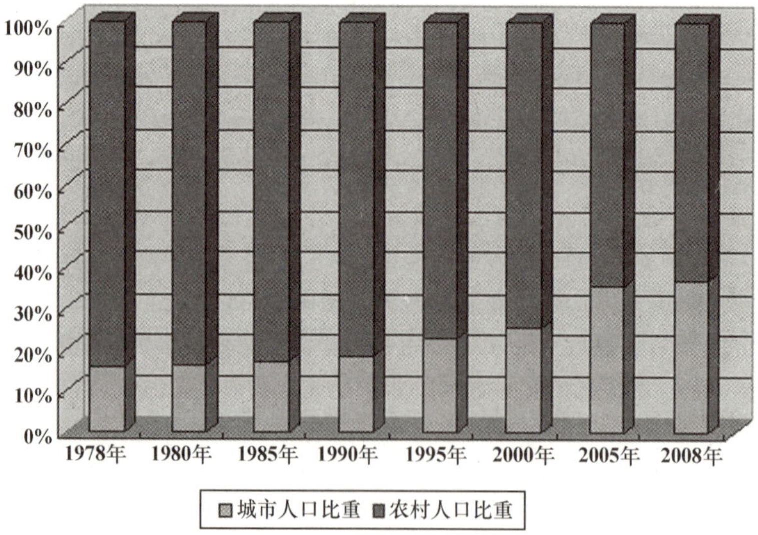

图 10-3 1978-2008 年甘州区城乡人口比重变化情况

资料来源:《甘州区统计年鉴 2008》。

城乡一体化进程稳步推进。“三农”问题始终关系着整个国家稳定发展的全局,30 年来，国家制定了一系列支农惠农的政策措施，大力加强农村水、电、燃气、通讯等基础设施建设，大大改善了农村生产生活环境，为建立新型工农、城乡关系，加快推进城乡一体化奠定了良好基础。支持“三农”的投入力度不断加大，农村基础设施条件大为改善，以工促农、以城带乡的长效机制正在逐步形成，长期存在的城乡二元经济结构正在逐步改变，城乡经济社会发展一体化的新格局正在稳步推进。

总之，改革开放30年来，甘州在结构调整方面取得的成效是明显的，长期困扰甘州经济发展的结构不合理状况有了很大的改观。结构的不断调整优化，对保持经济的持续快速稳定增长、提高经济增长的整体效益、促进社会和谐等发挥了十分重要的作用。但同时更应看到，目前甘州经济社会发展中结构性矛盾仍然非常突出，主要是投资与消费、内需与外需比例失衡，农业基础薄弱、服务业发展滞后、经济增长主要依靠第二产业带动的局面尚未改变，城乡发展差距以及居民收入分配差距扩大的趋势尚未根本扭转等，结构调整的任务依然十分艰巨。

三、促进甘州区经济结构优化

改革开放以来，甘州在经济结构调整方面取得了显著的成效，与此同时，也面对着突出的结构性矛盾，因此我们必须牢牢把握好结构调整这条主线，通过不断推动产业结构的优化升级，着力解决城乡之间、区域之间发展不平衡的问题。只有这样，才能为下阶段经济的发展拓展更为广阔的空间，才能切实转变经济发展方式，缓解资源环境约束矛盾，才能实现国民经济的又好又快发展，实现中华民族千百年来的强国富民的夙愿。

（一）经济结构优化的含义

所谓经济结构优化，就是根据国民经济发展的需要，对国民经济中各个领域、各个部门、各个地区和各种经济成分之间的对比关系和结合状况进行调整，以改善各物质生产部门之间的有机联系和比例关系，利用技术进步的主导作用，促使国民经济结构合理化，推动整个国民经济向前发展。

在经济结构优化中，通过技术进步、产业转换、体制和组织创新，一方面形成新的经济增长点，另一方面淘汰落后生产能力，从而为经济的进一步发展提供动力。经济结构优化具有显著的阶段性特征，一次大的经济结构调整，往往推动一个新的增长阶段的形成。

（二）甘州区经济结构优化的背景

目前进行的新一轮结构调整具有与以往调整不同的特点：

首先，是在短缺经济结束、传统产业普遍供过于求的背景下进行的推动产业升级的调整。为使今后较长一段时期国民经济保持较高的增长速度，必须在原有的高增长产业趋于平缓和乏力以后，通过产业升级培育出一批新的高增长产业。

其次,是在经济全球化趋势加快的背景下进行的致力于增强国际竞争力的调整。如何更快地融入全球化,在很大程度上取决于体制改革和结构调整的状况。要通过"有进有退"的结构性调整,充分发挥甘州的比较优势,从整体上提高甘州经济的竞争力。

第三,是在技术进步加速,对经济全局产生革命性影响的背景下进行的推动技术升级的调整。发展高新技术产业,缩短与发达国家在一些重要领域的技术差距,用高新技术改造传统产业,形成基于企业和市场的技术创新与应用机制,是新一轮调整中必须着力解决的问题。

第四,是在社会主义市场经济体制建设取得重大进展,改革进入攻坚阶段的背景下进行的旨在形成结构调整新机制的调整。甘州经济结构的不合理及其不断加剧,在很大程度上源于旧体制遗留下来的和经济转轨时期新出现的深层次矛盾和问题。既重视结构调整本身,又更重视形成结构调整的新机制,应当是新一轮结构调整的显著特点。

(三)甘州区经济结构优化的目标

我们要进行的经济结构战略性调整,将通过产业升级、技术升级提高经济增长的质量和竞争力,通过城乡结构调整为经济增长开拓更加广阔的空间,通过所有制结构的完善和国有经济的战略性调整为经济注入新的活力。这些都将有力地促进国民经济的持续快速健康发展。但从根本上说,结构调整是手段,发展是目的。经济结构各个方面的调整,都必须以有利于国民经济持续快速健康发展为前提。为此,就需要正确地把握经济结构调整的目标和方向。

从甘州经济结构的现状出发,结合甘州近期规划,我们认为甘州经济结构优化的目标有以下几个方面。

关于产业结构调整的目标:进一步优化产业结构。加快农业结构调整,稳定粮食生产,大力发展畜牧业,积极发展外向型农业和生态农业;合理推进工业结构优化升级,应用高新技术和先进适用技术改造传统产业;加强对第三产业发展的宏观引导和综合协调,加快发展现代服务业,改造提升传统服务业。

关于所有制结构调整的目标:加快发展非公有制经济,提高其占全区经济总量的比重;完善国有资本有进有退、合理流动的机制,以调整和优化产权结构为重点,通过多种途径进行股份制改革。

关于城乡协调发展的目标:积极稳妥地推进城镇化,坚持城市和城镇协调发展,提高城镇综合承载能力;加快振兴县域经济,稳步推进城乡经济一体化进程,促进各个区域协调发展。

关于区域结构建设的目标:区域发展按照主体功能区和经济功能区明确功能分区,打造带动全区快速发展的"十大工程"、"一区四园"等重要增长板块;健全互动合作机制,形成园带辐射互补、板块耦合互动的区域经济新格局。

(四)甘州区经济结构优化的原则

1.以市场为导向,使社会生产适应国内外市场需求的变化

这是结构调整的目的,也是判断经济结构是否合理、优化的标准。市场需求是不断变化的,结构调整也要经常进行,不可能一劳永逸。要十分重视国际市场,从积极参与国际竞争与合作,充分利用国内国际两个市场、两种资源的战略高度,全面考虑经济结构调整的部署,提高国际竞争力。

2.依靠科技进步,促进产业结构优化

这是当今世界经济结构重组的基本趋势和显著特点,也是我国经济结构优化的根本途径。要积极利用先进技术改造和发展传统产业,同时努力发展高新技术及其产业,促进国民经济向着优质、高效的方向发展,显著提高经济增长的科技含量。

3.发挥各区域优势,推动区域经济协调发展

要正确处理经济总体发展与区域经济发展的关系,正确处理各区域经济发展相互之间的关系,服从全局,统筹兼顾,优势互补,共同发展,以取得较好的效益。结构调整要有利于节约资源、增加就业和保护环境,有利于可持续发展。

4.转变经济增长方式,改变高投入、低产出,高消耗、低效益的状况

结构调整要立足现有企业的改组、改造,立足存量资产的重组、优化,增量投入必须同激活存量密切结合。决不能走粗放发展的老路,乱上项目,大铺摊子,引发又一轮投资膨胀和重复建设。

(五)甘州区经济结构优化的条件

经济结构优化需要应对以下关系:

第一,正确处理发展与调整的关系,以发展带动调整,以结构升级带动低效率的资源退出,通过调整形成新的发展动力。新一轮调整具有可预见的结构升级潜力,只要调整的方针和措施得当,就有可能出现一批高增长产业,在推动经济快速发展的同时为化解存量调整中的矛盾提供空间。当出现由高增长产业制造的较快发展时机时,必须集中力量同步解决存量中的矛盾,而不能将其后推,这一点应当是新一轮调整与以往调整的重要区别。

第二,正确发挥政府的作用。正确发挥政府在结构调整中的指导、规范、协调、服务的职能,为结构调整提供制度保证。新一轮结构调整必须逐步实现调整主体和调整方式的转变,这对调整效果有着决定性影响。目前应以企业为主体,主要依托市场力量进行调整,政府在结构调整中的主要职责是通过政策引导、制定法律法规和信息发布等去体现政府意志,创造对结构调整至关重要的体制、法制和市场环境,让企业根据自身状况、所处行业、竞争形势作

出决策。政府投资应主要集中于提供重要公共产品和服务的部门，对于那些涉及国家安全、自然垄断或提供重要公共产品和服务等市场难以发挥作用的行业，必要时政府应进行干预。

第三，正确处理结构调整中运用手段之间的关系，经济、行政、法律手段配合使用，重点是建立和完善有利于结构调整的法律体系。法律体系是当前规范结构调整的依据，也是建立自行调整机制的基础。在结构调整中要将经济、行政、法律手段并用，基础是经济手段。行政手段在经济转轨磨合期仍需使用，但一定要掌握合理的适用边界。经济和行政手段都要在法律规定的范围内运用，做到有法可依。

（六）甘州区经济结构优化的路径

1.优化产业结构的路径

优化产业结构是提高经济质量的主线。产业结构的优化，不仅指各产业内部协调程度的提高、各产业部门生产量的扩张，更重要的是指通过产业结构的变革，使社会生产能力和社会需要的满足程度达到新的水准。产业结构的合理化和高度化都是围绕提高经济质量而展开的，是提高经济质量的主线。优化产业结构可以实现经济的可持续发展，可以带来经济增长质量的提高。具体做法如下：转变优化产业结构的主导方向，把增加居民收入，提高居民消费结构水平作为优化产业结构的主导方向，通过优化消费组成结构来优化产业结构；把培植和发展产业链作为产业结构调整的主线，把现有的比较优势产业进一步优化升级。

2.优化区域结构的路径

优化区域经济结构就是要优化区域内的产业结构和就业结构，实现区域内的资源和要素的合理配置，提高经济质量，从而促进地区经济快速发展。

首先，大力发展特色经济。特色是区域经济的竞争力、生命力，在区域经济结构调整中，要把培育特色经济作为发展壮大区域经济的主线，充分发挥比较优势，按照有所为、有所不为的原则，依托本地的自然资源和社会经济资源，大力发展特色产业，积极培育主导产业，努力培植独具特色的市场“亮点”，实现经济特色化，从而提高区域经济的竞争力。

其次，大力发展产业集群区。产业的集群及其惯性促使企业在空间范围内的不断集聚。企业在有限的地理范围内集聚，特别是同一类型产业及其相关产业的企业集聚，容易实现经济的外部性。企业之间形成的网络可产生多种效应，比如知识、信息、技术等的流动与扩散，节约企业间的交易费用，降低市场的不确定性，减少机会主义的发生等。产业的集聚有利于企业间的合作、竞争与创新，提高产业竞争力，提升区域竞争力。

3.优化城乡结构的路径

城乡二元经济结构的存在，对国民经济发展严重不利，农民收入上不去，农村购买力上不去，农村剩余劳动力不能顺利地转移，工农业劳动力比重和工农业产值不一致，提高经济质量也就无从谈起。优化城乡结构的可行性路径如下：大力发展现代服务业，全面改善城乡服务设施建设和环境建设，提高服务设施供给水平和服务意识，振兴服务业市场；统一城乡要素市场，包括劳动力市场、资本市场和土地流转市场；确定国家基本保障的对象、范围和水平，统一管理标准，建立覆盖城乡、全民共享的社会保障体系。

（七）甘州区经济结构优化的对策

综合甘州区经济发展的实践和经济结构优化的规律，我们认为今后一段时期甘州区经济结构战略性调整的基本思路是：以所有制结构调整为基础，以产业结构调整为主线，以投资结构调整为先导，以城乡结构调整为依托，正确发挥政府的指导、协调和服务职能，推动国民经济进入一个新的较长时间、有较高速度的发展时期，并形成与新体制相适应的结构动态调整机制。

1. 所有制结构调整

所有制结构调整是甘州区经济结构调整的基础，因为任何一种经济结构的调整都将最终落脚和反映到所有制结构中各种经济成分的变动上。甘州区在以往经济发展中对国有经济的依赖性较大，国有经济在整个国民经济中占有绝对主导地位。非公有制经济无论从产值比重还是从业人员比重上看，均低于全国平均水平，其发展程度更是远落后于全国。因此，甘州区应加快所有制结构调整，从国有经济的调整和非公有经济的发展两个方向同时推进，再辅以其他相关结构调整的配合。

（1）国有经济的调整

近 10 余年来，世界范围内国有经济发展的一个引人注目的现象是，各类型国家的国有经济在整个国民经济中的比重都在缩小。在 20 世纪 80 年代初，发达国家和发展中国家国有经济产值占 GDP 的比重平均值分别为 8% 和 13% 左右，而到 90 年代中期则分别下降为 5% 和 10% 左右。不同类型国家的差别是相当大的，但国有经济比重的下降是普遍现象。改革开放以来，甘州各地区国有经济在全部经济中的比重均有不同程度的下降，相对而言，经济发展较快的地区国有经济比重下降的幅度较大，经济发展较慢的地区国有经济比重下降的幅度相对较小。在现实中判断国有经济的地位和作用，不能简单地依据国有经济的比重大小、数量多少，甚至不能简单地看国有经济是否控制了国计民生产业。因为随着经济全球化步伐的加快及技术进步效应的凸现，国计民生产业的界定越来越呈现模糊趋势，因而更重要的是看国有经济的比较优势能否得到发挥。国有资源是有限的，使国有资源集中在最重要、最适合的领域发挥作用并逐渐壮大，是国有经济地位和作用的要义所在。党的“十五大”提出要对国有经济的布局进行战略性调整，使国有经济逐步退出过于宽泛的竞争性领域，集中资金用于重点行业与关键领域。

当前甘州区国有经济的调整应主要朝两个方向进行：一是适当降低国有产业在基础产业中的比重，使部分国有资本从基础产业部门中退出。在市场经济条件下，国家只需要对基础产业中的重要行业实行相对控制，对这些行业中的主要企业采取优势控股或相对控股的方式，就可以使国有产业保持其在基础产业中的主体地位并发挥对整个产业发展的主导作用。因此，应当根据基础产业中各个行业的重要性而不同程度地降低国有产业的比重，从这些行业中退出部分国有资本。二是从基础产业中退出的国有资本应进入技术密集型产业，提高国有产业在这些产业部门中的比重。在产业结构向高加工度化和技术集约化发展的过程中，国有产业在技术密集型产业中的地位如何，是关系到国有产业能否对整个产业发展发挥主导作用的另一个重要方面，这个方面甚至比国有产业在基础产业中的主体地位更具有重要性。而目前甘州区国有产业在技术密集型产业中的比重太低使这个主导作用难以发挥。技术密集型产业的发展不能过多地依靠外商投资，必须重视提高民族产业在这些领域的地位和作用。从资本实力和科技力量看，民族产业中的集体产业、个体产业或私营产业都难以在技术密集型产业，尤其是高新技术产业中与外资产业展开有效竞争，只有国有产业才有较大的力量来争夺在这个领域的主导地位并有可能取得重大进展。

(2)非公有经济的发展

针对目前甘州区非公有制经济发展相对滞后的现状，应从以下方面推进非公有经济的发展进程：首先要拓展非公有制经济的发展空间，放宽准入领域，坚持“非禁即入、平等待遇”的原则，鼓励支持非公有制经济参与国有企业改革，进入国家法律、法规未禁入的金融服务、公共事业、基础设施等行业和领域。充分利用现有技术、资金等基础条件，鼓励和引导非公有制经济参与“十大工程”和“一区四园”建设。其次要针对甘州区非公有制经济效益水平较差的现状，引导个体、私营企业进行制度创新，完善公司治理结构，做大做强一批骨干企业，发展一批“专、精、特、新”的中小企业。同时按照“统一领导、集中管理、分级负责、分类培训”的原则，针对企业家、高级管理人员和职工进行个性化、专业化的培训，全面提升非公有制企业经营管理者、专业技术人员和广大职工的整体素质。最后要加大对非公有制经济发展的支持力度，进一步落实鼓励非公有制经济发展的各项政策，加大财政、税收政策的扶持力度和金融服务的支持力度，为非公有制经济发展营造良好的发展环境和社会氛围。同时还要通过整合社会资源，完善保护非公有制企业合法权益的机制，为非公有制经济的创立和发展提供全方位的社会化服务。

2. 产业结构调整

产业结构处于经济结构的核心位置，产业结构的调整是甘州区经济结构系统调整的主线。对产业结构的调整应以市场为导向，以投资变动为切入点，通过三次产业的内部结构调整与外部系统间的协调配合，促进产业结构的升级发展。甘州区产业结构调整的总体方向应为：大力发展现代农业、加速发展新型工业和加快发展第三产业。

(1)第一产业的调整

甘州区第一产业基础比较薄弱，质量效益水平相对较差，农业现代化程度进展缓慢。因此，实现传统农业向现代农业的转移、农林牧渔各业协调发展是第一产业调整的主要方向。

现代农业是建立在现代工业技术装备和现代农艺基础之上的农业,农业生产资料现代化和农艺现代化是现代农业的基本标志。农业产业结构的调整只有适应现代农业的要求,才能达到优化农业产业结构的目的。因此,必须大力发展现代农业,扎实推进新农村建设。这又可以细化为以下五个方面的工作。

一是加快农业产业化进程。按照"扶强龙头、壮大基地、扩大市场"的思路,在项目资金、贷款贴息、技术改造等方面,加大对龙头企业的支持力度,增强龙头企业对产业的带动力;按照"区域化布局、专业化生产、集约化经营"的要求,扩大主导产业基地规模,形成布局合理、特色鲜明、规模较大的优势产业格局;以农产品生产、加工和销售为重点,培育发展农民专业合作经济组织,提高农民进入市场的组织化程度。

二是大力发展特色农业。认真分析不同区域产业特点,因地制宜发展特色农业。河西片乡镇重点发展制种产业,以打造金张掖玉米制种基地为目标,规范种子生产经营秩序,注册申报种子商标,强化玉米制种产业的优势地位;城郊和中部乡镇重点发展蔬菜产业和猪、鸡养殖业;边缘乡镇重点发展轻工原料产业,引导开展规模化种植。同时,各乡镇要稳定粮食种植面积,确保粮油安全。

三是推进农业标准化生产。以标准化生产、品牌化经营为重点,制定玉米种子、蔬菜、畜禽等主要农产品的地方性生产标准,健全农产品质量检测体系,扩大无公害农产品申报认定范围,进一步提高农产品的知名度和市场竞争力。

四是全力开展河西肉牛产业项目。按照"农户抓繁育、小区吊架子、大户抓育肥、站所抓防疫、协会抓流通、企业抓加工"的思路,以"拓展基地、扩大总量、提升档次、打造品牌"为目标,加快开展河西肉牛产业开发项目,整村推进,示范带动,把肉牛产业打造成农民增收的支柱产业。

五是大力发展劳务经济。加快推进农村劳动力技能培训工程,以农村实用技术、就业技能培训为重点,多层次培训农村劳动力,全面提升劳动者综合素质,实现体力型输出向技能型输出、分散型输出向规模型输出的转变。发挥劳务机构、中介组织的作用,拓展劳务输出输转渠道。

(2)第二产业的调整

第二产业一直是甘州区国民经济的主导和支柱产业,其中工业又在第二产业乃至整个国民经济中占有绝对主体地位,因此对工业结构的调整就成为甘州区产业结构调整中的重中之重。当前甘州区工业结构调整的主攻方向应为实施工业强区战略,走新型工业化道路。具体来说,有三个方面的重点工作。

一是培养壮大主导产业。坚持水电、火电、风电建设并举,加快电力能源产业开发,重点支持张掖火电、黑河水电、河西水电等企业做大做强,提高电力能源产业规模和效益。积极与省内大型冶金集团沟通联系,加快锰矿、硅矿、钨钼"三金"开发,推进有色冶金产业向规模化发展。积极做好煤化工基地工作,鼓励昆仑生化、有年金龙等企业挖潜改造,推动生物化工产业持续发展。扶持中种、甘绿、牧沅、屯河番茄等企业提速提质,培养玉米制种、脱水蔬菜加工、番茄加工、畜产品加工等产业集群，全面提升轻工食品产业的竞争力。以甘肃省黑河水电股份有限公司为龙头，加快水泥产业整合步伐，淘汰落后产能，发展新型环保建材，促进建筑建材产业优化升级。

二是加快“一区四园”建设。按照“一区四园”总体布局，从培育产业集群、发展循环经济的要求出发，科学制定园区产业规划，明确产业定位和发展重点，配套完善水、电、道路、通讯等基础设施，实现园区差别定位、错位发展。

三是深入推进节能减排。坚持政策引导和总量控制相结合，充分利用财政奖励补助政策，加快造纸、水泥、化工、冶炼等行业的结构调整，鼓励支持企业实施节能降耗技术改造，逐步淘汰落后生产工艺、技术和设备，不断延伸产业链，走低投入、高产出、低消耗、少排放、能循环、可持续发展的路子。

(3)第三产业的调整

第三产业的兴旺发达是现代化经济的一个必要特征。大力发展第三产业有利于增强农业生产的后劲和促进工农业生产的社会化和专业化水平的提高，有利于优化生产结构，促进市场充分发育，缓解就业压力，从而促进整个经济持续、快速、健康发展。而甘州区第三产业的发展相对滞后，因此甘州区第三产业的发展方向是适应新型工业化和居民消费结构升级的新形势，重点发展现代服务业，规范提升传统服务业，充分发挥服务业吸纳就业的作用，优化行业结构，提升技术结构，改善组织结构，全面提高服务业发展水平。

一是大力发展面向生产的服务业，促进现代制造业与服务业有机融合、互动发展。细化、深化专业分工，鼓励生产制造企业改造现有业务流程，推进业务外包，增强核心竞争力，同时加快从生产加工环节向自主研发、品牌营销等服务环节延伸，降低资源消耗，提高产品的附加值。优先发展运输业，提升物流的专业化、社会化服务水平，大力发展第三方物流；积极发展信息服务业，加快发展软件业，坚持以信息化带动工业化，完善信息基础设施，积极推进“三网”融合，发展增值和互联网业务，推进电子商务和电子政务；有序发展金融服务业，健全金融市场体系，加快产品、服务和管理创新；大力发展科技服务业，充分发挥科技对服务业发展的支撑和引领作用，鼓励发展专业化的科技研发、技术推广、工业设计和节能服务业；规范发展法律咨询、会计审计、工程咨询、认证认可、信用评估、广告会展等商务服务业；提升改造商贸流通业，推广连锁经营、特许经营等现代经营方式和新型业态。通过发展服务业实现物尽其用、货畅其流、人尽其才，降低社会交易成本，提高资源配置效率，加快走上新型工业化发展道路。

二是大力发展面向民生的服务业，积极拓展新型服务领域，不断培育服务业新的增长点。围绕城镇化和人口老龄化的要求，大力发展市政公用事业、房地产和物业服务、社区服务、家政服务和社会化养老等服务业。围绕构建和谐社会的要求，大力发展教育、医疗卫生、新闻出版、邮政、电信、广播影视等服务事业，以农村和欠发达地区为重点，加强公共服务体系建设，优化城乡区域服务业结构，逐步实现公共服务的均等化。围绕小康社会建设目标和消费结构转型升级的要求，大力发展旅游、文化、体育和休闲娱乐等服务业，优化服务消费结构,丰富人民群众的精神文化生活。服务业是今后我国扩大就业的主要渠道,要着重发展就业容量大的服务业,鼓励其他服务业更多地吸纳就业,充分挖掘服务业安置就业的巨大潜力。

三是大力培育服务业市场主体,优化服务业组织结构。鼓励服务业企业增强自主创新能力,通过技术进步提高整体素质和竞争力,不断进行管理创新、服务创新、产品创新。依托有竞争力的企业,通过兼并、联合、重组、上市等方式,促进规模化、品牌化、网络化经营,形成一批拥有自主知识产权和知名品牌、具有较强竞争力的大型服务企业或企业集团。鼓励和引导非公有制经济发展服务业,积极扶持中小服务企业发展,发挥其在自主创业、吸纳就业等方面的优势。

结合甘州区的发展实际,近期有三个方面的工作需要加强。

一是加快水利电力交通生态设施建设。抓好黑河治理项目,实施农村饮水安全建设项目,加快实施"百村万户农村沼气工程",加快电力农网改造,进一步扩大电力输送和供给保障能力。完成张平公路、张莺公路、张罗公路和乌靖黑河大桥建设任务。完成"三北"四期、退耕还林工程建设任务,努力改善生态环境质量。

二是稳步推进城镇化建设。完善甘州南苑、张火公路配套工程;加快医疗废物集中处置工程建设步伐;实施王母宫社区、南关团结巷等危旧平房和城中村改造,新建一批高标准小康住宅示范点,配套完善小城镇基础设施,增强城镇综合服务功能。

三是积极发展商贸旅游产业。围绕打造河西商贸物流中心,抓好金张掖国际大厦、新乐物流配送中心、嘉禾5万吨果蔬恒温保鲜库等物流项目,启动建设一批城乡专业市场,积极引进发展连锁经营,加快发展现代服务业,精心策划各类展销活动,带动相关行业发展。加快湿地公园、金佛街等景区景点建设和旅游资源开发,不断完善旅游设施,积极策划、推介旅游线路和产品,不断提升旅游业整体水平。

3. 投资结构调整

经济结构的调整须从投资结构入手,因为与其他经济结构相比,投资结构具有强烈的可调性。由于投资结构的可调性,投资结构对经济结构具有导向能力,因而可以借助投资结构的调整来调控经济结构。经济结构演变的主要动力就是投资结构的变化。

投资结构优化是指投资结构与经济社会发展的客观要求达到高度契合的过程。投资结构的优化是一个均衡发展、重点倾斜、动态调整的过程。均衡发展是指在投资的分配中要考虑到彼此的制约关系,考虑到投资客观需要的广泛性和国民经济系统内部各组成部分间的密切关联性,尽可能均衡地满足各方面正常的投资需要,以保证国民经济整体协调有序地运行。但是必须指出,均衡分配并不是数量上的平均分配,而是指各个方向上的投资能够达到相互适应、协调发展的相对数量水平和格局。重点倾斜是指在均衡分配的同时,对于那些在国民经济发展过程中具有重要意义的部门、领域或地区,国民经济发展的薄弱环节、"瓶颈"部门,经济发展相对落后的地区等,要集中力量有重点地加强投资,体现投资倾斜政策,使其能以较快的速度发展。均衡分配不是平均分配，重点倾斜也不是盲目地厚此薄彼。均衡发展是动因，重点倾斜是措施，二者相辅相成，最终的目的是实现国民经济有序运行，协调发展。地区的投资结构应该更加重视地区间的协作与分工，以整合资源，实现共同发展。

从投资的来源结构看，应建立统一性和灵活性相结合的投资体制，实现投资来源结构的合理化。建立扩大投资自主增长的内在机制，可充分调动全社会的积极性，激活民间主体投资；完善投资政策，放宽投资领域，并采取适度让利政策，可吸引更多的外资参与经济建设；通过营造充满活力的体制环境、公平竞争的市场环境、严格规范的法律环境、诚实守信的信用环境、廉洁高效的服务环境，保护投资者的合法利益，降低投资运营的社会成本。

从投资的产业结构来看，第一产业要增加投资份额，提高产品的技术含量和市场竞争力；第二产业要优化内部投资结构，提高投资效益；第三次产业要加大投资力度，促进产业高级化。由于在产业与产业之间以及产业内部各行业之间，客观上存在着密切的关联性，这种关联性表现为一种产业或行业的发展制约着另一种产业或行业的发展，这种关联性决定了对一种产业的投资具有制约其他产业发展的影响力。因此在投资结构调整中要通过政府引导，使投资结构与产业结构动态发展的方向相一致，提高各产业的劳动生产率，促进产业结构的优化升级。

从投资的区域结构来看，应在遵循区域发展基本规律的基础上，充分考虑到各区域间的相互配合与协同发展，统筹规划，合理调配，实现资源共享。应加大对经济相对落后区域的开发，在继续保持经济增长中心区域良好发展势头的前提下，加快中小城镇的经济发展和社会进步。在调控范围内，有选择、有步骤地增加对落后区域的资金投入，创造各种优惠条件，健全各级金融网络，运用各种筹资方式，多方面、多渠道、多形式、多手段地吸引区域内、外部的直接投资和间接投资，并将之顺利转化为社会资本和产业资本，以缓解此类区域资金短缺的“瓶颈”制约。同时应合理分配投资资金，建立多层次协作的地区产业结构模式。根据产业政策，结合不同区域的资源、资金及市场状况分析比较，选准各区域的优势产业进行扶持培育，使产业倾斜建立在区域资源优势和市场优势的基础上。此外，还应加强区域间的经济技术协作，利用各区域的比较优势，建立起各具特色且能发挥整体优势的区域产业结构模式，变资源优势为经济优势。当然，发挥优势并不是每个区域孤立地发展一两个优势部门，而是围绕优势部门建立一个结构合理、相互协调、具有较高经济效益的地域经济体系。

4. 分配结构调整

在保持企业和政府收入继续增长的同时，着力提高劳动报酬在初次分配中的比重和缩小收入分配差距。当前，收入分配领域面临的问题从宏观角度看，表现为居民收入在国民收入中的比重偏低，劳动报酬在初次分配中的比重偏低，这是我国消费率持续降低、投资率持续升高的症结所在。从微观角度看，表现为居民内部不同群体收入差距持续扩大。低收入者的消费倾向高但缺乏购买力，高收入者购买能力强但消费倾向低。因此，合理调整收入分配关系是扩大消费、促进经济平稳较快增长的必然要求。

一是努力构建"橄榄形"收入分配结构。中等收入者处在富裕阶层和贫困阶层之间,能起到缓冲社会矛盾的作用,是社会的"稳定器"。中等收入者占主体的社会结构,抵御各种风险的能力会比较强。世界发达国家经验表明,在美国和日本遇到同样的经济危机时,美国的商场一片萧条,而日本则相对稳定,其原因就在于日本相当庞大的中等收入群体对稳定市场和经济发挥了非常重要的作用。因此,甘州区应以科学发展观为统领,认真贯彻党的十六大、十七大精神,着力扩大中等收入者比重,提高低收入者收入水平,切实保障最低收入群体的基本生活,调节过高收入群体的收入水平,缩小收入差距,努力构建经济学上所推崇的"橄榄形"收入分配结构,形成"两头小、不悬殊,中间大、分层次"的新分配格局,促进和谐社会建设。此外,庞大的中等收入阶层还是稳定的消费群体,有利于拉动内需,促进经济增长。

二是逐步提高劳动者报酬在国民收入分配中的比重。完全依赖国民收入再分配的补充调节作用来调整国民收入分配的公平问题是不可能的,必须高度重视国民收入初次分配中的公平问题,逐步提高劳动者报酬在国民收入分配中的比重,协调资本利益与劳动利益的平衡关系,建立公平、合作的劳资关系,从根本上解决国民收入分配的公平问题,树立"藏富于民"的现代公共财政理念,提高劳动者报酬,缩小不同群体收入差距。

三是加快企业收入分配制度改革,完善按要素分配制度。社会主义市场经济的分配原则是坚持按劳动分配为主体,多种分配方式并存的分配制度,逐步完善劳动、资本、技术、管理等生产要素按贡献参与分配的制度,即按要素分配原则。甘州区应以企业发展为中心,加快适应现代企业制度的收入分配制度改革,引导企业建立分配形式灵活、激励手段多样的薪酬制度,使不同就业身份人员的收入在企业内部都具有合理性、公正性,在企业外部都具有市场竞争性。此外,继续完善企业经营者分配制度,将经营者收入与其责任、业绩和风险挂钩,与职工工资增长挂钩,将短期激励和长期激励相结合。建立有效的约束机制,加强对经营者收入分配的民主监督,增加分配的透明度。

四是加强宏观调控,理顺分配关系。加强对企业职工收入分配的宏观调控,充分发挥工资指导线、劳动力市场价位、人工成本信息等对工资水平的引导作用,继续推动工资集体协商的开展,加强目标考核、欠薪监督及各项政策执行情况的监督检查等,逐步完善"市场机制调节、企业自主分配、职工民主参与、政府监控指导"的收入分配格局。

五是打破行业垄断,缩小收入差距。首先要通过放宽市场准入等手段,打破不必要的行政垄断和市场垄断,强化公平竞争,最大限度地消除垄断行业利用其垄断地位获得的垄断利润。其次要加强对垄断行业收入分配的管理和调控,规范垄断收益的分配,采取切实措施限制收入水平过高的垄断性企业工资水平的过快增长,促进其工资水平与市场价位逐步接轨。再次要深化税制改革,通过调整不同行业增值税、消费税、营业税等的税率,对垄断行业征收资源税、补偿税等特殊税种,将垄断行业获取的超额利润转为国家所有,从而对垄断行业的过高收入进行合理调节,促使不同行业间职工收入水平保持合理差距。

5. 城乡结构调整

城乡结构是甘州区经济结构的载体,经济结构中其他子结构的变动都要通过城乡两级系统传递并发挥作用，因此城乡结构的调整将成为甘州区经济结构调整的着力点所在。一般来说，城乡结构的调整可以通过以下四条途径实现。

一是投资结构调整引导城乡互动。实行城乡互动政策的主要着力点是结合区情制定有利于疏通农村出口和城市入口的劳动力转移政策，引导乡村人口转化为城市人口或农业劳动力转化为非农劳动力。通过投资结构的调整，增加对农村非农产业的投资力度，尤其是加大对农村工业、建筑业、交通运输通信业、批零贸易餐饮业的投资，从而有效拉动农村富余劳力流入农村非农产业。

二是产业结构升级推动城乡融合。城市与乡村功能不同，因而产业结构也各有侧重和不同。在统筹城乡发展中，通过生产力的科学布局建立与自身功能相适应的产业结构至关重要。因此应统筹城乡生产力布局，逐步形成城乡分工合理、区域特色鲜明、生产要素和自然资源禀赋优势得到充分发挥的产业空间布局，形成城乡紧密的产业互动链条。在统筹城乡生产力布局中，农业发展是基础，农村工业是核心，农业生产要体现专业化生产、集约化经营和区域化布局的思路，大力发展农业产业化经营模式，提高农业产业化、现代化程度，使大量从传统农业中“涌流”出来的剩余劳动力消化在现代农业内部和转移到相关产业中去，以现代农业的发展促进第一、二产业升级。当前甘州区农村工业的低、小、散问题比较突出，为此要继续大力推进农村工业向城镇集聚和向园区集中；统筹城市工业与农村工业的发展，加强城乡工业的分工协作和交流，使农村工业化与城市工业化同步并进、一体发展；鼓励农村中小企业联合重组，通过特色鲜明的块状经济把乡村经济做大做强，通过生产、加工、销售一体化的经营机制，实现农业生产的集约化、规模化和商品化。这样既减少了传统农业人口的比重，又增加了非传统农业人口的比重，是一条二元结构转换的有效路径。

三是城市化进程带动整体结构变动。从各国经济发展的进程和基本经验来看，推进城市化所带来的集聚和扩散效应将带动整个经济高速增长和经济结构优化。城市化的推进可以产生大量的城市就业机会，有效提高农民收入，并且在各项政策体制成熟的条件下，使大批农业人口转化为城市人口，这种集聚效应将发挥巨大的生产和消费优势，带动整个经济高速增长。城市化的推进还可以带动人口由分散走向集中，由此为产业结构调整尤其是第三产业的发展创造条件。城市集聚经济形成状态下所产生的扩散效应必将促进乡村三次产业的发展，有效提高三次产业的劳动生产率，从而弱化二元对比系数，有效改善城乡二元经济结构。

四是小城镇建设推进城乡一体化。经济发展事实表明，不发展城市，地区经济就没有经济上的增长极，不发展城镇，就没有地方容纳从农村转移出来的大量人口。推进城乡结构调整的重点和难点在农村，要实现调整目标，就必须建设小城镇，使更多的农民离开土地，从事非农产业。小城镇处于农村之首和城市之尾的位置，与农村经济有着千丝万缕的联系，既可作为实现农业现代化、产业化和市场化的重要支撑点，又可成为接受大中城市经济、科技辐射的过渡之地。具体看，小城镇的优势和功能主要表现在以下几点：一是从转移农村人口的目标出发，小城镇的生活成本和就业成本远远低于大中城市，因此可以成为农村人口转移的主要集中地。二是小城镇和农村具有天然的联系，其基础设施条件不高，农民进入的门槛相对较低，是乡镇企业和民营中小企业发展的主要载体。三是小城镇最易在大城市的周围发展，其原因在于大城市与小城镇的发展具有双向互动效应。大城市的辐射对小城镇的发展有着强烈的带动作用，而大城市周边小城镇的发展又能缓解大城市的人口压力，同时也有助于大城市产业结构的调整和升级。从甘州区农村的实际情况出发，应当鼓励乡镇企业、民营企业向现有的县城和建制的中心城镇集中。因为这些城镇普遍具备交通比较便捷、信息比较发达、基础设施比较完善的优势，乡镇企业、民营企业在这里安家落户，向前可衔接第一产业，中间可带动第二产业，向后可衍生第三产业，对开辟全区农村就业门路、拉动农村富余劳动力就近转移、增加农民收入、促进小城镇发展提供了空间。同时还可以把大中城市在产业结构调整中需要转移出来的某些产业，经过技术组装重新布局于小城镇，这既降低了大中城市产业升级的成本，又缩短了小城镇的产业成长周期，实现了跨越式发展。

第十一章　甘州区生态资产与可持续发展

以胡锦涛同志为总书记的党中央在十六大报告中提出以人为本，全面、协调、可持续的发展观，对如何更快更好地实现经济社会发展提出了新的要求。可持续发展，就是要促进人与自然的和谐，实现经济发展和人口、资源、环境相协调，坚持走生产发展、生活富裕、生态良好的文明发展道路，保证一代接一代地永续发展。甘州区目前正处在加快发展的关键时期，同时也面临着人口、资源、环境与经济发展较为突出的矛盾。在推动经济持续快速健康发展和社会全面进步的同时，谋求人口、资源、环境与经济的协调发展，增强可持续发展的能力，是甘州区经济社会发展的内在要求，也是事关子孙后代生存和发展的长远大计。

一、生态资产理论的提出

20世纪末以来，生态资产研究逐步受到国内外的广泛关注。生态资产是以生态环境与人类经济社会发展之间的关系为重点的跨学科领域，近年来，尽管生态资产相关研究在理论和技术方法上已取得明显进展，但对生态资产概念的混用仍非常普遍，其研究体系也尚未形成。因此，准确把握生态资产含义，探索生态资产特点，明晰生态资产构成具有重要意义。

（一）生态资产的含义

生态资产，从广义来说是一切生态资源的价值形式，从狭义来说是国家拥有的，能以货币计量的，并能带来直接、间接或潜在经济利益的生态经济资源。生态资产是在自然资源价值和生态服务价值两个概念的基础上发展起来的，是二者的结合与统一，表征人类对生态环境、自然资源的认识达到了一个新的高度。人们对生态资产概念的认识过程是动态的、发展的，是逐步深化和延展的，从自然资源价值发展到生态服务价值，从有形的、实物形态的、可以划归权属的经济收益价值发展到无形的、公益性的环境服务价值。因此，对生态资产概念的认识是人类认识世界、认识自然环境过程的具体体现。

生态资产包括一切能为人类提供服务和福利的自然资源和生态环境，其服务和福利的形式包括有形的、实物形态的资源供给，如矿产、果实、木材、水资源等；也包括隐形或不可见的，或非实物形态的生态服务，如空气的净化和氧气的供给、气候调节、景观享受等。实物形态的生态资产大多可划归所有权，可直接进入人类经济交易的商品市场，从而使其价值得以具体体现；隐形或不可见的生态资产大多是公共的，任何组织或个人难以划归其所有权。在当前全球环境污染和生态恶化加剧的形势下，尽管隐形的生态资产无法在真正的商品市场上拥有价格并使其价值得以显现，但隐形的生态资产因其稀缺性而成为目前生态资产研究与评估中的重点和难点。按生态环境提供给人类服务的差异性，生态资产可分为生存型、生产型和享受型，具体包括经济价值、文化娱乐价值、人类心理需求价值、道德伦理价值和生态价值等。这些不同类型的价值对人类经济社会具有不可替代的实际意义。

(二) 生态资产的特点

生态资产是生态经济学中新兴的概念，是自然科学与经济社会科学的交叉学科，因此，其特性既具有自然属性，又具有经济属性。具体来说，生态资产具有以下六个特点。

1. 互动性

在生态资产研究中，必须考虑生态环境与经济社会的关联性和互动性，决不能只从自然的角度评价生态资产。目前存在的普遍问题是，对某个区域的生态资产核算量巨大，但却难以将其转换成经济价值。因此，人们经常面临的困惑是：很多生态环境好、生态资产大的地方，经济不发达，贫困现象非常普遍。导致这种情况的根本性原因是没有将生态资产与经济社会发展密切结合，缺乏互动性。所以，生态资产的研究对象应是一定时间和空间范围内所有的自然资源、生态环境与人类经济社会发展互动演变关系。由于生态资产是以人的需求为主体的，生态资产研究在探究生态环境发展演变规律的同时，应更多地考虑与区域或全球人类经济社会发展相结合，应注重揭示生态环境与人类经济社会发展相互制约、相互影响的发展规律，寻求生态环境与人类经济社会协调、整合和互动的可持续发展途径。

2. 变异性

在自然力和人类的共同作用下，生态环境自身在时间、空间尺度上不断发生着变化，同时人类生存发展对生态资产的需求、消耗也在改变。这些变化都会使全球或区域性的生态资产总量和类型发生变异，并将进一步影响生态环境及人类社会的各种福利。因此，在生态资产研究中，必须要有前瞻性，要看到各种事物的潜在价值。在人类历史上，原来许多被认为没有价值的东西，随着科学技术的进步和人类认识水平的提高而成为有价值的东西。相比而言，生态资产的变异比资源更具隐蔽性，更难以识别和鉴定，如对空气、太阳辐射、温度等生态要素的认识到目前仍然不是很清楚。所以，对生态资产的研究必须高度关注各种生态要素的显性价值、隐性价值以及同一要素在不同时期的价值变异。

3. 开放性与可转移性

生态环境及人类社会总是不断地与外界进行物质、能量与信息的交流，开放性是二者共有的属性和本质特征。开放性决定了二者的生态结构、组成和机能永远处在动态变化之中，并保证了其存在和持续发展的可能性。生态资产作为生态环境供给人类的福利和服务，必然具有开放性。由于生态环境的类型、质量、结构组成等在空间上存在差异，不同地域经济社会发展水平、发展规模也不同，导致区域经济社会发展对生态资产需求的不平衡，差异与不平衡性必然导致空间上的流动。以大气、水为介质和以动物、植物为载体的生态资产跨区域流动，是生态环境中十分普遍的现象，而人类经济活动中矿产资源、工农业产品的跨区域运输，也体现了区域生态资产的开放性和可转移性。

4. 整体性与地域性

整体性是生态系统的根本属性。生态系统及生态环境的各组成要素总是在相互联系、相互制约、相互作用的动态过程中，即任何一个生态要素受到影响，其他生态要素在状态和功能上都会对这种影响作出反馈和反应，进而波及生态系统及其生态环境供给人类的服务和福利。因此，生态资产研究要从生态系统整体考虑，特别是从区域生态系统总体考虑。

不同地域有不同的自然地理条件和经济社会条件，自然资源、生态环境以及当地经济社会对资源环境的利用方式也必然存在差异。因此，以生态服务和自然资源为核心的生态资产的组成、结构、功能、类别也将随着区域的自然地理条件和经济社会条件的不同而产生变化，这就是生态资产的地域性特征。

5. 累积性和可折损性

由于生态系统中动植物生长是一个不断积累有机质和能量、吸纳烟尘和废气、清洁空气、美化景观等为人类提供福利和服务的过程。因此，只要这样的过程在不断地进行，并且人类对生态产物的消耗量和损失量少于其累积量，生态环境供给人类的福利和服务的总量就会不断增加，即生态资产具有累积效应。但生态资产在具有累积特征的同时，由于人类经济社会发展对生态资产的消耗、环境污染和生态破坏，削弱了其生态服务功能，因此也具有可折损性。

6. 不可替代性和公益性

不同区域生态环境所提供的福利和服务不同，因此为了使不同区域间的生态资产可以横向分析比较，生态资产的评估和研究通常都以货币度量。但需明确的是，生态资产对人类的服务和福利是人类经济社会中“万能”的货币所无法替代的，生态服务是整个人类社会生存和发展的物质与环境基础；任何空间或区域的生态环境都不可复制，也不可能被替代。生态资产在一定意义上为人类所共有，是全人类的公益性资产，对生态资产的合理调节与分配是实现可持续发展的必然选择。

（三）生态资产的构成

生态资产由生物资产、基因资产、生态功能资产和生境资产构成。

1. 生物资产

生物资产是生物资源的价值形式,而生物资源是生物圈中对人类具有一定价值的植物、动物和微生物有机体以及它们组成的生物群落。

2. 基因资产

每一个物种包括由若干个体组成的若干种群。各个种群由于突变、自然选择或其他原因,往往存在遗传上的不同。不仅种群之间具有遗传基因的多样性,而且在一个种群中,某些个体具有其他个体不具有的特殊基因变体。生物种群及个体的这种遗传基因的多样性,对生态系统来说,使之更加丰富、更加稳定、更加适应环境的变化;对人类来说,生物遗传基因的多样性提供了优良植物品种和优良动物品种的育种材料。一个优良品种,可以创造出巨大的社会财富。因此,生物遗传基因是极为难得的自然资源,是自然赋予人类的宝贵自然资产。

3. 生态功能资产

生态资产不仅具有物种和遗传基因的实物形态,还具有生态功能的无形形态:从生态功能无时无刻不在维系人类的生存及社会经济的发展来看,生态功能及其价值不能忽视。生态功能资产是建立在生物物种及遗传基因的物质基础上的,但是,物种和基因资产不能取代生态功能资产。生态功能资产是生态系统整体结构和功能的体现,它是实物形态的补充和发展。

生态功能资产主要反映在:一是生物多样性提供生态系统演替与生物进化所需要的丰富的物种与遗传资产;二是生物多样性是形成维持生态系统的结构和功能作用的资产;三是表现为生态系统的服务功能资产。目前,由于前两方面的价值定量困难,生态功能资产仅限于生态系统的服务功能资产评估。如有机物的生产、二氧化碳的固定及氧气的释放、山坡的生态功能、涵养水源、调节气候、降解污染物、维持优良的景观等。

4. 生境资产

生态资产除包括生物资产、基因资产、生态功能资产外,还包括生境资产。生境资产是生态资产中不可分割的组成部分。如阳光、气候、土地、土壤、地理、地貌、地质、降水、地面水、地下水等,都是人类社会经济不可缺少的宝贵环境经济资产。生境资产的价值因有无生物存在及生物多样性的丰富度大小面而变化很大。一般来说,不适宜生命存在的地区,其生境资产的直接使用价值是十分低下的;在生物种类繁多、生长繁茂的地区,生境资产的使用价值是十分巨大的,它也特别适合人类的生存、休憩、游乐、疗养需求。各个国家的别墅区就是建在生境特别优良的地区。但这并不是说不毛之地的极地、湿地、荒地等就没有价值或价值低下了,因为不同的生境适合不同的生物生存,特殊的生境适合特殊的生物生存,是特殊基因库；不同的生物、生境在整个生态系统中均有其生态功能和生态作用；此外，即使看起来是不毛之地的生境，也可能对整个生态系统具有某种特殊的功能和作用。例如，南极就是全球气候的制冷器、指示器和调节器。所以，在生态资产评估中，必须十分慎重，只有相当全面地了解生境（包括极地、湿地、荒地等）的各种功能和作用，尤其是特殊功能和作用，才能对生境资产价值的大小进行评估。

二、生态资产评估在可持续发展战略中的重要性

随着天然生境的破坏和生物资源的日益减少，生态资产赤字越来越大，其面临的各种压力已成为各界关注的焦点。长期以来，由于忽视生态资产的存在，造成了资源利用、环境容量、生态状况和人口数量等结构的严重不和谐。因此，深入了解和掌握一个地区的生态资产信息，从生态经济的角度来处理生态环境问题，对经济的可持续发展有着深远意义。

（一）生态资产评估的含义

生态资产评估，是指从经济价值角度，运用科学的方法，对生态资产的各种类型经济价值及总经济价值进行评定和估算的过程。生态资产评估中的"资产"，是指全民（国家）拥有或控制的、经过转化以货币计量的、并能给社会带来有形或无形利益的生态经济资源，包括自然存在价值资产、间接使用价值资产、直接使用价值资产和潜在使用价值资产。生态资产评估中的"评估"，是指对特定被评估资产的某一时段的现时价格或影子价格或边际机会成本进行评定和估算。评定要求科学、客观、公正，估算也不是随意进行的，而是根据生态资产的特点、数量、质量、功能和作用，结合技术、经济背景条件，采用专门的科学方法进行计算。

（二）生态资产评估的特点

生态资产评估的特点主要有以下几个方面：

1. 历史性、现时性及预测性相结合

生态资产评估不仅应进行现时性评估，而且还应进行历史性及预测性评估。这是由生态资产是时间的函数这个重要特点决定的。为了了解生态资产的背景及生态资产的耗用，需要进行历史性评估；为了了解潜在价值，则需要进行预测性评估。只有基本掌握了生态资产随时间的变化规律，才能更深刻地理解生态资产的本质并有效地为决策管理服务。

2. 生态类型与生态区域性相结合

生态资产评估不仅要进行生态类型评估，而且还要进行生态区域性评估。这是由于生态资产价值的大小不仅取决于不同的生态类型，而且相同的生态类型在不同的生态区域内价值量变化也可能很大。

3. 社会性与自然性相结合

生态资产评估不仅应对社会使用价值进行评估,还应对存在价值进行评估。这是由生态资产具有的自然属性决定的。生态资产存在价值的评估,就是专门评估其自然价值的货币量大小,忽视自然存在价值就反映不出生态资产的基础价值和总体价值。

4. 有形性与无形性相结合

生态资产评估不仅对有形性价值进行评估,还应对无形性价值进行评估。这是由于生态资产除了直接利用价值是有形的之外,其功能性(间接)价值则是无形性价值,忽视了功能性价值就反映不出生态资产的主体价值和总体价值。

5. 增量与存量相结合

生态资产评估不仅应对增量进行评估,还应对总量进行评估。这是由于一般性生态资产效益性评估,主要是对其增量价值或价格进行评估,评估在其自然再生产能力之上,人类生产或再生产它所应该付出的社会必要劳动时间。然而,在生态资产核算、统计方面,生态资产评估不仅要评估出增量大小,而且需要评估出存量及总量的大小。

6. 边际机会成本与市场价格相结合

生态资产评估应以边际机会成本为主,兼顾市场价格。这是出于生态资产除直接使用价值可以参考市场价格外,其他价值目前没有或难于进入市场。没有市场价格,所以只能采用边际机会成本或影子价格进行评估。

7. 客观评估与主观评估相结合

生态资产评估应以客观评估为主,兼顾主观评估。这是由于生态资产的内部及外部边界是模糊的,很难界定,对于边界、方法及参数明确的生态资产,采用客观评估方法,对于边界、方法及参数模糊的生态资产,则只能采用主观评估方法。

8. 科学性与可行性相结合

生态资产评估应以科学性为主,兼顾可行性。这是由于目前生态资产评估尚不成熟,许多的不确定性有待探讨。

(三) 生态资产评估的方法

从近 20 年来国内外生态资产价值度量的相关研究上看,生态资产评估的方法总体可分为四大类:直接市场法、替代市场技术、创建市场技术和空间—能值分析技术。

1. 直接市场法

一是市场价值法:也称生产率法,把环境看做生产要素,环境质量的变化导致生产率和生产成本的变化,从而导致价格和产出水平的变化,而后者是可观察和测定的。

二是计量—反应评估技术:也称人力资本法或工资损失法或生产函数法,用于评价环境质量变化对人体健康的影响、环境污染对人体健康造成的危害。该方法重要的是辨别剂量与反应之间的关系,然后再作评价。将空气污染同发病率相联系,将发病率同误工相联系,通过市场工资率来评估误工损失。

三是机会成本法:也称收入损失法。保护自然生态环境资源,有时会减少一些生产部门(如林业)的收益,即此项保护的机会成本。

2. 替代市场技术

一是享乐价格法:享乐价格与很多因素有关,这些特性或属性可为市场参与者所察识。产品价格与产品特性之间存在一种均衡关系,可用享乐价格函数表示。该函数的形状反映了买者与卖者的所有属性。此法常常用于房地产市场,以及劳动力或汽车市场等。

二是旅行费用法:把确定旅行者的支出费用作为替代市场。一个家庭的效用(V)取决于景点的娱乐性(R)和其他商品服务(E):$V = V(R \cdot E)$。利用游憩的费用资料求出"游憩商品"的消费者剩余,并以此作为生态游憩的价值。

三是享乐工资法:使用劳动市场作为替代市场来评估无致命损伤的风险,其中的假定是,风险会产生工资保险费。这一方法在职业死伤风险评估中广泛应用。

四是离散选择技术:通过选择一个市场商品来表达非市场商品的隐含价格。典型的例子是对时间的评估。

五是随机效用模型:是旅行费用法的一种替代模型,它提供了一种在多个景点之间以效用为基础,跟进可测量的景点属性变化,由于它并不完全依据效用理论的定量选择模型,所以不能解决旅行的定量需求问题。该方法假设个人在具有已知特性的备选方案中作出选择。

3. 创建市场技术

此技术属于模拟市场技术,其核心是直接调查人们对生态环境质量变化的支付或补偿意愿,也称为条件价值法(CVM)或调查法或假设评价法。该方法建立在消费行为力量基础上。支付意愿可以表示一切商品价值,也是商品价值的唯一合理表达方法。它从消费者的角度出发,在一系列假设问题下,通过调查、问卷、投标方式来获得消费者的支付意愿和净支付意愿,来估测产品和服务的价值。

一是防护费用法:用来估算人们对改善环境质量(如大气、水源)、生态保护(如水土流失)的支付额度,从而得出最低防护费用。

二是恢复费用法:自然生态环境资源遭到破坏,将其恢复到原有状态所需费用可作为估计自然生态环境资源价格的依据。

三是影子工程法:是恢复费用法的一种特殊形式,当难于直接计量某项自然生态环境资源的价值时,可通过另一项情况相近的、有计量数据的工程的相关费用来进行评价。

4. 空间—能值分析技术

一是生态足迹分析法:生态足迹是在现有技术条件下,按空间面积计量的支持一个特定地区的经济和人口的物质、能源和废弃物处理所要求的土地和水等自然资本的数量。大多数人类对自然物品和服务的消费以及所排放的废物是可以定量描述的;被人类所占用的生产消费品和同化废弃物的具有生物生产力的土地面积是可以计算的。因此,生态足迹自然也就是被一个地区所占用的生产所消耗的资源和服务以及能同化所排放的废弃物的生物生产性土地。

二是能值分析法:能值是生产某种类别的能量所包含或需要的另一类别能量的数量,也就是说,在人类系统或自然系统,任何物品或服务的形成过程中直接或间接使用的各种能量的总量,就是该物品或服务的能值。能值分析理论,从系统生态角度,将自然生态系统与人类经济系统相结合,以太阳能能量为基本衡量单位,与能量流图互补,来研究分析不同时间和空间尺度下的自然和人类—自然生态系统的能量经济行为的方法。分析手段包括能量系统模型图和能值综合图的绘制、各种能值分析表的制定、能量计算与能值计算评价、能值转换率和各种能值指标的计算分析、系统模拟等。

5. 生态资产评估方法在应用中的特点

直接市场法以费用来表示自然生态环境资源的经济价值,但是仅仅通过费用支出来估计生态资产的价值本身在理论上就存在缺陷。替代市场技术与创建市场技术类似,适合于没有费用支出但有市场价格的生态服务功能的价值评估,理论上是合理的方法,但是由于生态系统服务功能种类繁多,而且往往很难定量,实际评价时仍有许多困难。间接的方法只能估算使用价值,而 CVM 方法能估测使用价值和非使用价值,其不足在于:所获得的价值是假设性的,存在偏好不确定性。生态足迹法是强调人类发展对环境系统的可持续性,而不关心经济、社会、技术方面的可持续性,并不考虑人类对现有消费模式的满意程度;另外,它是一种基于静态指标的分析法,无法反映未来的可持续性;它没有把自然系统提供资源、消纳废弃物的功能描述完全。能值分析法把生态环境系统与人类社会经济系统有机地联系和统一起来,定量分析自然与人类经济活动的真实价值,有助于调整生态环境与经济发展关系;对自然资源的科学评估与合理利用、经济发展方针的制定以及地球未来的预测,均具指导意义。该法将环境资源、商品、劳务和科技等不同类别与各种形式的能量转换为同一标准的能值后,均可加以比较研究。能值方法与技术的采用不是取代货币对经济行为的度量功能,而是弥补货币价值方法的不足。对那些非市场的自然物品和服务的价值进行度量尤其适用。

能值分析可以为国际、国家和地方的政策分析和生态经济决策提供技术工具支撑,但是却难以用来研究人类或生物是社会组织、制度、行为、心理意识问题，因此，到目前为止仍然局限于在经济或生态经济系统内应用。

三、甘州区的可持续发展战略

随着社会知识化、科技信息化和经济全球化的不断推进，世界已经进入了可持续发展能力激烈竞争的时代。谁在可持续发展上占据优势，谁便能为自身的生存与发展奠定更为牢靠的基础与保障，创造更大的时空与机遇。可持续发展已成为当今人类共同追求的目标，也是世界各国普遍接受的理想发展模式。实施可持续发展战略已经成为加快经济发展和建设和谐社会的重大战略举措。在如此关键的时刻，深刻认识可持续发展的重要意义，贯彻落实科学发展观，结合发展实际，制定并实施可持续发展战略已经成为甘州区发展的头等大事。

（一）可持续发展战略的含义

"可持续发展"的概念最先是于 1972 年在斯德哥尔摩举行的联合国人类环境研讨会上正式讨论的。这次研讨会云集了全球工业化和发展中国家的代表，共同界定人类在缔造一个健康和富有生机的环境上所享有的权利。自此以后，各国致力界定"可持续发展"的含意，现时已拟出的定义已有几百个之多，涵盖范围包括国际、区域、地方及特定界别的层面。1980 年，国际自然保护同盟的《世界自然资源保护大纲》提出："必须研究自然的、社会的、生态的、经济的以及利用自然资源过程中的基本关系，以确保全球的可持续发展。"1981 年，美国出版《建设一个可持续发展的社会》，提出以控制人口增长、保护资源基础和开发再生能源来实现可持续发展。1987 年，世界环境与发展委员会所著的《我们共同的未来》中，将可持续发展定义为："既能满足当代人的需要，又不对后代人满足其需要的能力构成危害的发展。"它系统阐述了可持续发展的思想，表达了两个基本观点：一是人类要发展，尤其是穷人要发展；二是发展要有限度，不能危及后代人的发展。1992 年 6 月，联合国在里约热内卢召开"环境与发展大会"，通过了以可持续发展为核心的《里约环境与发展宣言》、《21 世纪议程》等文件。随后，中国政府编制了《中国 21 世纪人口、资源、环境与发展白皮书》，首次把可持续发展战略纳入我国经济和社会发展的长远规划。1997 年的中共十五大把可持续发展战略确定为我国"现代化建设中必须实施"的战略。2002 年，中共十六大把"可持续发展能力不断增强"作为全面建设小康社会的目标之一。由此，可持续发展成为一种新的发展观、道德观和文明观。

可持续发展是从环境与自然资源角度提出的关于人类长期发展的战略与模式，它不是在一般意义上所指的一个发展进程要在时间上连续运行，不被中断，而是强调环境与自然资源的长期承载力对发展的重要性以及发展对改善生活质量的重要性。它强调的是环境与经济的协调，追求的是人与自然的和谐，其核心思想就是经济的健康发展应该建立在生态持续能力、社会公正和人民积极参与自身发展决策的基础之上。它的目标是不仅满足人类的各种需求，使人尽其才，物尽其用，地尽其利，而且还要关注各种经济活动的生态合理性，保护生态资源，不对后代人的生存和发展构成威胁。在发展指标上与传统发展模式所不同的是，不再把 GDP 作为衡量发展的唯一指标，而是用社会、经济、文化、环境、生活等各个方面的指标来衡量发展。可持续发展是指导人类走向新的繁荣、新的文明的重要指南。

在内涵方面，可持续发展具体体现在以下几个方面。一是突出发展的主题，发展与经济增长有根本区别，发展是集社会、科技、文化、环境等多项因素于一体的完整现象，是人类共同的和普遍的权利；二是强调发展的可持续性，人类的经济和社会的发展不能超越资源和环境的承载能力；三是凸显人与人关系的公平性，当代人在发展与消费时应努力做到使后代人有同样的发展机会，同一代人中一部分人的发展不应当损害另一部分人的利益；四是重视人与自然的协调共生，人类必须建立新的道德观念和价值标准，学会尊重自然、师法自然、保护自然，与之和谐相处。

在具体内容方面，可持续发展涉及可持续经济、可持续生态和可持续社会三方面的协调统一，要求人类在发展中讲究经济效益、关注生态和谐和追求社会公平，最终达到人的全面发展。它将环境问题与发展问题有机地结合起来，已经成为一个有关社会经济发展的全面性战略。具体地说：

1. 在经济可持续发展方面

可持续发展鼓励经济增长，而不是以环境保护为名取消经济增长，因为经济发展是国家实力和社会财富的基础。但可持续发展不仅重视经济增长的数量，更追求经济发展的质量。可持续发展要求改变传统的以"高投入、高消耗、高污染"为特征的生产模式和消费模式，实施清洁生产和文明消费，以提高经济活动中的效益，节约资源和减少废物。从某种角度可以说，集约型的经济增长方式就是可持续发展在经济方面的体现。

2. 在生态可持续发展方面

可持续发展要求经济建设和社会发展要与自然承载能力相协调。发展的同时必须保护和改善地球生态环境，保证以可持续的方式使用自然资源和消耗环境成本，使人类的发展控制在地球承载能力之内。因此，可持续发展强调了发展是有限制的，没有限制就没有发展的持续。生态可持续发展同样强调环境保护，但不同于以往将环境保护与社会发展对立的做法，可持续发展要求通过转变发展模式，从人类发展的源头、从根本上解决环境问题。

3. 在社会可持续发展方面

可持续发展强调社会公平是环境保护得以实现的机制和目标。可持续发展指出世界各国的发展阶段不同，发展的具体目标也各不相同，但发展的本质应包括改善人类生活质量，提高人类健康水平，创造一个保障人们平等、自由、教育、人权和免受暴力的社会环境。这就是说，在人类可持续发展系统中，经济可持续是基础，生态可持续是条件，社会可持续才是目的。

（二）甘州区可持续发展战略的目标

甘州区可持续发展战略的内涵十分丰富，它追求的是在甘州区内保持人与自然的相互和谐，要求实现经济、社会、资源和环境多方面的协调发展，是一个综合的大系统。甘州区可持续发展的总体目标是：可持续发展能力不断增强，经济结构调整取得显著成效，人口总量得到有效控制，生态环境明显改善，资源利用率显著提高，促进人与自然的和谐，推动整个社会走上生产发展、生活富裕、生态良好的文明发展道路。具体表现在以下几个方面。

1. 经济持续增长，质量明显提高

甘州区经济社会可持续发展的前提是发展，其目标应该体现“发展是硬道理”的战略思想。为满足全体人民的基本需求和日益增长的物质文化需要，甘州区可持续发展必须追求经济增长的数量，保持较快的经济增长速度，同时逐步改善发展的质量，追求经济增长的质量。

2. 合理利用资源，切实保持环境

自然资源是人类赖以生存和发展的重要物质基础，资源的可持续利用和良好的生态环境是实现甘州区可持续发展的基础内容和重要条件。要对资源优化配置、合理利用，以最低的资源成本来保持甘州区经济的快速发展，确保自然资源可持续利用。在甘州区经济社会快速发展的同时，避免对环境造成破坏，力争使环境质量不断提升。

3. 严格控制人口增长，全面提高人口素质

甘州区不仅自身人口增长较快，而且源源不断地向其他地区输送大量人口。因此，甘州区人口可持续发展追求的目标是控制人口增长，提高人口质量，即甘州区人口的数量必须控制在县域生产力水平和资源与环境的容许范围内，使人口发展与生态环境、经济建设、社会发展相协调。

4. 社会事业全面发展，人民生活质量提高

社会事业全面发展是甘州区经济社会可持续发展的重要目标。甘州区经济发展必须促进教育事业健康而富有创造性地发展，医疗服务设施和医疗保险体系不断改善，社会保障体系不断健全，人们安居乐业，居民文化娱乐活动丰富多彩等等。

（三）甘州区可持续发展战略的原则

可持续发展是一种新的人类生存方式。这种生存方式不但要求体现在以资源利用和环境保护为主的环境生活领域，更要求体现到作为发展源头的经济生活和社会生活中去。贯

彻甘州区可持续发展战略必须遵从以下基本原则：

1. 公平性原则

公平是在一定时空范围内对资源、利益、机会、权利、义务等所作的配置，符合公正、平等、均等、均衡要求，保证每个人以及社会整体发展。它是可持续发展的本性和条件，发展失去了公平就失去了可持续性。公平性原则包括两层含义：一是代内公平，即同代人之间横向的公平性。可持续发展是满足全体人民的基本需求和美好生活愿望的发展，即每个地区、每个人都享有发展的权利。一部分人、一部分地区先富起来，绝不能以损害另一部分人、另一部分地区的利益为代价，特别是要优先考虑经济落后、资源贫乏地区的经济发展问题。公平的分配与发展权、消除贫困，是可持续发展考虑的问题。二是代际公平，即世代人之间的纵向公平。可持续发展强调，在发展问题上，要足够公正地对待后人。资源是有限的，要给世世代代公平利用资源的权力，在当代人满足自己的需求乃至得到发展的同时，不能以牺牲下一代、下几代人的利益为代价，要把当代人的发展与人类的发展和社会进步联系起来。现代人要合理地利用资源，延长资源的使用寿命，同时也要积极地开发替代资源，给世世代代以公平利用自然资源的权利，不能以"明天一定会更美好"为借口，去做"吃祖宗饭，绝子孙路"的事情。

2. 持续性原则

持续性是指一种可以长久维持的过程和状态。这一原则要求在满足需求的过程中，必须对人们为了满足需求而采取的各种行动进行限制，即在发展的概念中包含着限制的因素。这一原则既体现了人与自然的今天与明天的关系，也体现了发展与环境资源的关系，核心问题就是人类经济和社会的发展不能超越资源与环境的承载能力。这意味着，可持续发展不仅要求人与人之间的公平，还要顾及人与自然之间的公平。资源和环境是人类生存与发展的基础，离开了资源和环境，人类的生存与发展就无从谈起。人类发展对自然资源的耗竭速率应充分顾及资源的临界性，应以不损害支持生命的大气、水、土壤、生物等自然系统为前提。换句话说，人类需要根据持续性原则调整自己的生活方式，确定自己的消耗标准，而不是过度生产和过度消费。发展一旦破坏了人类生存的物质基础，发展本身也就衰退了。现代经济强调发展的可持续性，经济水平的提高，除了量的增加，更重要的是经济结构（产业结构、分配结构、交换结构、消费结构、技术结构等）的完善，劳动生产率、生活质量和人口素质的提高，可持续发展强调经济发展的质。传统经济只重眼前，牺牲长远、浪费资源来追求经济增长，代价沉重，损失不可弥补。

3. 共同性原则

鉴于各国各地历史、文化和发展水平的差异，可持续发展的具体目标、政策和实施步骤不可能是唯一的。但是，可持续发展作为发展的总目标，所体现的公平性原则和持续性原则，则是人类应该共同遵从的。要实现可持续发展的总目标，就必须采取共同的联合行动。从根本上说，贯彻可持续发展就是要促进人类之间及人类与自然之间的和谐。如果每个人都能真诚地按共同性原则办事，那么人类内部及人与自然之间就能保持互惠共生的关系，从而实现可持续发展。

（四）甘州区可持续发展战略的实施对策

可持续发展战略的实施是一项系统工程，它是对传统发展模式的挑战，它谋求建立新的发展模式和消费模式，涉及方方面面、各行各业，并包含着错综复杂的关系。要实现甘州区的可持续发展，必须做好以下工作。

1. 树立科学发展观

党的十六届三中全会中提出了科学发展观，即“坚持以人为本，树立全面、协调、可持续的发展观，促进经济社会和人的全面发展”，按照“统筹城乡发展、统筹区域发展、统筹经济社会发展、统筹人与自然和谐发展、统筹国内发展和对外开放”的要求推进各项事业的改革和发展。这是我国经济社会发展的重要指导方针，也是实施可持续发展战略的纲领性文件。甘州区可持续发展战略作为全国可持续发展战略的一部分，毫无疑问，它也必须在科学发展观的引领和指导下实施，具体讲，需要实现三个转变。

首先要从“以物为本”向“以人为本”转变。在过去的发展中，往往过分地突出“物”的地位，讲发展就是讲经济的发展。在“以物为本”的发展观支配下，尽管我们在经济上获得了高速增长，但同时也付出了巨大代价。因此，向“以人为本”转变成为发展的历史必然。以人为本是科学发展观的核心，以人为本就是以最广大人民的根本利益为本，就是坚持发展为了人民、发展依靠人民、发展成果由人民共享，就是要把促进经济社会发展与促进人的全面发展统一起来。要解放思想，更新观念，勇于破除一切影响发展的陈旧观念，清除一切阻碍发展的落后意识，革除一切束缚发展的体制弊端，敢与强的比，敢向高处攀。

其次要从重速度向重质量效益转变。发展本身就是质量和速度的统一，只有在发展中保持质量和速度的协调统一，才能保持经济的可持续增长。经济发展只有从粗放型向集约型转变，从重速度向重质量效益转变，才能实现中央提出的又好又快地发展。重视发展的质量，最重要的就是要走科技含量高、经济效益好、资源消耗低、环境污染少、人力资源优势得到充分发挥的新型工业化道路。

最后要从重经济发展向重经济社会全面协调发展转变。转变把发展简单地等同于经济增长的观念，片面的经济增长非但不能给人们带来普遍幸福，反而会使人们饱尝“有增长无发展”以及“增长与发展负相关”的苦果。要立足全面发展，在坚持以经济建设为中心的同时，大力进行政治建设、文化建设、社会建设，促进经济、政治、文化、社会的共同进步。

2. 加强环境保护

经济发展必须更新思想，树立和普及生态观念、环境意识，我们脚下的土地、头上的天空、地上的河流、山上的一草一木，不仅属于我们，也属于子孙后代，我们无权浪费和毁坏子孙财产，也不能留给子孙一个无法生存的环境，加强环境保护与整治是历史赋予我们的特殊责任。

在发展部署上，必须明确地把环境保护与整治作为甘州区经济开发战略的重要组成部分加以高度重视，使经济开发与环境治理同步协调进行。在具体实施过程中，除了要使资源的开发、利用、生产维持在环境所允许的范围内，采用先进技术，提高资源综合利用率，变资源浪费为资源节约，还要特别抓好污染治理和生态整治工作。

一是在新建、扩建、改建项目时，技术起点要高，尽量采用耗能量小、污染物排放量少的清洁工艺，要根据环境承载能力，合理布局，实行资源优化配置。政府在审批项目时要严格把关，凡是采用落后工艺、布局不当、污染环境的工业项目，一律不得批准建设。

二是现有企业必须明确治理污染的责任，坚持“谁污染谁治理”、“污染者付费”的原则，加强对自身污染的治理工作，大力推行综合利用，最大限度地实现“三废”资源化。

三是城镇要实行以工业污染防治和基础设施建设为主要内容的环境综合整治，使污水、固体垃圾、生产垃圾、噪音等减少到最低程度。

四是在生态环境整治方面，要坚持生物措施和工程措施相结合、以生物措施为主的原则，大抓植树种草、封山育林，严禁乱砍滥伐，恢复植被，建立自然保护区，保护生态资源。

五是全面推行清洁生产，从源头减少污染物的产生。通过不断采取改进设计、使用清洁的能源和原料、采用先进的工艺技术与设备、改善管理、延长产品生命周期等，减少或避免污染物的产生，实现由末端治理向污染预防的转变。

六是提高环境保护透明度，增强全社会的环保意识。把环境保护纳入精神文明和先进文化建设之中，把让群众了解环境状况、鼓励公众参与环境保护作为政务公开内容和环保工作的重要职责。转变观念，树立可持续的消费观和节约资源、保护环境的责任意识，大力提倡绿色消费，引导消费者自觉选择有利于节约资源、保护环境的生活方式和消费方式，把节能、节水、节材、节粮、垃圾分类回收、减少一次性产品使用等与可持续发展密切相关的活动逐步变为全体公民的自觉行动。

3. 调整产业结构

产业结构决定经济的发展，有什么样的产业就有什么样的经济竞争力，调整产业结构是实现经济体制转变和经济增长方式转变两个根本性转变的核心内容，也是增强经济发展后劲的必由之路。

结合甘州区的实际，农业调整应以国内外市场需求为导向，大力推进农业产业化经营，抓龙头带农、科技兴农、基地扶农、市场活农，促进传统农业优化升级，提高农业的整体效益。工业调整应进一步制定和完善主导产业的扶持政策，通过产业政策扶持，加快机制转换和体制创新，以技术改造、产品创新为突破口，积极鼓励企业加大研发力度，不断开发新产品，促使项目成果尽快转化，形成产业化，努力构筑县域经济新的竞争优势。第三产业应以市场建设为重点，加快发展交通运输、邮电通讯、金融保险业以及信息咨询、中介服务等新兴产业。

另外，要大力发展民营经济，增强经济的发展活力。民营经济对促进甘州区经济发展、安置就业、活跃市场和保持社会稳定等具有重要作用。江浙地区发展实践证明，民营经济就是富民经济，凡是民营经济发达的地方，必定是市场繁荣、百姓富裕。从民营经济的发展走势看，它具有产权清晰、主题明确、机制灵活等特点，有旺盛的生命力、很强的吸引力和极大的竞争力。因此，加快甘州区经济的发展必须走出一条挖掘民智、吸引民资、依靠民力、做活民营的发展之路。当前，广东、浙江等先进地区都将民营经济作为新一轮产业结构调整的着力点，出现了民营经济大涌流、大跃升的新局面。而反观甘州区，民营经济存在企业数量多，单体规模小；从业人员多，创业老板少；企业产品多，知名品牌少的问题。这种现象直接影响到县域经济发展的后劲。因此，必须突破民营经济发展，充分发挥政策引导和典型带动作用，加大对民营经济的扶持力度，促进民营经济上规模、上档次。

4. 优化人口结构

纵观各国各地发展实际，人口正通过数量和质量两个维度对经济发展产生越来越深远的影响。甘州区的可持续发展在一定程度上也决定于甘州区人口结构的优化。因此，控制人口增长、提高人口素质仍然是摆在甘州区政府面前的一项迫切而长期的工作。

一是继续坚持计划生育基本国策，保持低生育水平。综合运用人口与经济社会发展政策，保持现行计划生育政策的稳定性和连续性。建立健全稳定低生育水平的利益导向机制。继续实行并完善计划生育技术服务基本项目免费制度、农村部分计划生育家庭奖励扶助制度，探索建立农村计划生育困难家庭最低生活保障制度。

二是健全人口和计划生育管理服务体系。要提高计划生育服务水平，积极运用安全、卫生、经济的计划生育技术，开发新型计划生育用品，保证育龄人口享有基本的生殖保健服务。加强对计划生育人员的培训，提高服务水平和能力。加强人口和计划生育基层网络建设，及时掌握人口的数量、结构信息，采取相应的措施。

三是大力提倡优生优育，全面提高出生人口素质。普遍开展婚前检查，提高计划生育、优生优育和生殖健康技术水平。加强农村基础医疗保健，支持贫困区域开展生殖健康和计划生育优质服务。

四是加强人口综合管理。切实加强计划生育基层基础工作，农村抓村组、城市抓社区，落实企事业单位计划生育法人责任制。加强计划生育技术服务网络建设，提高干部队伍管理和服务水平。加强社会主义新型生育观念和生育文化宣传教育，加强计划生育利益导向机制建设，加强与计划生育相关的社会保障制度建设。采取多种综合措施，鼓励家庭实行计划生育，加强计划生育人群权益保护。加强对流动人口的综合管理。高质量、高水平地普及九年义务教育，搞好学前教育，发展继续教育，提高人口素质。

5. 优化发展环境

环境出生产力、出竞争力。入世后，县域经济已直接面对“国际竞争国内化，国内市场国际化”的新形势，区域间争夺资源、争夺市场、争夺效益的竞争更加激烈。如何在竞争中把握机遇，通过自身发展立于不败之地，经济发展环境的优劣成为关键因素。经济发展无尽头，创优环境无止境。因此，只有着力按照市场经济的要求创新服务思路，拓宽服务领域，创造加快发展的政策环境、平等竞争的市场环境、健全有序的法制环境和高效快捷的服务环境，县域经济的可持续发展才能在竞争中实现又好又快。

在政策环境上，甘州区政府在贯彻执行中央政策的同时，既应把握好中央政策的精神实质，又应根据地方实际，因地制宜制定发展目标和政策措施；既从本质上、方向上把握全局，吃透、吃准中央的精神，又密切联系本地实际；做到既维护中央政策权威，又有利于县域经济的发展。

在市场环境上，应着力构建良好的社会主义市场经济环境，为经济发展提供良好条件，使市场机制在配置资源中起基础作用，逐步建立起完善的地方市场体系。特别是应着力制定和完善市场规划，加强市场管理和物价监督，规范流通秩序，制止不正当竞争，保护生产者和消费者的合法权益。

在法制环境上，一个良好的法制环境，能够保证有法可依，有章可循，从而创造一个公平、有效、竞争的外部环境。因此，在发挥市场机制作用的基础上，必须通过建立健全法律法规，并监督贯彻实施，用法律体系来保证县域经济的发展。

在服务环境上，一方面要营造高效、服务、便民的行政环境，建设服务型政府，特别是应进一步加快行政审批制度改革，做到审批的透明、公开、高效与便利，不断提高机关的办事效率，转变机关的办事作风，牢固树立服务意识，为促进县域经济发展提供良好的服务。另一方面要切实解决好县域经济发展中融资难的问题。一是要优化县域金融环境。要加强对企业和社会的诚信教育，强化金融意识和信用观念，坚决防止各种形式的逃废债行为，以增强金融部门大胆放贷的信心。二是要深化县域金融体制改革。要加快农村信用社改革，发挥农村信用社的金融主力军作用，进一步明晰农村信用社产权关系，完善法人治理结构，探索建立适合自身特点的农村金融组织。三是要加快建立县域中小企业信用担保机构。与此同时，要采取政策性、商业性等多种担保方式，大力推进产品配套企业间的信用担保。四是要动员各级各类金融机构加大县域经济发展的金融支持力度。政府要引导商业银行在加强对基层行信贷监管的前提下，适当增加对县域经济的信贷资金投放量，扩大基层行的授信权限，在县域吸收的资金要更多地用于县域。

6. 完善决策机制和评价体系

实现县域经济可持续发展，必须转变政府职能，加强宏观调控，理顺经济关系，以可持续发展战略为指导，建立经济、社会和生态一体化的综合决策机制。一是在制定重大经济、社会发展决策时，要充分考虑县域资源、环境的可持续性，重视生态可持续能力建设。二是在制定国民经济和社会发展规划时，要充分听取计划、计生、环保、矿产管理、水文气象等部门的意见。坚持“经济建设、城乡建设与生态建设同步规划、同步实施、同步发展”的方针，把生态建设的目标、指标、任务、措施等内容纳入总体规划。三是在制定资源开发、城乡发展、产业发展和生产力布局等方面的重大行动计划和项目时,要进行资源、环境可行性论证,综合考虑经济、社会和生态效益,从决策源头上为可持续发展战略的实施奠定基础。

同时,要建立科学的发展指标评价体系。衡量一个地区的发展程度,仅用生产总值、经济增长率等指标是不够的。县域可持续发展的评价,应按照系统性原则、动态性原则、科学性原则和可操作性原则,设计能够反映县域可持续发展的经济、社会与环境协调发展现状和趋势的指标体系。这套指标体系应包括四个方面的内容:一是自然资本。主要是指土地、水、矿产等。二是生产资本。主要是指所有机器、厂房、基础设施等。三是人力资本。主要是指人们的生产能力(教育、素质、营养等)所具有的价值。四是社会资本。主要是指法律、政策、道德规范、风俗习惯等所具有的生产价值。以人和社会的全面持续发展为核心,综合评价地方各种因素,注重经济发展的质量,如经济效益、生产效率、资源利用率、对环境的影响等,揭示资源与环境的利用、保护状态、存在的问题,反映人口和社会的安全、健康、平等、舒适、文明程度等,处理好经济与环境、当前与长远、生产与生命等关系,为可持续发展的研究、规划、决策、管理、对比提供全面、系统、准确的依据,彻底摒弃以"产值论英雄"的考证办法,全面准确地评价一个县域的经济发展程度,建立起科学的县域可持续发展评价体系。

总之,要建立科学的县域发展指标评价体系,建设一支高素质的干部队伍,提高决策的科学化、民主化水平,做到经济增长的速度和效益相统一、微观活力和宏观调控相统一、总量增长和结构优化相统一,形成有利于节约资源、降低消耗、增加效益的考核机制,有利于自主创新的技术进步机制,有利于市场公平竞争和资源优化配置的经济运行机制,从而实现甘州区人口、经济、社会、环境和资源的持续协调发展。

第十二章　甘州区政府服务与经济腾飞

随着全球化、市场化、信息化时代和政府改革浪潮的来临，服务型政府越来越受到人们的重视，也越来越为各国各地所采用，事实也证明这是一种非常有效和适宜的政府发展模式。正如胡锦涛总书记在2008年2月中共中央政治局第四次集体学习时所说，建设服务型政府，是坚持党的全心全意为人民服务宗旨的根本要求，是深入贯彻落实科学发展观、构建社会主义和谐社会的必然要求，也是加快行政管理体制改革、加强政府自身建设的重要任务。因此，在当前全球金融危机和我国建设和谐社会的大背景下，提高甘州区政府服务能力和水平，建设甘州区服务型政府，对完善社会主义市场经济，促进经济、社会协调发展具有重大的理论意义和现实意义。

一、服务型政府的内涵

建设服务型政府，是我们党在新的形势下，站在全局高度提出的一个重要目标和任务。要实现这个重要目标和任务，必须进一步深化对服务型政府内涵的认识。

（一）服务型政府的含义

服务型政府是指遵从民意的要求，在法治的框架下，通过公开政府工作目的、工作内容、工作程序和工作方法的方式为公民、组织和社会提供公正、优质、廉洁、高效、方便的公共产品和服务，达到为民兴利、促进社会稳定发展目标的有限政府。具体来说，服务型政府包含以下要点：

第一，服务型政府的服务主体是各级政府及其工作人员。政府及其工作人员是公共服务的提供者，向广大公民、组织和社会提供公共服务是他们的法定义务，是国家宪法及相关法律规定的。

第二，服务型政府的服务对象是广大公民、组织和社会。政府应该为国家的公民、依法成立的社会组织和社会提供服务，而具体提供什么样的服务和什么程度的服务，应根据国家法律确定。

第三，服务型政府的服务内容是提供公共产品和公共服务。这些公共产品和公共服务是私人或者组织不愿意提供,或者没有能力提供的,却又是社会公众公共需求的产品和服务。

第四,服务型政府的服务宗旨是为民兴利,促进社会的稳定发展。政府应为广大人民群众谋利益,有利于提高人民的物质文化生活水平,有利于促进经济的发展和社会的进步。

第五,服务型政府的服务前提是在法治的框架下进行。政府提供什么样的服务,怎样提供服务以及对哪些人提供服务都必须由国家法律来规定。政府职责法定、政府权力法定、政府行为法定是法治国家对政府的严格要求。所以建设服务型政府必须严格遵守法律,在法律的范围内提供规范化的服务。离开了法治,政府就很可能离开其公共服务的轨道。

第六,服务型政府的服务内容、程度和范围由民意决定,服务结果由民意评判。政府服务应该是老百姓自己需要和要求的,老百姓没有这样的服务要求,政府就不应该提供这样的服务。这里的民意,不是社会舆论,也不是民意调查结果,而是由人们选举出来的人民代表在了解社会舆论和公众要求的基础上,向人民代表大会提出建议,并且由人民代表大会据此通过的法律和作出的决定。所以,建设服务型政府必须完善人民代表大会制度,必须使人民代表大会有权力也有能力制约和控制行政机关,还必须建立和健全民意自由表达的渠道和途径,以保证人民代表能够充分了解和知悉民情民意。政府服务的结果也应该由民意来评判。如果民意没有评判政府服务结果的权利,政府就会罔顾人民的意志了。

第七,服务型政府的服务方式是公开透明的。人民当家做主就意味着人民需要知道政府在做什么、怎么做和做得怎么样。在电子化和网络化的时代,政府的公开透明已经没有了技术条件的限制,主要取决于政府的主观意愿。所以,政府工作公开化的程度是评判一个政府是不是服务型政府的基本指标。如果政府存在大量的暗箱操作,就不是服务型政府。

第八,服务型政府的服务必须是公正、优质、廉价、高效和方便的。政府作为公共机构,其公共性决定了其服务必须是公正的,即人人都可以享受法律规定的、政府提供的同样的服务。对特殊人群的特殊服务必须有相关的法律规定。政府提供的服务还必须是优质的、廉价的、高效的和方便的,因为政府有公共权力作为后盾,它提供的服务理论上应该比私人机构提供的服务质量更优、价格更低、效率更高、接受更方便,否则,人们就会自己去解决这些问题,而不需要政府了。

(二)服务型政府的职能

按照政府服务的层次,服务型政府的职能可以分为基本职能、过渡职能和特殊职能三种类型。

1. 基本职能

服务型政府的基本职能是指服务型政府应该承担的基本职责,为公民、组织和社会提供的主要服务内容。

一是提供市场运行规则。服务型政府必须为经济运行提供基本制度、规则以及框架,包括界定和保护产权、执行契约、落实公司法、保护专利等等，建立与市场经济发展相适应的制度体系，为发展市场经济提供保障。

二是提供公共产品。有效地提供公共服务和基础设施是服务型政府的主要经济职能。服务型政府要统筹城乡发展，抓好基础设施综合发展规划，建立城乡统一的基础设施网络，大力发展交通、通讯、供水、能源等基础设施建设，搞好文化、教育、卫生事业，使城乡居民逐步得到统一的社会公共服务。由于存在逆向选择和道德风险，市场不可能提供社会保险和社会保障服务，服务型政府要兼顾长远利益和眼前利益，兼顾社会成员的生存权利和经济持续发展，充分发挥企业、集体和家庭的作用，立足现有经济发展水平，努力构建政府负责、社会互助、个人储蓄相结合的，以社会保险、社会福利、社会救助为主体的社会保障体系。

三是纠正发展的外部性。市场解决不了对公共资源、自然资源的过度消费和破坏问题，服务型政府要通过管制措施和收费，减少对资源的过度使用，保护共有资源，保护生态环境，实现可持续发展。市场也不能带来社会分配结构的均衡和公正，服务型政府要采取措施，缩小贫富者之间、发达与落后地区之间的差距，防止贫富分化。

四是维护市场秩序。按照规范化、制度化、法制化的要求，规范各类经营主体在市场运行中的经济行为，保护市场主体的合法权益，运用法律手段来维护公平竞争的秩序和环境，建立和维护统一、开放、公平、竞争的市场秩序，为市场进入者创造有信用、可预期、竞争有序的市场环境。

2. 过渡职能

服务型政府的过渡性职能是指政府在市场发育还不够成熟的特殊均衡状态下的职能，随着社会主义市场经济的逐步成熟，这种职能的合理性将渐渐削弱并逐步淡出。

一是主导经济发展。通过制定正确的发展战略、发展计划、产业政策，从经济发展的实际出发，运用财政、信贷、优惠等经济政策、经济杠杆和法律手段，利用资源禀赋和比较优势，优化产业结构，培育主导产业，并采取适当的产业组织政策，推动主导产业发展，建立大规模生产体制，形成区域优势产业，培育特色经济，提高经济竞争力。

二是市场化的改革创新。深化产权制度改革，建立更具效率的产权结构，培育微观市场主体，增强经济发展活力。健全市场体系，完善市场制度，改善市场条件和市场环境，不断推进经济的市场化。深化改革，建立公平竞争、追求效率、保障社会稳定的社会机制，促进社会和谐发展。

三是培育社会中介组织。社会中介组织具有中立性、宏观性、民间性、独立性等特点，是承接政府某些具体的技术性职能的合适的载体。服务型政府必须从实际出发，从主体上着力培育，从制度上加以规范，从人力上给予支持，在运行上与国际惯例接轨，推动中介组织发展。

3. 特殊职能

服务型政府的特殊职能是指服务型政府承担的与一般政府不同的职能。

一是执行上级政府的决定。服务型政府必须确保上级方针政策在区域内的贯彻执行，承担上级下达的工作任务。

二是推动政府自身转型。转变政府执政观念、执政方式，提高执政能力，理顺政府与企业、市场、社会中介的关系，建立机构精简、配置科学、运转高效的有效政府。

三是促进共同富裕。体现社会主义制度的优越性，统筹城乡发展，建设社会主义新农村，全面建设小康社会，实现共同富裕。

二、甘州区政府服务现状

改革开放以来，甘州区政府不断加强自身建设，大力推行政务公开，积极开展规范行政自由裁量权试点工作，强化行政督察、审计和经济监督，不断加强政府系统廉政建设和反腐败工作力度，取得了一系列喜人的成绩。一是行政效率进一步提高。经过简化流程、改善服务方式，审批时间大大缩短，行政效率明显提高。二是投资环境进一步改善。政府服务的改进带来了投资环境的优化。三是政府形象进一步提升。区政府积极转变工作职能，争做政策科技的宣讲员，民情民意的收集员，矛盾纠纷的调解员，排忧解难的服务员，采取和改进了许多便民、利民的具体服务措施，如：成立政务服务中心，成立投诉中心，建立信访听证制度等等。这些具体的服务措施降低了办事门槛，拉直了服务路径，也拉近了政府与群众的距离，改善了政府与群众的关系，增强了政府对群众的亲和力，也增加了群众对政府的公信度，提高了政府的形象。

在取得骄人成就的同时，也存在一些严重的问题。这突出体现在以下三个方面：

从定位上讲，政府职能中越位、缺位和错位问题同时存在。在越位方面，主要问题是政企不分，过多地干预了企业的生产、经营活动；在缺位方面，主要问题是对市场的监管不力，市场经济秩序未能有效建立，信用制度不健全，合同履行率低，假冒伪劣产品充斥市场；在错位方面，主要问题是政府包揽了许多应该由企业和社会中介组织做的工作，而对自己该服务的对象又无能力、无精力去服务。

从管理上讲，政府重人工行政而轻电子政务，重内部取向而轻外部取向。信息时代要求政府采取相应举措，运用信息技术提升政府服务水平和质量。从甘州区实际情况来看，社会对政府信息的需求与政府信息的提供存在巨大的差距，有很多信息无论从理论上还是实际利益上衡量，都应对外公开，但实际却未能公开，造成政府资源取得上的困难。政府行政仍注重人工处理政务，而忽视电子行政，效率的低下是服务型政府所不能接受的。服务型政府强调外部取向与顾客至上，因而公众和社会的满意度决定政府服务的有效度。受原有政府管理方式的影响，政府注重行政过程、机构、程序，而忽视行政目标、项目、绩效，这样造成政府注重内部投入和程序，而忽视行政目标与结果，进而导致回应力低下。

从关系上讲，目前，政府与市场的关系尚未理顺，政企不分、政社不分的现象还广泛存在。政企分开在甘州区已经取得了很大成就，但仍未彻底分开。政企不分使企业不能成为自主决策、自我约束和自我发展的市场主体，不能灵活应对市场的风云变化。许多曾经在计划经济条件下风光无限的企业在市场经济条件下却陷入发展困境，其症结就是政企不分。如果企业没有自主的经营管理权，就谈不上接受政府的服务，因为政府对企业的服务必须以企业自主独立及企业的内在需要为前提。服务型政府要求政府与社会组织共同合作以达到良治，这要求政府与社会组织的各自作用范围有适当的分野。但实际上，许多社会组织都与政府存在或明或暗的关系，都具有一定的官方色彩。这导致社会组织缺乏充分的自主自治性，同时也使政府陷入管理社会琐事的泥潭中。政社不分使政府和社会的作用不能得到充分发挥，进而使政府还权于社会仅流于形式。

三、构建甘州区服务型政府

甘州区服务型政府的构建是一项深层次、全方位的庞大的系统工程，难度很大，但势在必行。因此，甘州区政府必须解放思想，提高认识，牢固树立服务理念，积极增强服务职能。

（一）甘州区服务型政府构建的背景

服务型政府的建立，不仅意味着政府自身的变革，而且意味着政府与市场、企业和社会关系的重塑；不仅表明政府职能的转变、机构的增减，而且暗含着政府管理模式的彻底转型。服务型政府的构建有其深刻的背景。

1. 历史性：深化市场经济体制改革

经济基础决定上层建筑，经济基础的变化必然要求上层建筑的相应变化。市场经济的发展是促进我国政府构建服务型政府的最基本动因。从 1992 年确立建立社会主义市场经济体制的改革目标到现在，我国已经初步确立起市场经济体制的基本框架，市场规模明显扩大，市场结构得到延伸，市场主体开始成熟，市场体系逐步健全，市场机制基本形成，市场调控效果显现，市场力量已经在总体上占据优势，并在经济的主要领域发挥配置资源的基础性作用。但是市场体系建设、社会保障体系建设、国有企业改革等与对外开放和经济发展的进程还不相适应，离成熟的市场经济体制目标还有较大的距离。市场经济是多元主体公平竞争并相互博弈的经济，它不仅要求充分尊重和维护市场参与主体的合法权益，而且要求合理界定政府与市场的作用范围，或者说要求政府从市场、企业与社会自身能做好的微观领域中退出，并把精力集中于社会与公众所迫切需要的公共服务上来。在这样的历史条件下，转变政府职能，进一步深化市场经济体制改革，是历史赋予政府的不可推卸的责任。

2. 必然性：克服市场失灵与政府失灵

从市场方面看，在经济发展进程中，市场虽然发挥了重要的推动作用，但是市场失灵是客观存在的，依靠市场自身是无法克服的，更何况在市场经济发展初期，市场本身也是不健全、不完善的，这就需要更加有效地发挥政府的作用，弥补市场的不足，提高经济效益。从政府方面看，政府对促进经济发展是不可或缺的，但是，在转型时期，政府失灵的现象也是普遍存在的，甚至对经济发展起了相反的作用。因此，经济发展迫切要求政府转变职能，提高效率，发挥更加积极的作用。

3. 适应性：融入经济全球化

随着市场经济的不断深化发展，经济全球化的进一步加深，特别是加入 WTO 以后，政府面临很多新的挑战。市场经济对政府提出了以下几方面要求：一是对政府行政理念提出新的要求。传统的计划观念、封闭观念、内外有别的观念将被以自由竞争为原则，以谋虑全局、放眼长远为境界，以效益最大化为目标，以平等为基础的新观念取代，政府必须跟上时代的潮流。二是对政府行政行为提出新的要求。过去政府依靠政策、文件、会议贯彻指令，甚至直接干预企业行为的模式已经过时了，现在政府必须尊重市场经济的基本原则，依法行政。三是对政府管理方式提出新的要求。政府必须更多地运用法律手段、经济手段，在充分尊重人们利益、尊重市场经济原则的基础上，主要以间接的方式为市场主体服务。

4. 现实性：统筹城乡发展，建设社会主义新农村

统筹城乡发展，建设社会主义新农村，是党和国家以科学发展观为指导，对"多予少取放活"、"统筹城乡发展"和"工业反哺农业、城市支持农村"等一系列方针政策的深化和发展。它标志着党和政府经济工作重心的转移、投资方向的转移和发展重点的转移。各级政府必须适应这一要求，加快工作重点转移，加快职能转变，充分发挥工业对农业的支持作用，充分发挥城市对农村的带动作用，充分发挥城乡发展的互动性、互补性，促进各种生产要素在工农之间、城乡之间加速流动，实现城乡相互补充、相互促进，实现城乡经济社会一体化发展。

5. 趋向性：加入各国各地政府改革浪潮

在席卷西方世界的政府再造之风中，特别是自 20 世纪 90 年代以来，西方各国的政府均以重塑服务型政府为其主要目标。1994 年，英国政府进行了"政府信息服务"的实验，同年 11 月提出新形态的公共服务以符合未来社会的需求。美国政府于 1994 年 9 月 20 日颁布了"顾客至上：服务美国公众的标准"，主张建立顾客至上的政府。同年 12 月，美国政府信息技术服务小组提出的政府信息技术服务远景报告认为，改革政府不只是精简人事、减少政府赤字的问题，更需要善于运用信息技术的力量彻底重塑政府对民众的服务形象。还有新西兰的"公共服务部门之改造"以及日本的"实现对国民提供高品质服务的行政"，都体现了政府改革的目标——构建服务型政府。改革开放以来，我国及各地区也在创建服务型政府方面做出了不懈努力，先后多次进行了以转变职能为重点的机构改革。

（二）甘州区服务型政府构建的目标

服务型政府的构建一般从以下五个基点着手。

1. 由万能型政府转向有限责任型政府：建立有限政府

有限政府没有统一的标准，在很大程度上是一种理念、一种原则。在政府与市场的关系方面，政府自身不直接参与经济活动，不直接控制市场活动，将自己的行为严格限定在公共领域，只管理涉及公共利益的公共事务。政府的权力、职能和规模受到法律的限制，受到社会的监督和制约。有限政府的实质性内容就是市场的政府，它意味着政府的职能必须市场化，不再直接从事竞争性产品和服务的生产和供给，让市场去生产和供给竞争性的产品和服务；并且在公共产品和服务的生产和供给方面选择多样化的机制，把政府的精力主要集中于规则的制定和实施上，建设市场制度，促进市场有序运行，营造一个有利的激励环境。

2. 由管理型政府转向服务型政府：建立服务政府

政府最根本的职能是服务。政府作为社会组织的一种，必须为促进社会的发展和进步服务，为社会日益增长的物质和文化需求服务。因而，政府行政不单纯是管理行政，而是为社会和公众提供服务的行政。西方各国经过多方面探索，最终选择了服务职能，县级政府的行政管理也不能脱离国际行政发展的历史背景，最终要实现政府职能的方向性选择。县级政府不仅要提供教育、医疗、基础设施、环保等方面的公共产品，还要提供各经济主体和群众满意的公共服务，以放松或取消市场准入限制为重点，营造公平竞争的环境；强化服务意识，清理并大幅度减少政府行政性审批；按照建立统一、开放、竞争、有序的国内市场的要求，整顿市场秩序；加快社会保障体制的建立和完善。此外，为提高公共服务的效率，县级政府还要引入竞争机制，允许公共机构和民营机构在提供服务上竞争。政府服务要用市场机制取代官僚机制，对政府工作的评价要用投入和产出标准来衡量。

3. 由人治型政府转向法治型政府：建立法治政府

依法治国、依法行政是我国政治体制改革的基本方向，任何人、任何机构包括政府都没有超越法律的权利，都要受到法律的制约，这样才能形成一个稳定的社会环境。市场经济是法治经济。县级政府必须根据地方实际，采取综合措施，保证行政机关能够依法行政。法治政府的特征就在于政府的权力受到法律的制约，法律的权威大于任何个人的权威，以法治保障公民权益，以法治维护社会秩序，以法治促进经济社会发展。

4. 由随意型政府转向诚信型政府：建立效能政府

政府要建立透明高效的行政管理体制，提高政策和政务活动的可预见性和连续性；要具备中介应用能力，能充分发挥中介组织的作用；要具有较强的整体能力，政府部门之间要加强横向联系，相互配合，信息共享；要具备较强的治理能力，政府组织要精干、廉洁、高效，公务员要具备较高的素质,政府行为要体现出较高的组织管理水平;要有较高的信用能力,政府所承诺的各项目标要不折不扣地实现,具有较高的信誉度。政府的作用要与其能力相符合,在政府能力较弱的情况下,政府在如何去干预、对什么进行干预的问题上应谨慎,企图用极少的资源和极小的能力去做太多的事情的政府通常做的坏事多于好事。有效地限制政府的随意性行为,减少腐败,使政府机构提高效率,使官员提高业绩,使政府对人们的需求更为灵敏地作出反应。

5. 由封闭型政府转向透明型政府:建立民主政府

政府通过组织的公开、决策的公开、管理的公开、行为的公开,将掌握的个人与公共信息向社会公开。政府机关的所有活动,从立法、执法、提供资讯到社会服务,除必须保密以及涉及个人隐私的以外,都有义务向社会公众开放。

(三)甘州区服务型政府构建的原则

服务型政府构建一般应遵循以下原则:

1. 市场性原则

政府要通过市场化的改革,从竞争性行业、产业退出来,通过明晰产权,使各种利益主体独立化,获得生产权、经营权、决策权,为其走向市场提供必备的基本条件,使市场主体自主生产、自主经营、自我发展,取得最好的经济效益。

2. 效率性原则

经济发展的根本任务是发展生产力,创造更多的社会财富,满足广大人民群众的物质文化需要。政府必须以效率为中心,以促进经济增长为目标,以增加财政收入、居民收入、农民收入为目标,同时要注意解决困难企业、弱势群体的困难,从而促进社会公平。

3. 服务性原则

政府不能把公众当做统治和管理的对象,而是当做服务的对象,政府的任务就是向公众提供高效、优质的公共服务。

(四)甘州区服务型政府构建的条件

服务型政府构建必须处理好以下几个关系:

1. 处理好退出市场与发挥主导作用的关系

在计划经济条件下,政府承揽了过多的经济社会事务,企业生产什么、生产多少、怎样生产以及产后效益等都由政府决定。在市场经济条件下,市场机制是配置资源的主角,政府必须退出市场发挥作用的领域。同时,政府也不能无所作为,要按照市场经济的要求,充分运用价格、财政、税收、信贷等经济杠杆，组织、调节和影响经济活动，实现经济管理。因此县级政府必须准确把握市场调节与政府调节的关系，运用经济手段、市场手段，通过间接性和诱导性的措施，"四两拨千斤"，以最低的成本调整人力、物力和财力资源，提高经济效益，增加社会产出。

2. 处理好实现宏观调控与搞好微观组织的关系

县级政府是执行调控目标的基层政府，必须贯彻落实中央以及上级政府的各项方针政策，完成中央经省市下达的各项控制指示，实现国家的宏观调控目标。从宏观调控执行者的角度看，县级政府"执行力"如何，直接关系到国家宏观调控目标的实现。同时，在"财政分灶吃饭"的体制下，县级政府为了区域利益和自身利益的最大化，又要对县域经济社会发展作出规划，组织好本区域的微观经济活动，促进县域经济加速发展。因此，县级政府必须做好结合的文章，在积极落实宏观调控目标的同时，组织实施县域内的经济建设，实现全局利益与局部利益的统一。

3. 处理好行政管理与服务的关系

县级政府必须适应市场经济发展的要求，转变政府职能，从直接管理向间接管理转变，从注重管理向注重服务转变，把发展经济的主体地位让渡给企业，让渡给各类市场主体。政府的职能要以提供服务、确定规则、创造环境为主，以规范、系统的行政、法律和经济杠杆作为服务手段，为市场主体提供优良的基础设施、公共服务和市场秩序，为市场主体创造良好的发展环境。

4. 处理好管好城市与管好农村的关系

县级政府所管理的区域实际上是城市与乡村的结合部。因此，既要组织管理好以工商业为主体的城市经济，又要组织管理好以农业和手工业经济为基础的农村经济；既要考虑到城市经济集约化的特点，又要考虑到农村经济分散性的特点；既要不断推进城市经济的发展，又要从根本上改变农村落后的面貌；既要组织协调城市化的市政建设和管理，又要规划乡镇和村庄建设。总之，县级政府应成为统筹城乡发展的主要载体，成为以城带乡、以工促农、推进城乡一体化的联结点。

5. 处理好改革体制与创新机制的关系

要规范行政审批制度，创新管理制度和方式。行政审批制度改革有待进一步深化。一方面，要继续清理行政许可项目和非行政许可项目，该取消的要坚决取消，能下放的要尽快下放；对能由一个政府部门审批的项目，尽量由一个政府部门审批，减少"多头审批"现象。另一方面，对暂予保留的审批项目，应减少审批环节，提高审批效率。减少行政审批项目和审批环节，既符合经济社会运行规律，也符合当代行政发展规律。当然，减少行政审批项目，绝不是政府撒手不管,而是要苦练内功,大力创新管理制度和方式,探索出一套适应发展、推进发展、保护发展的管理制度和行政管理方式,提升政府引领经济和社会协调发展的能力和水平。

6. 处理好职能改革与依法行政的关系

依法治国是我们的基本治国方略,政府职能的法定性是现代行政的基本要求,依法行政是建设服务型政府的根本保障。政府职能转变要坚持"职能法定"原则,依法界定和科学规范政府职能,防止政府职能改革中的随意性。在履行政府职能时,必须把不断创新、勇于探索和严格依法、依规办事结合起来。

(五) 甘州区服务型政府构建的路径

服务型政府的构建面临着许多复杂的问题和不确定因素,迫切需要政府公共行政管理系统进行一系列切实可行的路径探索。

1. 服务理念的确立

对正在推进改革创新的中国公共行政管理系统而言,当务之急是要树立以人为本的新行政发展观。政府公共行政管理的全部公务活动和行为都要服从、服务于最广大人民群众的根本利益,有利于促进和实现公民的全面发展。同时,要树立公共服务的成本与效益理念。如果政府的公共服务结果是消耗了过多的公共资源,却不能有效地为公众提供优质满意的公共产品,就损害了公共服务活动赖以产生和存在的基础。公共行政管理系统要增强服务成本的意识,力求提高公共服务效能,这是创设服务型政府的必要前提。作为服务于广大公众的国家公务人员,还应当树立"公共性"的理念。面对新形势、新情况和新问题,政府公共行政管理系统亟须进一步转变职能,加快实现以"公共性"为价值取向和行为模式的公共管理,为社会公众提供高质量、高效能的公共服务。

2. 服务主体的扩展

随着社会主义基本经济制度的逐步完善,尤其是市场经济的进一步发展和市场体制的健全完善,市场经济的主体应当是企业,政府不应再充当市场经济的主体力量。为此,公共行政管理系统应由单一化管理转向政府、公民、社会中介组织和市场主体共同治理的多元化治理模式。在公共服务实际运作过程中,委托代理方、中介、自愿者、社区群体均可广泛介入,但是政府的主导作用不可替代。具体地说,就是要坚持以政府为主导,吸纳政府以外的市场主体、社会主体积极参加政府公共服务活动,实现公共服务主体的多元化。

3. 服务体制的创新

公共服务体制创新是服务型政府建设与创新的核心内容,具体包括一系列制度、规范和程序的建设,其目的是要形成健全的、符合现代公共服务和公共物品供给特点的服务体制。

在此前提下,公共行政管理系统要根据不同公共服务项目的性质和特点,采取不同的供给制度模式;要进一步建立健全科学的行政决策体制,扩大行政决策的公众参与度,保证并体现政府公共服务决策过程的公共性;要改革公共财政服务体制,强化政府公共服务职能,健全和完善财政运作机制,逐步提高公共服务支出在公共财政支出中的比重,促使经济性公共服务与社会性公共服务相协调,构建与服务型政府相适应的财政体制与模式;要建立服务型政府的社会评价机制,转变过去对政府绩效的单一评估模式,建立社会性的评价机制,确立多重性的社会评价指标体系,对服务型政府进行客观公正的评价;要建立科学的行政问责机制,考量政府行政机关和公职人员在履行公共服务职能与责任方面的表现。

4.服务模式的设计

服务模式是服务型政府实现其宗旨的有效载体,服务模式设计的优劣与否直接影响公共服务的质量与效果。不少城市政府在提供公共服务的过程中,作了许多有益的探索,如广场式的服务模式、"一线工作法"的服务模式、公共服务热线的服务模式、网格化的服务模式等等。通过这些服务模式的有效运作,确立了网络式、广场式的社区服务平台和空间,完善了公共事务信息收集、分析、利用、反馈的机制,建立了一种以服务为导向的公共服务网络体系和行为模式。这些模式以群众的需求为公共服务的切入点,以亲民、便民、利民为服务创新的宗旨,在政府与各种服务对象之间架起了高效、便捷、利民的桥梁与纽带。在一些大城市中,公共行政管理系统探索性地实施了城市管理和公共服务的网格化模式,以信息技术为核心,以社区网格为单元,将社区"块"的协调和行业"条"的管理相结合,建立起包括指挥、执行、协调、监督、反馈等一系列环节的顺畅运行体系,及时发现、快速处理和有效解决城市管理与公共服务过程中的现实问题。

5.服务流程的再造

优化公共服务,实施公共服务创新,势必涉及行政业务流程的重新设计和行政机构的重组。要尽量减少办事环节,改革和简化服务流程,对行政事项进行区异归同、合理重组。一些地方政府在"塑造服务型政府"的实践中,积极推行"政务流程再造",重新设计程序,对于涉及人民群众最关心、最直接、最现实的利益的问题,都有相应的协调机构统一调度。"流程再造"打通了行政"关节",提高了政府服务工作的效率。当前,亟须推进公共服务流程再造中的电子政务建设。通过信息网络技术的应用和信息资源的整合,逐步消除政府部门之间和政府与社会之间的界限,使公众可以方便快捷地通过政府网站获取政府的信息和服务。同时,电子政务可以优化政府工作流程,使政府机构设置精简合理、运作公开透明、程序规范简便、运作成本降低,以满足公众对政府公共服务和公共产品的需求。

6.服务标准的制定

要根据系统各个部门的不同职责、任务与特点,制定各自的服务指南和服务标准,诸如城乡信息化服务的标准、公共服务基本设施规划设计的标准、住宅物业管理服务的标准、环境保护与食品安全检测标准等，都是公共服务的活动准则和监督依据，借此督促和保证各机构能提供符合规范、质量与数量均达标的公共服务产品，使广大公众的利益切切实实地得到保障，从而加快服务型政府制度化和规范化建设的进程。

（六）甘州区服务型政府构建的重点

1. 转变行政理念

传统的计划经济观念已经过时，必须树立以市场经济为中心、以自由竞争为原则的新观念。

要树立开放观念。县域经济、社会、文化等领域的开放不断加深，如果政府依然保守、封闭、狭隘，就不能谋虑全局、放眼长远，就不能准确把握正在发生的生存和竞争环境的变化，就不能跟上时代的潮流，就会制约县域经济的发展。

要树立效益观念。市场经济的根本追求是效益最大化，因而对一种决策、一种实践、一种行为方式的评价，将主要取决于其产生的经济和社会效益。

要树立平等观念。内外有别是我们一贯的做法，但加入 WTO 后，国内外企业都享有平等的国民待遇，都有平等的进入市场的机会，必须摒弃市场分割、贸易专营、内外有别等观念。

2. 转变行政职能

县级政府职能转变，概括地说就是“增、退、转”，即增强市场经济条件下政府应有的职能，退出、转移计划经济条件下形成的职能。

“增”，就是弥补市场失灵的不足，强化政府应有的基本职能，重点做好三件事：一是加大基础设施和公共服务等的供给。着力解决县及县以下行路难，吃水难，看病难、看病贵，上学贵、上不起学等问题，解决县级政府在基础设施建设和公共服务中的供给缺失问题。二是完善社会保障体系。在确立农村社会养老保险、失地农民基本生活保障、农村居民最低生活保障和农村合作医疗等农村社会保障制度的基本框架下，不断完善农村社保制度模式，科学设定缴费标准，提高保障水平，逐步建立城乡统一的社会保障体系。三是解决经济外部性问题。着力解决县域工业化进程中环境破坏和污染加剧问题，为人民群众的生命安全和农业生产发展创造良好的环境，实现县域经济可持续发展。

“退”，就是把原来包揽的市场主体的权力和责任退还给市场主体，使各类经济主体真正成为自负盈亏、自主经营、自我发展的市场主体，政府退出发展市场经济的主战场。

“转”，就是政府把应当由社会中介组织、非政府组织承担的事务转交给社会中介组织、非政府组织。

3. 转变行政行为

过去，我们的政府是以指令性为特点的。随着甘州经济体制的转轨，市场机制在资源配置中发挥的基础性作用越来越大。但是政府依然没有摆脱靠政策、靠文件、靠会议贯彻指令的行为模式，由此导致了“权力部门化、部门利益化、利益制度化”。因此，从行政行为上，县级政府必须实现三个转变：

一是由重视计划转向充分依靠市场。过去我们把计划经济与社会主义等同起来，认为计划经济是社会主义经济的基本特征，一切社会经济活动都通过计划来调节。在市场经济条件下，必须充分发挥市场机制的作用，以市场调节为主、政府调节为辅，充分发挥市场对资源配置的基础性作用。

二是由以行政手段为主转向以经济手段为主。经济手段具有间接性和诱导性的特点，运用经济手段可以增强企业的自主权，可以更好地增强企业外部压力和内在动力，也可以促使企业树立竞争意识，提高技术，改善管理，使企业从政府的行政命令中解脱出来，主动地发掘潜力，提高经济效益。在当前和今后发展社会主义市场经济体制的新的历史条件下，经济手段是政府管理经济的主要手段。

三是由直接管理转向间接管理、宏观管理。在计划经济体制下，政府管理是保姆式的直接管理、具体管理，直接插手企业活动。在市场经济条件下，政府必须充分尊重市场主体的经营自主权，不再直接参与经济活动，不再直接控制市场活动，从“竞赛场”上退出来，从既是裁判员又是运动员转变为只做裁判员、服务员。

4. 转变管理方式

政府管理不外乎三种方式：行政手段、经济手段、说服手段。我们最习惯使用的是行政手段和以思想政治工作为主的说服教育方式。事实证明，这两种方式越来越不适应市场经济发展。因此，县级政府必须更多地运用经济手段，在充分尊重人们利益、尊重市场规则的基础上，主要以引导的方式，为市场主体服务，由管制型管理向服务型管理转变。从现实情况看，市场竞争正在逐步演变为地区间的竞争、政府间的竞争，政府的服务水平决定了经济的活力和竞争力。没有管理方式的根本转变，就不会有县域经济的又快又好发展。

（七）甘州区服务型政府构建的对策

甘州区服务型政府的构建是一项深层次、全方位的庞大的系统工程，难度很大，但势在必行。因此，甘州区政府必须解放思想，提高认识，牢固树立服务理念，积极增强服务职能，努力做好以下六个方面的工作。

1. 政府行政文化维度：积极培育新型行政文化，树立现代服务理念

政府公务人员的观念更新是个根本性的问题，必须推动政府公务人员观念的转变，培育

其正确的权力意识。只有政府公务人员逐步摆脱"官本位"思想的束缚,打破政府公务人员长期以来形成并积淀下来的固有意识和观念,传统行政文化中消极因素的影响才会失去存在的基础,富含监督、民主、法治精神的新型行政文化才能逐步建立,从而为服务型政府模式的构建创造条件。推进公共服务理念创新,对政府及其公务人员而言,一方面,要铲除管制文化的舆论和心理基础,创建"公众满意"的公共服务文化,树立"公仆意识"、"服务意识"、"民本意识",确立以公共服务为核心的价值观,把公民尊为顾客,树立民本至上理念,把民众满意作为一种基本理念和价值追求,把服务者作为政府自身定位,把为社会、为公众服务作为政府运行的基本宗旨,站在公众立场思考,一切从公众需要出发,一切以公众需求为转移,把公众满意作为政府服务质量的核心,与公众建立长期的互动关系。另一方面,彻底摒弃管制型政府下"治民"和"为民做主"的官本位、政府本位、权力本位观念,树立正确的权力意识,形成权力公共性观念,向"为民服务"和"人民做主"的公民本位、社会本位、权利本位理念回归,即要认识到人民才是真正的权力主体,自己所掌握的行政权力只是受公民委托的结果,因而必须时刻受到公民的制约和监督,实现公共服务提供从政府本位、官本位向社会本位、公民本位的转变。

2.政府体制架构维度:深化行政改革,优化政府服务的体制环境

发达国家成功实现向治理模式转变的经验表明,成熟的行政体制环境是走向善治的基础。所以深化行政改革、科学界定政府职能、提升和优化政府职能,已经成为构建服务型政府模式的当务之急。具体措施如下:

(1)精简政府职能,进行横向分权。在传统行政模式下,政府职能庞大,包揽一切,既降低了行政服务的效率,也影响了市场机制对资源配置的调节作用。长期以来,地方政府行政改革一直致力于纵向权力关系的调整,在政府与社会、公民、企业、市场之间的横向权力关系方面改革的力度不大。所以在向服务型政府转变的过程中,深化行政改革的首要任务是政府简政放权,向市场、企业、社会及公民分权、分责,实现政企、政社之间的分工与合作,在公共服务的供给领域,进一步打破政府垄断,将公共产品的供给向私人企业及非盈利组织开放,通过发挥市场优势来提高公共产品的供给效率和实现善治的回应性目标。

(2)构建扁平化行政组织结构。传统的金字塔式的科层官僚组织结构不仅存在着横向交流、沟通极为困难的问题,而且使得政府的规模日益扩大,形成了一个有自己特殊利益而没有普遍公共利益的特殊群体,这显然与治理模式的价值与目标取向背道而驰。尽管政府机构的改革一直为各级政府所重视,但长期以来行政组织内部体制僵化、官僚主义盛行、效率低下的现象没有得到根本的改变,办事高效、运转协调、行为规范的行政管理体系还未真正建立。所以,应构建起充满灵活性、富有效率的扁平化行政组织结构,促进公共服务效率的提高,增强政府对民众多元化需求的回应程度。

(3)深化行政审批制度改革。要按照《行政许可法》的要求,对于凡是不利于充分发挥市场在资源配置中的基础性作用,不符合政事、政企分开原则,妨碍市场开放和公平竞争以

及难以发挥有效作用、可以用市场机制替代的政府服务职能，坚决予以取消，以最大限度地减少政府对微观经济的干预，坚决把政府职能部门的审批与监管分离，由原来重审批轻监管转变为重监管轻审批，由原来重管理向重服务转变，把政府的主要精力集中到公共服务上来，真正做到审批程序严密、审批环节减少、审批效率明显提高。

(4)建立政府公共服务环境评价体系。政府公共服务环境指政府以公开、公平、公正的特性，为社会提供公共产品和服务，满足社会共同需要，为促进经济社会发展营造环境。建立政府服务环境评价体系，就是通过科学的评价方法对政府服务的某个领域或总体进行测评和判断。建立地方政府服务环境评价系统的最终目标是，提高政府服务的质量和改进政府组织的效能，实现政府服务的法治、高效、廉洁和管理现代化。

(5)提升公务人员服务能力。建立科学的选人用人机制，提高公务员的准入门槛，不断改善公务员队伍的素质结构，对于专业性强、业务素质要求高的服务岗位，可以采用聘用制、签订短期合同等途径吸纳人才参与服务。加强公务员知识培训，重点进行科学文化知识、业务综合知识和系统管理知识培训，更新公务员原有的知识结构，始终保持服务的最佳状态。

3.政府决策方式维度：优化决策运作程序，实现政府服务决策的民主化

随着现代社会的高速发展，社会整体结构与以往相比发生了新的变化，政府要对社会实行有效治理确非易事，实际上这对地方政府治理能力提出了更高的要求。政府要想更好地为社会提供服务，就必须适应形势发展和公众所需，在服务的初始阶段即决策阶段加以完善，不断改进政府决策运行机制，加强与公民之间的良性互动，推动公民参与协商决策，从而使政府决策的制定更具有回应性、科学性和民主性，实现政府服务政策制定和实施效果的有效性。对中小城市地方政府而言，当前公共决策体制相对封闭，参与渠道狭窄，无法满足越来越强烈的公众参与意愿，必须进行决策改革，探索公众参与决策的新渠道。

第一，转变传统的自上而下的决策模式，变“自上而下”为“自下而上”，增加外部“输入”对政府公共决策的影响。要敢于在一些具体决策上放权于地方、社会和公众，使更多的人参与决策，增加政府与公众的互动，增强公共服务决策的实际效果。

第二，建立社会协商讨论决策模式。制定和完善决策问题提出制度、咨询论证制度、听证制度、民主协商制度、集体决策制度、决策执行与督察制度、信息的收集加工转化制度、决策评价制度、决策程序制度、决策责任制度等，形成征集人民建议、专家评议，组织对话会、民意测验等新的决策方式，从改革决策制度、实现决策方式创新入手，促进决策的科学化和民主化，通过建立广泛的参与渠道，逐步形成公众参与公共决策的制度规范，不断完善公共决策的运作程序。

第三，完善决策信息网络体系。要提高决策者对决策信息重要性的认识，建立完善的决策信息网络体系，在开放的理念指导下，建立直通公共事务各个层面的高效、快捷的信息网络系统，充分利用现代技术解决信息完整性、度量标准和度量方法的问题，实现决策信息保真、信息对称、过程透明，特别是要突出政府上网工程建设，通过网络发布政策信息，征集政

策建议，进行政策咨询，让公民通过网络了解政策内容，提供政策建议，评价政策效果，从而实现对科学决策的有限性改进。

4. 政府服务模式维度：促进公民社会的发展，调动多方面社会力量参与公共服务

在公共服务的治理中出现更多的非政府与自治性的新型社会治理主体，通过授权和分权，将非政府组织、非营利组织和公民自主组织等多中心的组织制度安排，引入到公共服务的提供之中，使它们与政府组织共同承担起社会公共服务的责任，并形成较成熟的公民社会，不仅能改变公共服务的治理结构，增加社会主体行动结构的相关度与和谐性，还能因此增强公民对政府的认同感并激发其对公共服务的参与热情，进而促进社会和谐。因此，培育与政府相对应的制约与合作力量，大力发展社会中介组织，建立政府与社会的合作就成了实现善治目标的必然选择。地方政府应进一步进行职能调整和角色转变，还权于社会、还权于企业、还权于市场、还权于公民，改变政府包揽一切的做法，使政府自身从目前的行政事务中解脱出来，专注于政府职能转变的推动和社会中介组织的培育，为社会自治组织结构的完善和社会自治与自律能力的培养注入动力，为公民社会成长营造宽松的环境，发展与公民社会的良好合作关系，大力培育和扩大社会权力，调动各种社会力量参与公共服务决策和公共服务提供的积极性。另外，政府在转变管制方式，放松政府对企业和社会的规制，拓宽公民社会组织活动空间的同时，也应重点加强对社会中介组织的监督和管理。针对当前税务代理、电力设计、工商代理、环境评价等中介机构的服务普遍存在垄断性较高、行为不规范、行业监管不力、收费偏高，长期处于无政府管理、无市场调节、无行为监管的“三无”状态等情况，政府应加强对此类中介组织的管理，全面清理垄断性服务事项和强制性中介服务事项，规范服务及收费行为，在指导、完善现有中介服务的基础上，努力推动中介组织的健康稳步发展，不断优化中介服务发展的外部环境。

5. 政府服务质量维度：突出绩效管理，全面提高政府服务的效能

公众作为服务的对象，并不在意公共服务供给者是公营还是私营，而在意其质量。因此对地方政府而言，当前要重点突出政府绩效管理，加强对公共服务的管理，在变革观念、转变职能、调整组织结构、改革行政方式的过程中，借鉴和引进国际流行的新的管理机制、管理技术和工具，努力提高政府的效能，满足公众的需求。应加强以下几个方面的工作力度：

(1)确立科学的绩效评估指标体系。这是有效评估政府绩效的核心。科学的绩效评估指标体系必须包含定性与定量两种指标。定性指标，衡量的是政府管理的性质，即是否真实地代表了最广大人民的根本利益，是否公正地维护了社会的公共利益；定量指标，衡量的是政府履行职能的状况，即政府在提供公共服务的过程中是否遵从了成本—收益的规律，政府的规模是否存在不经济的状况。地方政府在建立绩效评估体系中，要将这两种指标有机地融合起来并科学地设计成一种可操作、可比较并且切实可行的指标体系，真正实现对政府履

行服务职能绩效的有效评估。

(2)组建相对独立的绩效评估队伍。这是有效评估政府管理绩效的关键。也就是说评估者与被评估者必须是相对独立的两个社会团体,否则就难以实现绩效评估公正、客观、准确。按照现行的政治体制,可以由党委、人大、政协联合组成评估团,并吸取企业、社会公众、有关专家参与,通过严格的绩效评估程序进行科学的绩效评估,不断地促进政府角色的转换,为实现政府问责制提供依据,从而促进政府及其公务人员逐步地转变服务观念,增强自身素质,提高行政效能,提升政府形象。

(3)建立健全的信息评估系统。这是开展绩效管理的基础。绩效管理所需要的信息量大,这就要求信息的传送高速、高效,发展电子政府就是一种有效的方式。政府要大力推进电子政务建设,实现从网上申报、网上审批的网上服务到网上评估的全覆盖,依靠信息技术和网络设备,构建新型的公开、透明、快捷的行政服务和绩效评估平台。

6.政府管理技术维度:运用先进的管理方法,实现政府服务管理的科学化

为了提高政府在公共服务领域,特别是在公共基础服务方面的管理效率和水平,更好地发挥市场机制的作用,进一步提高政府服务管理的规范化、科学化程度,政府可以革新传统政府惯用的管理方法,认真研究并积极借鉴私人部门管理中先进的原则、方法和技术,如结果取向、绩效管理、顾客导向、分权、预算制度、成本效益分析等,以提高政府工作绩效,改善公共服务的质量。虽然政府公共管理与企业管理在目的、对象和方法上有各种各样的差异,有些方面甚至是相对立或矛盾的,因此,完全采用企业管理的方法,特别是私营企业的管理方法来管理公共事务并不合适,但企业管理的科学性、重视市场需求和顾客的反馈等有益的地方完全可以为公共管理所借鉴和吸收。通过将企业管理重视投入和产出、重视成本核算的精神和做法引入政府公共管理之中,既可增强政府管理人员的责任感,又可更为科学地衡量管理人员的工作业绩。这对管理手段相对单一、管理方式相对陈旧、管理方法相对滞后的地方政府来说,具有非常积极的意义。不过,由于公共部门和私人部门具有本质的区别,所以地方政府在借鉴过程中,不能简单地进行企业管理技术移植,使公共部门完全市场化,而应学习私人部门管理中不引起价值冲突的有效的竞争机制、激励机制等,学习私人部门管理者的思维方式,并根据公共部门自身的特点加以转化吸收,以实现政府管理的透明、民主、高效,努力提高政府服务的效率和质量水平。

参考文献

1. A. P. 瑟尔瓦尔. 增长与发展[M]. 北京:中国人民大学出版社,1992.

2. 安中轩. 城乡一体化典型实践模式的比较分析及启示[J]. 重庆工商大学学报,2007(6):82 - 85.

3. 白长虹,武永红. 绿色化:从制造业到服务业[J]. 科学学与科学技术管理,2001(12):40 - 42.

4 保罗·克鲁格曼. 发展、地理学与经济理论[M]. 北京:中国人民大学出版社,2002.

5. 曹子坚. 中国农村改革正在酝酿"第三次浪潮"[J]. 甘肃理论学刊,2005(5):28 - 30.

6. 常修泽. 论中国现代服务业发展中的体制创新[J]. 理论与现代化,2005(4):8 - 9.

7. 晁钢令. 服务产业与现代服务业[M]. 上海:上海财经大学出版社,2004.

8. 车维汉. 发展经济学[M]. 北京:清华大学出版社,2006:261.

9. 陈东琪. 中国二元结构转换:实证分析[J]. 宏观经济研究,2001(12):31 - 35.

10. 陈国莉. 县域经济发展的金融支持问题研究[J]. 河南师范大学学报:哲学社会科学版,2006(9):115 - 117.

11. 陈利国. 城乡经济一体化:县域经济发展的必然选择——卓资县县域经济发展现状及路径分析[J]. 理论研究,2008(2):59 - 60.

12. 陈明华,李旗,于乐. 我国县域经济可持续发展问题与对策探析[J]. 山东纺织经济,2007(6):37 - 39.

13. 陈先运. 寻求跨越　县域经济协调发展研究[M]. 山东大学出版社,2007.

14. 陈甬军,陈爱民. 中国城市化:实证分析与对策研究[M]. 厦门:厦门大学出版社,2002.

15. 迟福林,夏锋. 以城乡一体化为重点推进县域科学发展[J]. 人民论坛,2009(6):34 - 35.

16. 仇方道. 县域可持续发展综合评价研究[J]. 经济地理,2003(5):319 - 326.

17. 仇何. 关于加快欠发达县域经济发展的思考[J]. 群众,1998(11):40 - 41.

18. 崔功豪. 区域分析与规划[M]. 北京:高等教育出版社,1999.

19. 戴波,周鸿. 生态资产评估理论与方法评介[J]. 经济问题探索,2004(9):18 - 21.

20. 单广平,张晓红,刘小宁. 甘肃城镇化:33% 意味着什么[J]. 经济观察,2003(9):35 - 36.

21. 段培君. 县域经济发展战略理论的系统框架[J]. 中国软科学,2003(6):125 – 128.

22. 段永齐. 治理视角下地方政府服务创新研究——兼评江苏省句容市政府服务创新的实践探索[D]. 上海:上海交通大学,2007.

23. 方创琳,孙心亮. 基于水资源约束的西北干旱区城镇体系形成机制及空间组织[J]. 中国沙漠,2006(5):56 – 58.

24. 高焕喜. 县域经济发展论[M]. 济南:山东人民出版社,2005.

25. 高焕喜. 县域经济有关基本理论问题探析[J]. 华东经济管理,2005(4):71 – 73.

26. 高吉喜,范小杉. 生态资产概念、特点与研究趋向[J]. 环境科学研究,2007(5):137 – 143.

27. 辜胜祖. 中国新型工业化发展模式及其比较研究——兼评中国民营科技企业区域发展[J]. 经济界,2004(3):8 – 13.

28. 郭秀权. 欠发达地区发展县域经济的若干问题[J]. 宁夏社会科学,2004(8):32 – 35.

29. 郝建峰. 破解二元结构矛盾,实现城乡协调发展的战略选择[J]. 辽宁师专学:社会科学版,2008(3):4 – 5.

30. 何宇鹏,张同升. 小城镇发展对城镇化和经济发展的贡献及趋势[J]. 中国发展观察,2008(5):12 – 18.

31. 黄慧芳. 充分发挥比较优势加快发展县域经济[J]. 乡镇经济,2005(5):19 – 22.

32. 黄维兵. 现代服务经济理论与中国服务业发展[M]. 成都:西南财经大学出版社,2003.

33. 贾若祥. 我国城乡协调发展面临的问题与推进策略[J]. 发展,2009(1):8 – 10.

34. 井敏. 构建服务型政府:理论与实践[M]. 北京:北京大学出版社,2006.

35. 李殿武. 发展县域经济与推动农民增收的思考[J]. 沈阳干部学刊,2005(2):36 – 38.

36. 李国平,赵永超. 梯度理论综述[J]. 人文地理,2008(1):61 – 65.

37. 李江. 县域可持续发展综合评价研究[D]. 兰州:兰州大学,2006.

38. 李小三. 对加快县域经济的理性思考[J]. 老区建设,1999(2):6 – 7.

39. 李转生. 构建以发展县域经济带动城乡一体化发展的新格局[J]. 发展研究,2009(4):73 – 74.

40. 刘传江. 城镇化与城乡可持续发展[M]. 北京:科学出版社,2004.

41. 刘传玉. 工业化与城市化:理论及对甘肃的实证分析[J]. 兰州商学院院报,2006(2):36 – 39.

42. 刘俊杰. 县域经济的发展与小城镇建设[M]. 北京:社会科学文献出版社,2005.

43. 刘培青. 比较优势理论的科学性[J]. 改革与开放,2009(3):133 – 134.

44. 刘顺忠,对创新系统中知识密集型服务业的研究[J]. 科学学与科学技术管理,2005(3):61 – 65.

45. 刘维新. 城乡一体视野下的中国新型"城镇化"[J]. 上海城市管理职业技术学院学报,2009(1):11 – 14.

46. 龙茜，孙莉萍. 对中国农业与农村改革的成效和出现的问题分析[J]. 农业科技与信息，2007(4)：16－22.

47. 陆大道. 区域发展及其空间结构[M]. 北京：科学出版社，1998.

48. 罗建宾. 推进城乡一体化的路径选择——成都模式给五华区的启示[J]. 创造，2005(12)：18－19.

49. 曼斯菲尔德. 微观经济学[M]. 北京：中国人民大学出版社，1999.

50. 莫法特. 可持续发展——原则、分析和政策[M]. 宋国君，译. 北京：经济科学出版社，2002.

51. 牛若峰. 再论农业产业一体化经营[J]. 农业经济问题，1997(2)：18－24.

52. 牛若峰. 中国农业产业化经营的发展特点与方向[J]. 中国农村经济，2002(5)：4－12.

53. 牛文元. 可持续发展理论的基本认知[J]. 地理科学进展，2008(5)：1－6.

54. 潘亮. 产业结构优化研究[J]. 甘肃农业，2006(2)：45－46.

55. 潘玉君，武友德. 可持续发展原理[M]. 北京：中国社会科学出版社，2005.

56. 人民日报社. 论农业产业化[N]. 人民日报，1995－12－11.

57. 任浩，郝晋珉. 剪刀差对农地价格的影响[J]. 中国土地科学，2003(3)：9－13.

58. 石忆邵. 城乡一体化理论与实践：回眸与评价[J]. 城市规划汇刊，2003(1)：49－54.

59. 史忠良. 产业经济学[M]. 北京：经济管理出版社，2005.

60. 宋戈. 城乡一体化问题探索[J]. 学习与探索，2005(4)：188－190.

61. 宋葛龙. 推进城乡一体化的经验及启示——鲁、苏、浙五市县的调查[J]. 政策，2009(5)：57－60.

62. 谭崇台. 发展经济学[M]. 武汉：武汉大学出版社，2006.

63. 谭崇台. 发展经济学概论[M]. 武汉：武汉大学出版社，2001.

64. 唐杰. 全球供给革命对世界经济格局的影响[N]. 学习时报，2007－11－19(4).

65. 田志锋. 实现城乡建设一体化促进城乡协调发展[J]. 理论学习，2009(1)：19.

66. 王健民，王如松. 中国生态资产概论[M]. 南京：江苏科学技术出版社，2001.

67. 王诺贝，段愿. 比较优势理论及其政策应用争论述评[J]. 华东经济管理，2009(6)：139－142.

68. 王强积. 青岛县域经济可持续发展的问题及对策研究[D]. 青岛：青岛大学，2008.

69. 王盛开，方彬. 改革开放以来中国共产党的农村政策去想演变的历史考察[J]. 求实，2006(12)：19－23.

70. 王小鲁，樊纲. 中国经济增长的可持续性——跨世纪的回顾与展望[M]. 北京：经济科学出版社，2000.

71. 魏后凯. 21世纪中西部工业发展战略[M]. 郑州：河南人民出版社，2000.

72. 温铁军. 回望改革[J]. 南风窗，2007(10下)：57－63.

73. 温玉卓. 城乡一体化协调发展的成功实践[D]. 桂林：广西师范大学，2005.

74. 吴晓华. 实施城乡协调发展政策　加快二元经济结构转换[J]. 宏观经济研究,2009(1):14-20.

75. 闫天池. 我国县域经济的分类发展模式[J]. 辽宁师范大学学报:社会科学版,2003(1):22-24.

76. 杨荫凯,等. 中国县域经济发展论——县域经济发展的思路与出路[M]. 北京:中国财政经济出版社,2005.

77. 杨云彦. 区域经济学[M]. 武汉:中南财经政法大学出版社,2003.

78. 战炤磊. 创新导向型县域经济的分类模式研究[J]. 湖北经济学院学报,2005(3):50-55.

79. 张宝田. 统筹城乡发展　推进城乡一体化[J]. 经济纵横,2009(4):23-25.

80. 张浩,吴开,王志伟. 点轴开发模式在县域经济中的应用[J]. 前沿,2009(1):60-63.

81. 张明霞. 甘肃城镇化道路的正确选择分析[J]. 甘肃省经济管理干部学院学报,2006(1):15-19.

82. 张壬午,卢兵友. 生态农业产业化的内涵[J]. 经济研究参考,2003(55):26-27.

83. 张逸昕. 黑龙江省经济结构系统研究[D]. 哈尔滨:哈尔滨工程大学,2007.

84. 赵保佑. 统筹城乡协调发展的国际经验与启示[J]. 学术论坛,2008(3):104-108.

85. 赵国如. 工业化与城市化:县域经济不可逾越的发展阶段[J]. 湖湘论坛,2002(6):43-44.

86. 赵志成,曲延芬. 产业集聚理论研究综述[J]. 现代经济信息,2008(12):149-152.

87. 郑长德,刘晓鹰. 中国城镇化与工业化关系的实证分析[J]. 西南民族大学学报,2004(4):24-28.

88. 周立苹. 走以大城市为主协调发展的城市化道路[J]. 市场与人口分析,2006(3):18-21.

89. 周叔莲,郭克莎. 工业化与城市化关系的经济学分析[J]. 中国社会科学,2002(2):54-58.

90. 周淑景,朱乐尧. 新农村建设与经济发展模式重建[J]. 财经问题研究,2006(8):38-43.

91. 庄桂荣,回娅冬. 以科学发展观指导县域经济的发展[J]. 现代商业,2009(3):131.

92. 庄金峰. 城乡一体化:推进农村改革发展的战略选择[J]. 上海农村经济,2009(1):1-11.

后 记

《城乡结合型县域经济发展：甘州探索》终于付梓，心下有七分安顿三分忐忑。著书一事之艰辛，非亲历亲为难有体会。理论、实践、文化三者俱佳才有望写出精品，吾等二人不敢称有才，唯竭尽全力，但求无憾。

这部书饱含我们的心血，绞尽脑汁地遣词造句仅仅是表象，对甘州区经济发展现状的描述也还在其次，最为关键的是我们对甘州区经济发展的付出与对未来的思考。我们长期关注甘州区的发展，其中一人更是数十年如一日奋斗于甘州区第一线，这也是我们敢于写本书的底气所在。没有这数十年的积淀，我们就不可能挖掘出甘州区发展中所蕴含的独特魅力。

甘州区的经济发展能有今天这般繁荣景象，当然应归功于勤劳质朴的甘州人民，但我们认为，扎根于甘州区的基层干部们的作用也不容忽视。推而广之，像甘州区这样的城乡结合型县域经济的发展成果，必定是基层干部与民众集体智慧的结晶。

著本书的主要目的是将我们对中国城乡结合型县域经济发展的一些思考展示于天下，而非闻达于学术，只是希望这些思考能够对奉献于中国县域经济发展的基层干部和广大民众有所裨益。若能如此，我们著此书的目的就达到了。我们将大量心血倾注于本书的写作之中，但限于本人的学识和水平，书中难免存在错误与疏漏。我们以极大的热忱欢迎各界人士共同探讨中国县域经济发展之大计。

作 者

2009年11月11日